I0889065

L'ANTI-HUME

DU MÊME AUTEUR
À LA MÊME LIBRAIRIE

L'Objet quelconque. Recherches sur l'ontologie de l'objet, « Problèmes & Controverses », 1998, 344 p.

Les propriétés des choses. Expérience et logique, « Problèmes & Controverses », 2006, 352 p.

Leibniz et les puissances du langage, en collaboration avec D. Berlioz, « Bibliothèque d'Histoire de la Philosophie », 2005, 392 p.

Le formalisme en question. Le tournant des années 30, en collaboration avec D. Vernant, « Problèmes & Controverses », 1998, 450 p.

Textes clés de métaphysique contemporaine. Propriétés, mondes possibles et personne, en collaboration avec E. Garcia, « Textes Clés », 2007, 384 p.

Textes clés d'ontologie. Identité, structure et métaontologie, en collaboration avec Y. Schmitt, « Textes Clés », 2017, 348 p.

PROBLÈMES ET CONTROVERSES
Directeur : Jean-François COURTINE

L'ANTI-HUME
DE LA LOGIQUE DES RELATIONS À LA MÉTAPHYSIQUE DES CONNEXIONS

par

Frédéric NEF

PARIS
LIBRAIRIE PHILOSOPHIQUE J. VRIN
6 place de la Sorbonne, V[e]

2017

En application du Code de la Propriété Intellectuelle et notamment de ses articles L. 122-4, L. 122-5 et L. 335-2, toute représentation ou reproduction intégrale ou partielle faite sans le consentement de l'auteur ou de ses ayants droit ou ayants cause est illicite. Une telle représentation ou reproduction constituerait un délit de contrefaçon, puni de deux ans d'emprisonnement et de 150 000 euros d'amende.

Ne sont autorisées que les copies ou reproductions strictement réservées à l'usage privé du copiste non destinées à une utilisation collective, ainsi que les analyses et courtes citations, sous réserve que soient indiqués clairement le nom de l'auteur et la source.

© *Librairie Philosophique J. VRIN*, 2017

Imprimé en France

ISSN 0249-7875
ISBN 978-2-7116-2709-7

www.vrin.fr

A Xiyin Zhou

AVANT-PROPOS

> Le lien est constitué avant toute division.
> (Nicolas de Cues, *La chasse de la sagesse*)[1]

Nous contemplons un ciel d'août ; nous perdant dans des amas d'étoiles, sans pouvoir apercevoir un ordre autre que celui des constellations, héritières des mythologies et des figures symboliques ; distinguant aussi des étoiles isolées qui ne clignotent pas – des planètes ? Écrasés par ce spectacle sublime et grandiose, nous ne pouvons pas ne pas déplorer intérieurement l'absence de liens entre les étoiles, entre les planètes. Elles sont posées les unes à côté des autres et quand l'agglomération est trop dense, émerge une figure, la voie lactée, qui n'est pas une architecture, du moins perçue de la terre (il faudrait la percevoir *de dessus*, de nulle part, pour voir le centre dynamique de la voie lactée, peut-être masquant un gigantesque trou noir et apercevoir une forme circulaire). Le premier contact sensible avec le ciel nocturne (mais y a-t-il un ciel diurne ?) est marqué à la fois par la grandeur et le désordre. Un second contact serait marqué par la conscience de l'étoffe cosmique dont nous sommes faits, conscience (et non perception) de l'affinité entre notre composition et celle des étoiles.

Nous n'avons plus la foi de nos ancêtres qui sous ce désordre recomposaient mentalement des sphères emboîtées et rejetaient ces amas confus, informes d'étoiles en dehors des orbes de ces sphères. La différence entre les deux visions, celle de l'homme pascalien livré à l'angoisse d'un infini anarchique et celle de l'homme káplérien éprouvant la joie d'un ordre divin magnifié dans les structures mathématiques du cosmos, est celle entre un monde sans connexion, vide et silencieux et un monde avec connexion et sympathie.

1. Nicolas de Cues, *La chasse de la sagesse*, trad. fr. H. Pasqua, Paris, P.U.F., 2015, chap. XXIV, p. 121,

Bien entendu, un astronome nous ferait observer qu'un ordre rigoureux préside à ce déploiement plein de trous : les corps célestes ont une certaine masse et sont liés les uns aux autres par les lois de l'attraction et de la gravitation. Il n'y a pas de trou dans l'étoffe de l'univers, certes, mais c'est surtout parce que cette étoffe est faite d'espace et de temps et que les objets sont des déformations de l'espace et ce que nous appelons des trous de l'univers sont des irrégularités de ces déformations. Les trous noirs ne sont pas des trous au sens ontologique d'une absence ou d'une privation de tout être que ce soit. Au contraire un trou noir est noir parce qu'il capture la lumière et c'est un trou parce que franchi son bord la chose attirée par la densité prodigieuse du trou noir, le photon ou l'explorateur cosmique disparaît. Il n'est donc pas contradictoire d'affirmer qu'il n'y a pas de trou dans l'univers et qu'il existe cependant des trous noirs.

Il y a bien connexion, mais cette connexion n'est pas d'ordre géométrique, elle est d'ordre mécanique. Il y a une autre connexion, entre la lumière des étoiles, causée par des explosions, et notre système nerveux dont les capteurs optiques reçoivent et décodent cette lumière qui a été émise il y a fort longtemps. Si la lumière est causée par des explosions, nous sommes connectés à ces explosions le long d'un trajet temporel très long.

Si maintenant nous changeons complètement de décor, si nous quittons la nuit et ses abîmes, et que nous nous tournons vers un paysage au lever du jour, nous percevons un feuilletage de lumière, des nappes de clarté qui font émerger un monde, qui se déploie jusqu'à l'horizon. Nous sommes également connectés à la lumière, mais il y a une différence entre l'univers nocturne et un monde en plein jour. Ce que nous contemplons dans ce matin d'été c'est une rencontre de choses individuellement connectées : arbres, maisons, herbes, chiens … C'est aussi un enveloppement de choses réunies que nous contemplons : paysage entouré par le monde qui est plus vaste, enveloppement des fragments de paysage dans le paysage (un arbre au bord d'un ruisseau avec une grosse pierre). Nous ne contemplons pas les liens entre les choses mais nous contemplons les choses connectées et la connexion n'est pas toujours quelque chose qui existe dans notre esprit ou notre âme (bien qu'évidemment notre esprit et notre âme, *pace Hume*, sont connectés) pour se projeter sur le monde extérieur.

*

Je ne commencerai pas par une définition de la connexion car selon moi une définition doit succéder à une analyse développée. Je ne tenterai pas non plus de formaliser d'emblée ce concept. Viendront plus tard des comparaisons de formalisations de Whitehead et des philosophes qui ont combiné topologie et méréologie (B. Smith, A. Varzi), à partir desquels on se demandera comment formaliser cette notion de connexion, mais cela ne viendra pas *ab initio* comme on le fait dans la "philosophie mathématique" qui commence par poser des axiomes fondamentaux. Il y a des arguments pour poser la logique dans une position première, mais je ne suis pas sûr que cela implique qu'elle doive être première dans l'ordre d'exposition. Quant à une exposition sous forme axiomatique, il n'est pas clair qu'une ontologie doive ou même puisse s'y plier dès maintenant, c'est-à-dire au point actuel où l'élaboration conceptuelle a été conduite. Un exemple : dans une telle axiomatique, se poserait la question de la réflexivité de la connexion, est-ce qu'une chose, un objet, une entité se connecte avec soi-même ? Le choix d'un tel axiome passe dans une axiomatique philosophique, ou plutôt dans un axiomatique au service de la représentation formelle des contenus conceptuels et intuitifs, par une réflexion sur la problématique sui connectivité et ce sont des arguments philosophiques *pro* et *contra* qui décident de l'admission d'un tel axiome, bien qu'évidemment il soit indirectement important d'un point de vue philosophique de comparer les axiomatiques avec réflexivité et ceux sans réflexivité.

Dans les développements formels j'adopterai une sémantique classique, avec deux valeurs de vérité, le vrai et le faux, respectant le principe de contradiction[1], Mais vu le caractère exploratoire de cette recherche sur la connexion, nous nous tiendrons en deçà des zones limites, comme celle de la totalité absolue qui pourrait sans doute être dite connectée et non connectée. Nous sommes encore loin d'une syndésologie[2] et encore plus loin d'une science de la connexion métaphysique axiomatisée quoique certains seraient prêts à soutenir que la topologie est une telle chose, dans la mesure où par exemple elle est quelquefois considérée comme une théorie formelle de la connexion. Un espace topologique est en effet un espace connecté. Un espace connecté est en effet un espace topologique

1. Bien que je reconnaisse que le dialethéisme de Graham Priest, consistant à admettre que certaines phrases sont vraies *et* fausses, et donc violant le principe de contradiction, puisse s'avérer utile pour la formalisation de zones limites de la pensée, comme le vide ou les objets non existants. *Cf.* G. Priest *Beyond the Limits of Thought*, Oxford, Oxford University Press, 2002. Le dialethéisme est un terme qui provient de *dialetheia*, désignant des énoncés contradictoires et vrais. On trouve de tels énoncés dans les paradoxes sémantiques (comme le Menteur), le vague etc. (*cf.* F. Nef, *La Force du Vide. Essai de métaphysique*, Paris, Seuil, 2011 et *L'Objet quelconque*, Paris, Vrin, 1997)

2. Syndésologie signifierait : science de la connexion.

qui ne peut être représenté comme l'union de deux ou plus de sous-ensembles disjoints non vides. La connectivité est alors une propriété topologique fondamentale que l'on utilise pour distinguer les espaces topologiques.

Quel but poursuivons-nous? De quels outils disposons-nous pour cette enquête? L'analyse du concept de connexion vise bien entendu à décrire ses usages et à dégager un schème général d'application de ce concept si délicat et apparemment périphérique, mais au-delà de cette analyse conceptuelle, je cherche à déterminer si la réalité métaphysique obéit à la logique de ce concept, bref si la réalité est métaphysiquement connectée[1]. La théorie classique des relations[2] ne permet pas me semble-t-il de répondre à la question : le monde (ou la réalité, l'univers...) est-il une juxtaposition de relations, existe-t-il une relation des relations? C'est pourtant une question essentielle de la métaphysique.

Les questions classiques de l'ontologie « De quoi le monde est-il composé? Qu'est-ce qui est fondé sur quoi? Y a-t-il un fondement ultime? » ne se substituent pas à cette question : « Les choses sont-elles connectées », ou bien : « La connexion, où qu'elle apparaisse, n'est-elle qu'une illusion? » Le but est dans un premier temps d'évaluer les conséquences des réponses, positives ou négatives, à ces questions et dans un deuxième temps si la réponse est positive – les structures ontologiques et pas seulement les schèmes conceptuels étant connectés – de rechercher le type d'ontologie favorisé par cette réponse.

Les outils dont on dispose sont les outils que nous choisissons en fonction de la nature et de l'orientation de notre enquête. La connexion est aussi un opérateur logique et envisagée sous cet angle elle est liée à l'implication – qui connecte l'antécédent et le conséquent. Mais la logique classique, qu'elle soit aristotélicienne ou stoïcienne, ne suffit pas pour analyser formellement son rôle de composition et de totalisation. La connexion réclame une topologie des évènements et des régions et une méréologie[3], la première pour la connectivité et la continuité, la seconde

1. Concrètement cela signifie que je pourrais peut-être introduire dans les structures ontologiques des connexions. Si de telles structures contiennent des tropes, la connexion servirait à obtenir des objets.

2. C'est-à-dire la théorie de Russell telle qu'elle est exposée dans les *Principia Mathematica*, vol. 1 (1910) écrits avec A.N. Whitehead et les *The Principles of Mathematics* (1903).

3. Théorie formelle des touts et des parties, fondée par Whitehead, Leśniewski. La méréologie peut être dépourvue de connexion, ou pourvue de connexion (Whitehead). Le livre de Peter Simons, *Parts* (Oxford, Oxford University Press, 1987), contient une

pour les liens entre les parties à l'intérieur des touts et ceux entre les touts. La théorie formelle des connexions[1] (si une telle chose existe) à la différence de la topologie n'étudie pas seulement les propriétés qui restent identiques sous déformation continue d'un objet à un autre, mais plutôt celles qui restent identiques sous collage, c'est-à-dire sous adjonction en vue d'une production. L'enquête sur la connexion nous entraîne alors *a priori* vers une topologie en termes de régions, plus que vers une topologie en termes de points[2], car la connexion est plus un lien entre des régions qu'une relation entre des points.

L'outil majeur que nous utiliserons est donc la méréologie avec connexion. En effet ce que nos visons par cette enquête sur la connexion c'est la nature du tout (ou des touts). Une totalité déconnectée est une contradiction ontologique. La méréologie est la science des touts, appelés sommes méréologiques (l'Empire State Building et le théorème de Pythagore) pour les distinguer des sommes arithmétiques (4356 + 2167 = 6523). En ce sens la méréologie se distingue de la théorie des ensembles, qui les définit soit comme des listes (définition extensionnelle) ou comme des collections d'éléments dotés de la même propriété (définition extensionnelle ou en compréhension). Une liste n'est pas un tout, et une collection d'attributions non plus. Le Désir et la Poursuite du Tout[3], ne peuvent être satisfaits par la démarche ensembliste et on comprend dès lors à la fois que l'identification de l'ontologie philosophique à la théorie des ensembles est vouée à l'échec et que le recours à la méréologie est un point de départ inévitable, surtout si l'on recourt à une méréologie comme celle de Whitehead.

exposition des calculs et de leurs enjeux. *Cf.* aussi N. Gessler, *Introduction à l'œuvre de Leśniewski*, fasc. III : *La méréologie*, Neuchâtel, CDRS, 2005.

1. Voir plus haut le terme syndesologie. À ma connaissance ce terme n'existe pas, même chez Peirce (cf. *Collected Papers*, Cambridge (MA), Harvard University Press, 1937, vol. 6, § 174 pour la connexion et les parties matérielles). Ce qui se rapproche le plus de ce terme est "syndesmologie" pour la théorie des ligaments, mais un ligament est une connexion matérielle organique et naturelle et donc un type de connexion plus que la connexion en général. Le ligament est un lien organique spécialisé dans le squelette. Les tendons jouent le même rôle pour et les muscles. On pourrait donc dire, au risque de paraître pédant, qu'une syndésmologie est une théorie locale de la connexion.

2. *Cf.* par exemple P. Roeper, « Region-Based Topology », *Journal of Philosophical Logic*, 26-3, 1997, p. 251-309 pour cette différence.

3. Pour reprendre le titre d'un livre de Fr. Rolfe, alias Baron Corvo, *The Desire and Pursuit of the Whole*, préface de W.H. Auden, New York, Georges Braziler, 1994.

*

Ce livre est le dernier volet d'une trilogie. Le premier volume (*L'objet quelconque*, Paris, Vrin, 1997) a été consacré à l'objet, concret et abstrait, complet et incomplet, singulier et générique, le second (*Les propriétés des choses*, Paris, Vrin, 2006) aux propriétés particulières. Ce troisième volume est consacré au lien entre objet et propriété. Il vise à démontrer une thèse négative : les relations ne lient pas les objets et les propriétés (ou plutôt ne sont pas suffisantes pour exercer cette liaison) et une thèse positive : les connexions effectuent ce mode de liaison, à côté d'autres offices connectifs. Cette trilogie défend donc au total l'idée d'une ontologie composée d'objets, de propriétés singulières[1] et de connexions. Un complexe formé d'un objet, d'une propriété et d'une connexion est dans l'histoire de l'ontologie un état de choses (Wittgenstein, Armstrong, Chisholm), mais je n'analyserai pas ici ce terme ; je me contenterai de l'intégrer dans une discussion sur les niveaux de l'unité. Comme on vient de le voir, je propose plutôt d'introduire des structures ontologiques[2]. L'ontologie comprend alors : objets, propriétés (ou tropes si on prend comme primitives les propriétés particulières en faisant des universaux de simples termes), connexions, structures ontologiques.

Les deux premières étapes de la trilogie, *l'objet* et *les propriétés*, ont été conduites sous la forme de réécriture d'articles ou de communications, ce qui a exposé ces volumes à des critiques diverses – je fus « Loué par ceux-ci, blâmé par ceux-là »[3] – alors que ce livre est rédigé d'un seul tenant. Il a sa source dans un séminaire consacré à la connexion – séminaire voué essentiellement à l'exposé et à la critique de l'atomisme métaphysique de Bertrand Russell et David Lewis. L'écriture philosophique est exposée, ici outre les difficultés habituelles liées à la discrépance des mots et des concepts, au vague du langage, à une complication, celle de déterminer non pas ce qui est relatif, ou relationnel, mais de décrire précisément ce qui est relationnel au second degré, puisque, comme on le verra, il existe des raisons de penser que les connexions sont des liens au second

1. Les objets sont composés de propriétés singulières (ou tropes) et ces propriétés singulières rentrent dans des classes de propriétés particulières. Pour une discussion sur les propriétés, voir *Les propriétés des choses*, *op. cit.*, qui défendent l'existence des tropes, mais non leur percevabilité (la correspondance entre traits et tropes s'avérant compliquée).

2. Sur les structures ontologiques, voir Bruno Lorenz Puntel, *Struktur und Sein*, Tubingen, Mohr Siebeck, 2006, et dernier chapitre de F. Nef, *Traité d'ontologie à l'intention des non philosophes et aussi de ceux qui le sont*, Paris, Gallimard, 2009. J'ai développé ce concept dans *Qu'est-ce que la métaphysique ?*, Paris, Gallimard, 2005.

3. Beaumarchais, *Le Barbier de Séville*, I, 2.

degré, des liens qui lient des liens, et non pas seulement des relations de relations, ou métarelations.

*

Ce livre succède à *La Force du Vide* et semble cependant à première vue n'avoir aucune accointance avec lui, à l'exception toutefois d'une convergence théorique locale. Thématiquement ces deux livres appartiennent à l'ontologie des *minora*, des entités non classiques, qui comprennent les bords, les frontières, les trous, les objets défectifs… Le caractère propre de ces entités mineures c'est d'être exclues des réseaux de concepts cardinaux (comme les propriétés, les objets, les substances, les relations…) tout en jouant un rôle important dans l'ontologie régionale et aussi dans l'articulation des concepts majeurs. Il n'y a pas forcément de liens entre les *minora* et on le vérifie ici : il n'y a pas de lien entre le vide et la connexion mis à part ce qui suit immédiatement.

Le seul point de contact théorique entre le livre sur le vide et celui sur la connexion est l'idée paradoxale que le vide a un pouvoir de connecter, ce que l'on peut voir par exemple dans la connexion des tropes, qui seraient connectés par le vide et non par des relations ou dans l'effet Casimir qui met en lumière l'énergie du vide dans la connexion entre deux plaques métalliques à une distance infinitésimale. Par ailleurs ces deux livres s'attaquent à des concepts négligés par la métaphysique actuelle, c'est-à-dire essentiellement la métaphysique analytique. Le vide et la connexion sont d'une part des concepts scientifiques, d'autre part des concepts des philosophies orientales. Dans les deux cas j'ai essayé ou j'essaye d'intégrer ces concepts dans la métaphysique des tropes et des objets.

*

Le premier chapitre expose l'argumentation générale du volume, sa division implicite en une *pars destruens*[1] (chapitres 2 et 3) et une *pars construens* (deux derniers chapitres). Ce chapitre montre les limites de la

1. *Cf.* la méthode de Francis Bacon dans le *Novum Organum* (1620/1986) : les idoles sont du côté de la *pars destruens* et les tableaux classificatoires du côté de la *pars construens*.

théorie russellienne des relations et de l'atomisme logique, tout en insistant sur le rôle de la connexion dans l'ontologie du composé. La théorie des relations est incapable de penser le tenir ensemble et ce chapitre pose donc la nécessité d'une métaphysique et d'une ontologie de la connexion, qui ne soit pas identique à une logique des relations.

Le deuxième chapitre expose deux types d'ontologies opposées : pointilliste, réduisant la réalité profonde à des points d'espace-temps, et une ontologie connectée qui différencie plusieurs types de connexions et admet des connexions et des touts existants. Ce chapitre est spécialement consacré à la doctrine humienne de la causalité, la négation de la connexion chez Hume étant à l'origine du pointillisme. Ce chapitre contient aussi un exposé critique de la thèse de la survenance humienne de Lewis qui stipule que tout ce qui "existe" survient sur des points d'espace-temps. En fait l'ontologie pointilliste est une suite de la métaphysique humienne (négation de la nécessité, de l'essence…) et Lewis, le plus grand métaphysicien depuis Leibniz, est en grande partie un partisan de la métaphysique humienne qui est l'ennemie de la connexion (Hume réduit la connexion à la conjonction).

Le troisième chapitre pénètre véritablement au cœur du problème, en poussant la *pars destruens* à bout. La connexion n'est pas la dépendance, la connexion n'est pas la relation interne, voilà les deux thèses de ce chapitre. Il commence par un rappel historique de la notion de nexus (Leibniz, Wolff, Baumgarten, Kant, Whitehead, Bergmann) qui est systématiquement mise de côté par les partisans de la métaphysique humienne ou russellienne. L'étude des propriétés formelles de la dépendance et de la connexion confirme que la connexion n'est pas la dépendance. Par exemple la connexion est symétrique (si a est connecté à b, b est connecté à a), alors que la dépendance est asymétrique (si a dépend de b, b ne dépend pas de a). La dépendance réciproque est symétrique, mais elle n'a rien à voir avec la connexion, qui est réflexive, alors que la dépendance, unilatérale ou réciproque est non réflexive.

Le quatrième chapitre contient la *pars construens* métaphysique : l'analyse de la contribution de la connexion à l'unité ontologique. Après un rapide rappel des types d'unité, ce chapitre se consacre à l'unité du monde et examine deux types d'unité du monde : le monisme et la représentation du monde comme une structure formelle unifiée, un graphe en l'occurrence. Dans les deux cas la connexion joue un rôle central, soit substantiel, soit représentationnel. Qui dit *pars construens* ne dit pas forcément dogmatisme, mais simplement l'étape positive d'un raisonnement, et ce chapitre ne fait qu'ouvrir un certain nombre de questions qui demandent une élaboration ultérieure. Cela est particulièrement vrai du monisme, qui ne mérite peut-être pas tant d'indignité, mais qui à l'inverse ne jouit pas d'une réhabilitation immédiate et complète. Il n'a certainement pas reçu la critique mesurée que méritait sa profondeur, mais cela n'implique pas de manière symétrique une admission sans réserve.

Le cinquième et dernier chapitre reprend tout ce qui concerne la représentation formelle des connexions. Deux modes de représentation sont utilisés : topologie et méréologie (avec leur combinaison, méréotopologie[1]). Le but de ce chapitre est de donner de la manière la plus précise possible les propriétés des connexions. Il s'agit de montrer qu'il existe de multiples approches de la connexion dans les sciences logiques et mathématiques (et donc qu'il ne s'agit pas d'une rêverie mystique que dissiperaient théories humiennes et russelliennes de relations) et que nous disposons de multiples outils pour confirmer que la connexion d'une part n'est pas la dépendance ou la relation interne et d'autre part qu'elle remplit des tâches métaphysiques, que peut décrire le formalisme. On comprend que là aussi *pars construens* ne veut pas dire forcément dogmatisme, tout comme *pars destruens* ne veut pas dire scepticisme.

1. *Cf.* B. Smith, « Boundaries : An Essay on Mereotopology » *in* L. Hahn (ed.), *The Philosophy of Roderick Chisholm*, LaSalle, Open Court, 1997, p. 534-561.

CHAPITRE PREMIER

CONNEXION, RELATIONS ET ATOMISME LOGIQUE

> Maintenant berger dis-moi
> Comment arrimer
> Les phénomènes dispersés.
> (O. Souleimenov, *Le Livre de glaise*)
>
> Comment ai-je connaissance de la cohérence du fruit ?
> Les pépins en étoile dans le tranchant de l'enveloppe
> La chair blanche et serrée qui adhère à l'axe de la tige
> L'hémisphère du soleil et l'hémisphère au ventre du poisson blanc.
> (P. Keineg, *Pibroch de la forêt et de la pluie. Lieux communs suivi de Dahut*)

Il est nécessaire de commencer notre enquête métaphysique sur la connexion par des précisions sur la méthode que nous suivrons et la portée critique de cette enquête. Il est particulièrement important de déterminer comment nous accédons aux connexions et notamment s'il est possible de les percevoir. Nous devons également définir et classer les connexions. Le point décisif est de différencier connexions et relations en montrant les limites de la théorie humienne et russellienne des relations et de l'atomisme logique qui lui est lié. L'argument en faveur des connexions est qu'elles interviennent dans l'ontologie du composé. Un programme se dégage donc : penser ce qui fait tenir ensemble le composé, qu'il s'agisse de l'objet ou du monde.

Les questions métaphysiques et ontologiques

La pratique de la métaphysique implique une analyse de nos intuitions fondamentales portant sur les structures de la réalité. Cette analyse passe en effet par une interrogation systématique sur la valeur, la portée et l'objectivité de ces intuitions[1] catégorielles ou non. Certains métaphysiciens recourent à des méthodes expérimentales qui consistent à tester empiriquement ces intuitions auprès d'une population de métaphysiciens potentiels. Cette méthode qui ressort de la métaphysique expérimentale[2], présente l'avantage de sortir la métaphysique de sa gangue livresque, d'arracher le philosophe à son fauteuil, de le chasser de son cabinet, mais elle pose des problèmes presque insurmontables de circularité, car ce qui est établi le serait à partir d'intuitions préalables portant sur l'importance des questions à tester ou l'existence de prédicats primitifs à passer[3] au crible d'une enquête *quasi* sociologique. La métaphysique expérimentale de la connexion permet ainsi de comparer nos intuitions sur ce que veut dire « connecté » – en examinant les conditions d'une telle connexion, par exemple le contact[4], ou tel ou tel type de relation (cf. *infra*, la relation holistique, p. 34), ou même d'étudier les

1. Il ne s'agit nullement de supposer l'existence d'une intuition métaphysique qui s'avérerait hiérarchiquement supérieure à nos autres capacités cognitives, comme la déduction, l'induction ou l'expérience – ce qui est le cas par exemple chez Bergson, quand il oppose la fluidité et la simplicité de l'intuition à la rigidité et à la complexité des autres opérations intellectuelles (cf. *La Pensée et le Mouvant*, chap. 6, « Introduction à la métaphysique »). Ici je prends l'intuition sur les structures fondamentales de la réalité comme un ensemble de métaconnaissances sur le cadre catégoriel de nos perceptions de base.

2. La métaphysique expérimentale est une partie de la démarche naturaliste de la philosophie expérimentale et s'inspire en fait de l'éthique expérimentale qui la précède largement et qui recourt à des protocoles expérimentaux pour tester nos intuitions morales de base.

3. Le philosophe norvégien Arne Naess est un pionnier de cette méthodologie. Il a mis au point une procédure d'interrogation sur la vérité auprès de non experts : *Truth as conceived by non professionals*, 1938 ; 2e éd., Socorro, Advanced Reasoning Forum, 2014.

4. On verra (*infra*, chap. 5) que certains auteurs comptent le contact défini ainsi $Cxy \Leftrightarrow x \cap y = \emptyset$ parmi les éléments de la connexion. Mais cela pose des problèmes car il faut supposer qu'un contact parfait est possible, ce qui est faux dans le cas du continu. Deux corps continus ne peuvent pas être dans un contact parfait. C'est le sens de l'objection de Leibniz à Hobbes. Sur le contact de corps élastiques, *cf.* H. Hertz, « Über die Berührung fester elastischer Körper », *Journal für die reine und angewandte Mathematik*, 92, 1881, p. 156-171.

intuitions ontologiques des enfants sur la connexion des blocs de Lego[1]... Mais ne s'agirait-il pas d'une régression conceptuelle, de la connexion au contact? Ceci paraît donc à première vue nous reconduire à la méthode traditionnelle, interrogative et analytique de la métaphysique. Cette méthode consiste à progresser par questions (quand y a-t-il composition d'un tout à partir de parties?) en examinant le pour et le contre, jusqu'à ce que se dessine une réponse.

On gagne toujours à distinguer les questions métaphysiques et les questions ontologiques. Rappelons qu'en toute rigueur la métaphysique est la science qui a pour objet la structure profonde de la réalité ou du monde, tandis que l'ontologie est la science qui a pour objet les structures ontologiques du monde actuel certes, mais aussi de tout monde possible (tel un monde possible composé uniquement du nombre 2). Les questions les plus centrales de la métaphysique sont sans doute : Pourquoi y a-t-il quelque chose plutôt que rien? Qu'est-ce qui existe? Qu'est-ce qui est fondé sur quoi? Ou enfin : Qu'est-ce qui dérive de quoi? Parmi les questions ontologiques, cette question est fondamentale : La réalité est-elle juxtaposée ou connectée, forme-t-elle un agrégat de choses juxtaposées et reliées de manière locale, ou bien est-elle une hiérarchie de connexions? Cela dit, les questions des deux types peuvent se combiner et on peut se poser cette question, qui est à la fois métaphysique et ontologique : La réalité profonde de l'univers est-elle comme une mosaïque, une soigneuse intrication d'éléments identiques ou quasi identiques se recouvrant et produisant des motifs, qui relève de l'ordre de l'atomisme – ou bien est-elle une connexion de structures? Cette question revient à se demander si l'univers (le monde actuel) fait partie des mondes possibles connectés. Il faut bien entendu distinguer les mondes logiquement possibles (le monde composé du nombre 2 est logiquement possible)[2] et les mondes physiquement possibles (un monde avec des constantes légèrement

1. Sur ce point, l'ontologie spontanée des jeunes enfants manipulant des cubes serait forcément différente de celle d'enfants manipulant des lego. Il y a là une différence claire entre deux ontologies pratiques, l'une relevant de la juxtaposition, l'autre de la connexion. On peut remarquer que la connexion des lego est transitive, contrairement à celle des régions, parce qu'il s'agit de connecter des structures additives. L'ontologie du lego est structurale, à la différence de celle des cubes. Cette dernière réalise des composés par simple contact, tandis que celle des lego opère par encastrement via des plots, comme celle de certaines cellules appariées entre elles (je dois à Roger Pouivet cette comparaison).

2. Voir la théorie des multivers de Tegmark et spécialement l'univers IV composé de structures mathématiques (M. Tegmark, « Parallel Universes », *Scientific American*, mai 2003, p. 41-51 et *Our Mathematical Universe. My Quest for the Ultimate Nature of Reality*, New York, Alfred Knopf, 2014).

différentes est possible mais un monde composé uniquement d'objets en chocolat est physiquement apparemment impossible). Il y a donc deux questions distinctes : un monde possible non connecté est-il logiquement possible? Est-il physiquement possible? À la première question, on serait tenté de répondre que s'il n'y a pas de connexion, il n'y a pas d'implication (voir le dernier chapitre) et que sans implication il est douteux que nous soyons en présence d'un monde possible (on parlerait plutôt de monde (logiquement) impossible). À la seconde question, on serait tenté de répondre que si ce monde est logiquement impossible, alors il est physiquement impossible.

La réponse aux questions fondamentales doit être à même de nous dire pourquoi les choses tiennent ensemble. Ou bien il y a un lien entre les choses, ou bien les choses sont simplement les unes à côté des autres. En ce sens, la question de la connexion, ou sur la connexion, est une interrogation radicale sur la modalité de l'être ensemble (*togetherness*), impliquant une interrogation sur la fondation ou l'unité purement spatiales ou ontologiques, une recherche du type le plus général de lien ou de mécanisme qui assure cet être ensemble, ou cette cohésion. Cette question est ambiguë car, si elle porte sur des conditions matérielles de cohésion et de stabilité, la réponse peut être purement physique, ce qui exigerait, dans ce cas, de bien distinguer cohésion extrinsèque, physique et connexion intrinsèque, ontologique. Or il s'agit de beaucoup plus – de la connectivité intrinsèque de l'univers, de ce qui fait que l'univers est un tout, plus que de sa simple cohésion ou cohérence.

La réponse qui est donnée en général à cette question à propos de la connectivité intrinsèque de l'univers, ou du tout, varie, comme on le verra un peu plus loin, entre, d'une part, une recherche de la « colle ontologique », du « ciment de l'univers » qui fait tenir ensemble les entités multicatégorielles et, d'autre part, une analyse, chez les particularistes, du mécanisme de cohésion des tropes qui lie plus ou moins explicitement individuation et cohésion.

Hume trouve ce ciment du côté des relations philosophiques :

> Ces principes d'association sont réduits à trois : la contiguïté, la ressemblance, la causalité; ils sont pour nous réellement le ciment de l'univers et toutes les opérations de l'esprit en dépendent[1].

1. « These principles of association are reduced to three : viz. *contingunity, ressemblance, causation*, they are really to us the cement of the universe and all the operations of mind must depend on them. » Hume, *An Abstract of a Book lately Published; Entitled, A Treatise of Human Nature*, éd. par D. F. Norton et M. Norton, Oxford, Oxford University Press, 2000

Et l'on peut remarquer que selon Hume les principes d'unification de l'univers sont en fait des principes d'association qui fondent les opérations de l'esprit : le ciment de l'univers se fabrique, d'après lui, dans notre esprit et c'est donc notre esprit qui unifie l'univers. Le programme que l'on peut se fixer est de mettre sur pied une métaphysique réaliste du ciment ontologique.

Cette manière d'approcher l'unité est métaphysiquement plus satisfaisante que la suivante : x est une unité si $y + z$ est une somme méréologique, y et z étant des parties de x. En effet, une somme méréologique, ou une fusion, est un *disparatum, ou des disparata*, selon que l'on considère la somme comme un divers ou une unité[1].

Accès à la connexion

Admettons, pour simplifier, que la connexion se présente à nous dans la liaison des propriétés d'un objet (ou d'une chose), dans l'être ensemble, le *Zusammensein*, des parties ou des éléments du monde, dans l'unité des phrases et celle des états de choses. Comment accédons-nous alors à la connaissance de la connexion ? L'accès est-il le même dans les trois cas ? Y a-t-il accès perceptif ?

Hume nie que l'on puisse percevoir la connexion :

> [...] il est évident en premier lieu que la répétition d'objets semblables dans des relations semblables de succession et de contiguïté ne découvre rien de nouveau en aucun d'eux. [...] Il est certain que cette répétition d'objets semblables en des situations semblables ne produit rien de nouveau ni dans des objets, ni dans aucun corps extérieur. [...] Il n'y a donc rien de nouveau de découvert ni de produit en des objets par leur conjonction constante [= connexion] ni par la ressemblance ininterrompue de leurs relations de succession et de contiguïté[2].

(dorénavant cité *Abstract*), p. 407 *sq.* Dans l'*Abstract* (cf *infra*) Hume voit dans la causalité le ciment de l'univers et donc établit une hiérarchie implicite entre d'une part la contiguïté et la ressemblance et d'autre part la causalité.

1. On entend par ce terme dans la logique traditionnelle un ensemble non homogène de choses potentiellement contradictoire. L'unité d'une somme méréologique est adventice. Pour la logique traditionnelle et ce terme de *disparata*, voir Gassendi, *Logique de Carpentras*, éd. par S. Tassig, Tournai, Brepols, 2012.

2. Hume, *Traité de la nature humaine*, Livre I, section III, § XIV (dorénavant cité *TNH*, I, III, XIV).

Et un peu plus loin :

> [...] combien de fois devons-nous répéter que la simple vue de deux objets ou de deux actions, tous liés qu'ils soient, ne peut jamais nous donner une idée du pouvoir ou d'une connexion entre eux ; que cette idée naît de la répétition de leur union ; que la répétition ne produit ni ne cause rien dans ces objets, mais a seulement une influence sur l'esprit, par cette transition coutumière qu'elle produit... [1]

Dans de nombreux passages du *Treatise* et de l'*Enquiry* Hume déclare que nous sommes incapables d'avoir un autre type de connexion que la simple juxtaposition temporelle et il en vient même à faire s'équivaloir la conjonction constante (c'est-à-dire réitérée et anticipable) et la connexion nécessaire dont il lui arrive de penser que comme la relation de causalité elle est finalement dénuée de sens. Bien entendu il existe aussi d'autres passages où la connexion nécessaire se voit reconnaître une certaine signification, mais qui ne conduit jamais à une conception spécifique de la puissance causale. Ce texte du *Treatise* résume admirablement l'argumentation de Hume :

> Nous avons cherché en vain une idée de pouvoir ou de connexion nécessaire. Certains événements semblent *conjoints* mais jamais *connectés*. Nous n'avons aucune idée de connexion ou de pouvoir. Et de telles idées sont absolument dépourvues de signification, que ce soit chez les philosophes ou dans la vie ordinaire. À cause de l'attente par notre esprit d'un effet dû à l'habitude de notre expérience nous projetons dans une cause un pouvoir qui n'est pas là. Nous projetons dans deux événements une connexion que nous ressentons dans l'esprit et de cela nous formons l'idée de pouvoir ou de connexion nécessaire. Il n'existe pas d'autre domaine dans notre entendement dans lequel il y ait une telle ignorance, que celle de la cause et de l'effet. Tout ce que la science peut faire est de nous enseigner comment réguler des événements futurs par leurs causes. Et une cause n'est rien d'autre qu'un objet suivi par un autre, où tous les objets similaires au premier sont suivis par des objets similaires au second. Ou bien : si le premier objet n'avait pas été, le second n'aurait jamais existé. Et parce qu'une cause transfère toujours à l'esprit l'idée d'un effet, il y a une autre définition de la cause : un objet suivi par un autre dont l'apparence contient toujours la pensée de cet autre [2].

Hume nie donc que l'on puisse percevoir la connexion et dériver de cette perception simple les idées de causalité et de nécessité, idées

1. *Ibid.*
2. *TNH*, I, III, XIV. Notre traduction.

qui n'existent pas dans les choses mais dans l'esprit. L'idée de causalité dérive en effet des relations d'antériorité et de contiguïté. La définition de la cause que fournit Hume est liée à la connexion nécessaire entendue comme conjonction constante :

> Une cause est un objet antérieur et contigu à un autre qui lui est si uni [connexion][1] que l'idée de l'un détermine l'esprit à former une idée de l'autre et que l'impression de l'un détermine l'esprit à former une idée plus vive de l'autre[2].

La causalité, avec la ressemblance et la contiguïté, est certes « le ciment de l'univers »[3] mais nous ne percevons pas la causalité, même si nous percevons la contiguïté et la ressemblance.

Nous admettons à côté de la connexion formelle une connexion matérielle. On peut remarquer que dans ce cas on perçoit le lien qui réalise la connexion qu'il s'agisse de ficelle, de colle, de clou, etc., ou de branchement, d'encastrement, etc. En un certain sens, on perçoit alors la connexion, si par connexion on entend ce qui réalise l'unité du composé (par exemple l'être ensemble des branchages dans un fagot lié par un fil de fer). Mais si l'on entend la connexion en un sens ontologique (si tenté qu'il y en ait une dans le cas du fagot qui est un agrégat), il est beaucoup plus douteux qu'on la perçoive. En revanche, s'il y a par exemple une connexion entre une équation différentielle et un champ de vecteurs, nous ne la percevons pas. Si l'on objecte qu'il s'agit d'êtres mathématiques abstraits, on peut conclure de la même façon à propos des *qualia* : on ne perçoit pas la connexion entre la honte et la rougeur – on perçoit la honte à travers la rougeur, on perçoit la rougeur *quâ*[4], manifestation de la honte.

Il faut de toute façon distinguer entre (a) et (b), (a) étant vrai et (b) faux :

(a) Je perçois que la rougeur et la honte sont connectées ;

(b) Je perçois la connexion de la rougeur et de la honte.

1. On voit donc que la connexion nécessaire entre les idées est aussi une conjonction constante : il n'y a pas de connexion intrinsèque fondée sur l'essence des idées, mais dérivant de la réitération extrinsèque de leur conjonction.

2. Hume, *TNH*, I, III, XIV.

3. Hume, *Abstract*, p. 407.

4. *Quâ* fonctionne ici comme un opérateur formel équivalent de *quoad*, « en tant que ». Cet opérateur formel est un opérateur 'partie/tout' : la rougeur est une partie de la honte, comme dans l'exemple classique fameux l'Ethiopien en tant qu'il a des dents est blanc : « *Aethiops est albus quoad dentes, id est Aethiops est albusquatenus dentes (qui sunt partes quatenus Aethiops est totumsunt albi)* » (Leibniz *Analysis Particularum*, p. 153 cité dans F. Nef, « L'analyse des particules », *Studia Leibnitiana*, N° 24 Sonderheft, 1995).

En revanche, on peut admettre (c) et (d), (c) impliquant (d) :

(c) Je vois que la semelle et la tige[1] sont connectées;

(d) Je vois la connexion de la tige et de la semelle.

Cette différence est pertinente pour la causalité on le verra plus loin : je puis percevoir que l'effet et la cause sont connectés sans percevoir la connexion entre l'effet et la cause, par exemple je puis percevoir que la cause de la honte (par exemple l'ignorance) et la honte (qui s'exprima par exemple par le bégaiement) sont connectées, sans percevoir la connexion entre les deux. Cette différence est également pertinente pour la perception : je puis percevoir deux choses connectées (par exemple la perception d'un son et l'intuition spirituelle d'un souvenir[2]), sans percevoir la connexion même entre ces deux choses. Selon Brentano, nous ne percevons pas l'architecture ontologique des actes intentionnels.

Dans le domaine de la connexion des choses formelles, par exemple celui de la grammaire nous percevons que le sujet et le prédicat sont connectés, sans pour autant percevoir la connexion entre le sujet et le prédicat; nous percevons la copule, mais nous ne percevons pas à proprement parler la liaison connective. La connexion entre le sujet et le prédicat est une connexion, au sens fort, c'est-à-dire une connexion productive, productrice de la phrase. La copule est ce qui fait qu'il y a connexion : c'est le vérifacteur de la connexion. Dans la grammaire catégorielle c'est l'application qui produit une catégorie complexe à partir de deux catégories simples ou complexes. Mais l'application est une règle; on perçoit qu'une règle est appliquée, mais on ne perçoit pas la connexion catégorielle elle-même.

Il n'y a pas de science des connexions. Par exemple, la valence chimique est sans doute un mode de connexion, mais ce n'est pas en tant que connexion qu'elle est appréhendée. Sa définition qui est opératoire ne fait pas intervenir le concept de connexion (sous une forme même légèrement différente). Comme on le lit couramment dans les cours de chimie, la valence d'un atome ou d'un groupement d'atome est le nombre

1. La chaussure se compose principalement de la semelle, de la tige et des contreforts. Le *Trésor de la Langue Française* (Paris, CNRS/Klincksieck, 1977), dans l'article « Chaussure », définit ainsi la tige, en ce sens : « Partie de la chaussure, de la botte qui enveloppe la jambe, couvre le dessus du pied ».

2. Dans sa *Psychologie d'un point de vue empirique*, Brentano décrit des complexes psychiques, qui sont des empilements d'actes fondés les uns sur les autres : dans l'exemple précité, la perception d'un son est fondée sur un souvenir. C'est sans doute un cas où la connexion (son/souvenir) est non réductible à la dépendance : le souvenir est causé par la perception, mais n'en dépend pas.

d'atomes d'hydrogènes qu'il peut remplacer ou fixer lors d'une réaction chimique. La valence est un nombre qui exprime une propriété à la fois relationnelle et dispositionnelle ; ce n'est pas un lien. C'est le modèle naïf de la valence qui fait croire qu'il y a homologie entre la connexion (c'est-à-dire la liaison chimique) et la valence[1].

La connexion réelle au sens strict est donc inaccessible à l'intuition et à la perception. On comprend dès lors qu'elle ait été négligée, oubliée et surtout on comprend que la thèse inverse de la connexion, celle de l'atomisme, puisse s'appuyer sur l'absence de perception de la connexion. On comprend aussi qu'elle soit intrinsèquement indéfinissable. Mais on peut en retrouver la trace chaque fois qu'une unité est produite à partir d'éléments plus ou moins affins et on peut construire une définition par énumération en collectant les traces de production, puisque, on le verra plus loin, la connexion est productive.

Qu'est-ce que la connexion ?

Le concept de connexion, malgré son emploi assez répandu par Leibniz, qui le distingue de la consécution, n'a pas joui d'une grande fortune dans l'histoire de la métaphysique et ce n'est certainement pas un concept central de l'ontologie[2], même si la *Métaphysique* de Baumgarten comporte une section sur le *nexus*, homonyme technique de la connexion. La théorie des relations d'Aristote à Russell, en passant par Occam, Suarez ou Leibniz a occupé, elle, un rôle important, quoique certainement en rien central ou prédominant et a supplanté une hypothétique, éventuelle, théorie des connexions. Il a fallu attendre le développement de la doctrine du *nexus*, chez Baumgarten, Wolff et sa reprise par Gustav Bergmann et Whitehead pour qu'un espace conceptuel se dessine pour la connexion. Mais là aussi la théorie classique des relations, celle de Russell, Moore –

1. Voir W. Oswald, « Les formules de structure et la stéréochimie » dans *L'évolution d'une science – la chimie*, Paris, Flammarion, 1907, p. 136-153. Pour un parcours sur la doctrine newtonienne (Stahl, Boerhaave), voir H. Metzger, *Newton, Boerhaave et la doctrine chimique*, Paris, Félix Alcan, 1930. La chimie supra moléculaire représente l'étape actuelle. *Cf.* en particulier la leçon inaugurale de Jean-Marie Lehn au Collège de France, « Chimie des interactions moléculaires » (7 mars 1980).

2. Voir cependant Nicolas de Cues, *La chasse de la sagesse*, trad. fr. H. Pasqua, Paris, P.U.F., 2015, chap XXIV-XXVI, « Le huitième champ, à savoir le lien », p. 121-134.

et du premier Whitehead, le Whitehead britannique – a écrasé la réflexion sur le *nexus*.

Qu'est-ce donc qu'une connexion? L'enquête que nous entamons maintenant est une recherche métaphysique de la réalité profonde, ou des structures ontologiques de la réalité naturelle. On rencontre la connexion au niveau des structures physiques, mathématiques et au niveau de la réalité matérielle, psychique ou sociale. Dans ces structures la connexion joue un rôle de liaison, de rapport, de dépendance (sans se réduire à la dépendance). On distingue la connexion et la connexité. Comme le dit si bien un vieux dictionnaire : « Par la connexité les choses sont faites pour être ensemble, par la connexion elles le sont. La connexité est pour ainsi dire en puissance ; la connexion est de fait »[1].

Dans la mécanique quantique la spin-connexion et la Levi-Civita connexion représentent des formalisations de connexions géométriques à l'intérieur de la géométrie riemannienne. La conception statistique du spin, ou la connexion spin-statistique stipule que les fermions sont un spin demi-entier, et les bosons un spin entier, peut se démontrer dans le cadre de la théorie de la relativité quantique[2].

La topologie peut être considérée comme une théorie formelle des connexions et elle offre une approche rigoureuse de la connexion spatiale, à travers la définition d'un espace connecté. Un espace connecté est un espace topologique (c'est-à-dire un ensemble de points avec un voisinage pour chaque point qui satisfait un ensemble d'axiomes reliant les points et les voisinages) qui ne peut être représenté comme l'union de deux ou plus de sous-ensembles non vides ouverts.

> La connectivité est l'une des propriétés topologiques fondamentales qui peut distinguer les espaces topologiques. La définition contemporaine de la connectivité est qu'un espace topologique X est connecté si il ne peut pas être représenté comme la somme X1 ⊕ X2 de deux sous-espaces vides de X, qu'il ne peut être décomposé en deux sous-ensembles non vides. […] Si un espace n'est pas connecté, il est déconnecté[3].

Au niveau matériel la connexion est un assemblage au moyen de différents types de liens. En ce sens la connexion est un ingrédient important

1. A.L. Sardou, *Nouveau Dictionnaire des Synonymes Français*, Paris, Delagrave, 1877, p. 147.

2. *Cf.* G. Cohen-Tannoudji & M. Spiro *La matière-espace-temps. La logique des particules élémentaires*, Paris, Gallimard, 1990, p. 169-170.

3. J. Muscat & D. Buhagiar, « Connective Spaces », *Memoirs of Shimane University*, 39 (2006), p. 1-13.

de la composition et donc de la persistance. Parmi les types d'assemblage on peut citer ceux qui impliquent une rupture de la continuité des surfaces connectées, comme par exemple d'une part le clouage qui consiste à faire deux trous en contact sur deux surfaces matérielles et à laisser le clou pour que les deux surfaces soient maintenues ensemble et d'autre part le boulonnage et également le rivetage, clouage, rivetage et boulonnage qui du point de vue de la métaphysique de la connexion ne présentent pas de différence de fond. Il faut distinguer ce type de connexion par effraction de la surface d'une connexion assimilative qui consiste à mettre en place une adhésion entre deux surfaces à l'aide d'une colle soit naturelle (peau, poisson ...), soit synthétique (époxy, polyuréthane ...). Le mécanisme de l'adhésion est soit mécanique, soit physico-chimique. L'adhésion mécanique met en avant la rugosité de la surface qui est un facteur améliorant du collage, ce que l'on appelle l'ancrage mécanique. La diffusion des polymères fait que la colle passe d'un matériau à un autre, ce qui est plus complexe que l'ancrage mécanique dans la mesure où il y a interpénétration. Ce point est important quand nous aurons à discuter des propriétés de la connexion : c'est un argument en faveur de l'existence de la connexion matérielle. Le ciment est structuralement proche de la colle : il s'agit dans les deux cas d'une mixture artificielle ou naturelle étalée sur une surface pour la faire adhérer à une autre que l'on applique dessus.

Aristote énumère en plus des différences démocritéennes (configuration, orientation, arrangement[1]) d'autres différences, qui recouvrent la connexion matérielle :

> [...] il y a beaucoup d'autres différences [...] certaines choses sont dites être ce qu'elles sont par la composition de leur matière, comme toutes celles qui le sont par un mélange, tel l'hydromel, mais d'autres le sont par un lien, tel le faisceau [littéralement : le fagot] (*desmo oion phakelos*), d'autres par la colle, tel le livre, d'autres par une cheville tel le coffre, d'autres par plusieurs de ces assemblages, d'autres le sont par position tel le seuil et le linteau [...] d'autres par le temps comme le dîner et le déjeuner, d'autres par les lieux, comme les vents [...] (*Métaphysique H*, 1042b, 15-25)

Aristote distingue donc pour la constitution le mélange, le lien et la position. Il ne fait pas la différence dans ce passage entre artefacts (coffre,

1. Il s'agit bien sûr de différences portant sur des atomes. A diffère de N par la configuration (*schêma*), AN diffère de NA par l'arrangement (*taxis*) et N diffère de Z par l'orientation (*thesis*) (Diels et Krantz 77 A 6).

porte…) et être naturels (hydromel, un mélange de miel et d'eau, vents…). Quand il s'agit de la substance en acte et de la substance en puissance, Aristote ne juge pas utile de faire la différence entre les composés naturels et artificiels : seule compte la composition à partir du substrat, en tenant compte de tous les modes de constitution (et pas simplement spatiales ou topologiques comme chez Démocrite[1]).

La métaphore du ciment, comme connexion, métaphysique, remonte à Hume : la causalité est le « *cement of universe* » (*Abstract* du *Treatise of Human Nature*). Elle a été reprise par Mackie (*The Cement of Universe*) et récemment par Tiercelin (*Le ciment des choses*), quoique cet auteur fasse plutôt de la disposition et pas de la causalité le ciment des choses. Cette métaphore suppose qu'il existe un lien métaphysique qui assure la cohésion ultime de la réalité. Certains auteurs sont extrêmement sceptiques sur ce point et mettent en cause l'existence d'une telle liaison, à la fois constitutive et normative. On recourt à cette dernière sur les points de soudure suivant : la causalité (effet et cause), sujet et essence, instanciation ou exemplification (universel et particulier) … C'est sur cette dernière ligne de fracture qu'une autre figure de la liaison régulative, métaphorisée comme ciment – ou comme colle – apparaît, cette fois-ci comme une *contradictio in adjecto* : Strawson et Armstrong n'hésitent pas à parler de *non relational tie* (lien non relationnel) pour l'universel et son instanciation. Lewis rejette cette caractérisation :

> C'est une chose d'avoir une propriété, c'est quelque chose d'autre d'avoir une relation à cette propriété. Si une relation se tient entre vous et vos propriétés, vous êtes aliéné à leur égard […] Avoir n'est pas *simpliciter* une relation, quoique que suggère la grammaire. Qu'est-ce que c'est alors ? Je ne sais pas ce qui peut être dit de plus … Je conclus que réifier les liens non relationnels et en donner une théorie est une chose tout à fait incorrecte (« Tensing the Copula »).

Lewis pense que pour comprendre « une chose A a une propriété B » poser un lien non relationnel entre A et B est une fausse piste, car *avoir* n'est pas une relation et parce que nous ignorons ce que c'est pour A d'avoir B. Je suis précisément d'accord avec Lewis : *avoir* n'est pas une relation. Il y a une connexion entre la chose A et sa propriété B, ou plutôt une de ses propriétés B. Mais je ne suis pas d'accord sur l'impossibilité *a*

1. Les différences démocritéennes sont géométriques et sont relatives à la position, tandis que les différences aristotéliciennes sont relatives à la constitution. On peut remarquer cependant que Aristote admet des différences selon la position (exemple : le linteau, cf. *supra*).

priori de donner une théorie de la connexion. On retrouve ici la thèse de la survenance humienne : tout ce qui existe survient sur des points d'espace-temps et il n'y a pas de connexion.

POURQUOI LA CONNEXION ?

Nous prenons l'exact contre-pied de David Lewis[1] : ce dernier affirme que donner une théorie du lien non relationnel est une « chose incorrecte », et nous entreprenons donc à l'opposé une enquête fouillée sur la nature et la nécessité de la connexion. La connexion n'est pas seulement un lien ontologique entre des propriétés ou entre des propriétés et des choses. On a pu dans le passé proposer des connexions sociales : amitié, mariage[2], des connexions entre les vertus (Aristote, Gassendi), des connexions entre les personnes de la Trinité[3] etc. En ce qui concerne cette dernière, on peut cependant douter qu'au sens strict les liens qui unissent les Personnes divines soient des connexions. En effet les liens trinitaires peuvent apparaître comme symétriques – le lien du Père au Fils, n'est-il pas symétrique de celui du Fils au Père ? D'un autre côté, on y reviendra (cf. *infra*, p. 44) il y a des raisons de douter du caractère symétrique de la connexion : la connexion est orientée dans le cas des connexions matérielles et non orientée dans le cas des connexions formelles, comme on le verra plus bas. Les personnes divines sont-elles matérielles ou formelles ? Elles ne sont pas matérielles, mais sont-elles pour autant formelles ?

La connexion apparaît non seulement dans l'exemplification des universaux dans les particuliers[4], mais aussi chaque fois qu'une totalité relationnelle apparaît, impensable sur le mode de l'ontologie atomiste, que ce soit un mariage, un lien entre des vertus etc. Il existe des liens

1. *Cf.* mon article critique « Survenance humienne, physique et métaphysique : disposition, structure et connexion », *Klesis*, n° 24, 2012.

2. *Cf.* V. Laurand, *Stoïcisme et lien social. Enquête autour de Musionus Rufus*, Paris, Garnier, 2014. Le mariage y apparaît comme le précurseur du lien politique et cosmique.

3. « Et est cest amour equal au pere et au filz car cest amour parfaicte en laquelle le pere et le filz ont vnite et *connexion*. Et cest amour personnelle est le saint esperit… » (Robert Ciboule, *Le livre de sainte Méditation*, extrait de la *Base du français médiéval*, http://txm.bfm-corpus.org/).

4. Cela signifie que l'exemplification est une connexion au sens où il y a une production des particuliers – mais cela veut dire que les particuliers sont connectés par les universaux.

sociaux qui sont de véritables connexions, qu'il s'agisse de liens forts ou de liens faibles.[1] Il existe aussi des liens qui sont à la fois sociaux et familiaux (par exemple les mafias, le capital social d'une famille en termes de connaissances utiles[2], etc.) et dans ce cas on peut parler d'une connexion des liens eux-mêmes : dans l'exemple de la mafia, il y a connexion des liens familiaux et sociaux.

Je partage l'avis de ceux qui considèrent l'ontologie russellienne de l'atomisme logique comme un échec. La nature, l'ampleur et les conséquences de cet échec apparaîtront en effet progressivement. L'hypothèse que j'émets est que l'une des raisons principales de cet échec doit être cherchée dans l'absence de connexion entre les états de choses, comme on peut également le voir dans l'ontologie tractarienne, fondée sur l'indépendance des états de choses. Ce que l'on appelle une ontologie mosaïque n'est pas à même de remplir le cahier des charges d'une ontologie dans le domaine social et psychique, comme on vient de le dire, mais aussi dans le domaine scientifique, dans la mesure où la mécanique quantique n'est pas un monde pour une ontologie mosaïque. Pour ne prendre qu'un exemple « l'action fantôme à distance » (Einstein) est bien un type de connexion[3]. De même les cordes peuvent apparaître comme des connexions, puisqu'elles prouvent théoriquement l'existence d'une connexion qui est la supersymétrie. Les progrès de l'interprétation de Everett, fondée sur une pluralité de mondes, en mécanique quantique a attiré l'attention des physiciens sur l'ontologie des mondes possibles de Lewis, mais on a pu montrer aussi que l'ontologie de Lewis était étroitement pointilliste, ce qui ne correspond pas à la physique moderne. Il semble donc pertinent de s'attaquer à ce versant du non-pointillisme, après avoir ouvert la possibilité d'une ontologie modale.

1. M.S. Granovetter, « The strength of weak ties », *American Journal of Sociology*, vol. 78, n° 6, p. 1360-1380. On trouve des liens faibles également dans la chimie supramoléculaire et plus généralement dans la chimie (cf. les interactions de faible énergie). C'est un concept qui traverse la division naturel/social.

2. Voir le remarquable travail de Yuxia Zhai sur les phénomènes de piston en Chine (*Le phénomène des « relations » dans la société chinoise d'aujourd'hui*, Thèse EHESS, 1997, 2 vols.).

3. La connexion permet de penser le contact (cf. *infra*), mais cela ne veut pas dire toute connexion est réductible à un contact.

Irréductibilité de la connexion à la relation

Pour poser l'existence des connexions, il faut poser l'irréductibilité des connexions aux relations, puisque, on le verra plus loin, les relations au sens classique n'existent pas au sens strict et ontologique d'"exister" et que tout indique au contraire que les connexions existent dans la mesure où elles sont productrices (une chose en produit une autre si elle existe[1], ce qui est une différence avec la causation, car une absence peut causer quelque chose). S'il existe une connexion entre un revenu et une qualification et que cette connexion produit un statut, il semble difficile de soutenir que la connexion n'existe pas, au sens d'une entité survenante – elle prend par exemple la forme d'une valence qui est une correspondance matérielle entre l'oxygène et l'hydrogène dans la molécule d'eau.

Cela dit cette discussion de l'irréductibilité doit être conduite relativement aux relations externes et internes. On rappelle cette distinction : les relations externes sont extérieures aux relata, plus exactement elles sont étrangères à la nature des relata, alors que les relations internes sont dépendantes de la nature des relata. Il est évident qu'une connexion ne peut être une relation externe. Par exemple la relation « à la droite de » dans « le couteau est à droite de la cuillère » n'est pas une connexion au sens où une connexion est un lien fort qui produit une chose nouvelle (en quoi la connexion ressemble à l'émergence). Une connexion spatiale entre un chemin et une région n'est pas une relation externe[2], une connexion entre un père et un fils n'est pas une relation externe. Mais de même on ne peut identifier une relation interne et connexion productrice. Une relation interne n'est pas productrice ou constitutive.

Sprigge attribue une autre dénomination à ce genre de relations en les nommant "holistiques"[3] (Sprigge définit ainsi les relations holistiques, qu'il distingue des relations externes et internes : « Par une relation holistique, j'entends une relation dont la tenue entre des existences est une question de formation jointive, ou avec d'autres existences aidant

1. À l'inverse, on peut affirmer qu'une chose existe si elle produit une autre chose. C'est le principe éléatique (*Sophiste* 247d-e). Samuel Alexander (*Space, Time and Deity*, London, Macmillan & Co Ltd, t. 2, p. 8) a reformulé ce principe : être réel c'est avoir des pouvoirs causaux.

2. Le chemin modifie la région. *Cf.* l'hodologie de Kurt Lewin qui est une analyse des interconnexions (*hodos* signifie "chemin"). K. Lewin, *Principles of Topological Psychology*, New York, MacGraw-Hill, 1936.

3. T. Sprigge, *The Vindication of Absolute Idealism*, Edinburgh, Edinburgh University Press, 1983, p. 187-224.

à former une existence plus compréhensive dans laquelle elles sont des composants »[1].) L'exemple fameux de Sprigge est celui de deux droites convergentes dont l'intersection produit un angle droit. Clairement la relation holistique « aide à former une existence plus compréhensive », celle de l'angle droit. Ce qu'ajoute la connexion à cette relation, qui a pour avantage de bien montrer la différence avec la relation interne, qui ne fait qu'établir la position réciproque de deux essences, c'est l'idée même que les relata sont liés à l'intérieur d'une unité. Par exemple les tropes à l'intérieur d'un objet sont connectés dans la mesure où cette connexion produit une unité : il n'y a pas de relations internes entre les tropes (et poser des relations externes serait ennuyeux, car cela engendrerait dans ce cas un type de nihilisme atomiste, les relations entre les tropes étant purement spatiales et indépendantes les uns des autres). Si une pomme contient un trope de masse et un trope complexe de couleur, il semble difficile de soutenir que ces deux tropes entrent dans une relation interne. En effet les relations internes dans la constitution des objets sont des relations elles-mêmes relatives à une grandeur commune. Par exemple si une partie de la pomme est plus foncée qu'une autre, on est typiquement en présence d'une relation interne : les tropes sont relatifs à des relata homogènes (de parties de la même pomme) et les essences des attributions (avoir telle masse, avoir telle couleur) sont effectivement liées aux relata. Mais on ne peut réduire une connexion à ce genre de relation[2]. Dans le cas précis il n'y a pas de connexion entre une partie claire et une partie foncée d'une pomme, car ce lien n'est pas productif. Par contre on pourrait admettre qu'il y ait une connexion entre un volume et une masse, entre un degré de viscosité et une densité, etc.

Si les connexions étaient des relations et si les relations n'existaient pas les connexions n'existeraient pas, alors même que nous avons des raisons solides de reconnaître qu'elles existent : elles sont établies par un tiers concret (connexions matérielles) ou elles produisent un tiers (connexions formelles) et ce tiers fait partie des existants, qu'il s'agisse d'un clou, d'une ficelle, d'une phrase, d'un angle, d'un chemin, ou de quoi que ce soit d'autre. De plus, si les choses sont reliées, ce que semble indiquer l'existence des lois scientifiques, des interactions physiques à très longue distance, et si les relations n'existent pas, ce pour quoi nous disposons d'arguments indépendants, alors il est nécessaire qu'il y ait une

1. *Ibid.*, p. 187.

2. Muriel Cahen, dans sa thèse *Relations temporelles et perception du temps* (EHESS), a développé ces structures en en faisant la source des structures temporelles.

catégorie de lien, non relationnel, qui assure la connexion des choses et peut-être du tout. L'argument en faveur de la non-identité des relations et des connexions est donc très simple : les relations n'existent pas ; si les connexions étaient des relations, elles n'existeraient pas, or les connexions existent, donc les connexions ne sont pas des relations.

La raison pour laquelle il n'existe pas de relations, pour laquelle elles ne sont que mentales, est que les relations externes ne sont que des abrégés de prédicats et, par conséquent, sont réductibles à ces prédicats tandis que les relations dites internes sont contradictoires, comme l'ont montré à la fois Russell et Bradley[1]. C'est la raison pour laquelle Jonathan Lowe décourage l'emploi de l'expression « relation réelle » et met donc en garde contre l'illusion de considérer même les relations internes comme certainement réelles[2].

La connexion joue donc au moins deux rôles distincts. D'une part, lier des touts organisés, assurer l'unité interne ou intrinsèque de touts ; par exemple la connexion des organismes. D'autre part, constituer des objets, produire une unité par connexion de parties, par exemple produire une phrase. On peut distinguer aussi connexion grammaticale et connexion chimique. Tout d'abord la cohérence de la valence verbale et l'unité du discours par de multiples types d'anaphores. Ensuite, dans le domaine de la chimie, c'est la valence chimique qui indique à combien d'atomes peut se lier l'entité qui a une valence – la valence est une instruction sur la liaison.

Il y a deux types de connexion, formelle et matérielle ; deux combinaisons de type différent peuvent se combiner. La connexion formelle on l'a vu régit par exemple un verbe et son sujet et probablement une anaphore et son antécédent. La connexion matérielle, dans ce cas, lie les traces sur une surface discursive (qui est un type de ce que l'on appelle une « surface connexive ». c'est-à-dire une surface où les parties, ou régions graphématiques et phonogrammatiques, n'ont pas de coupures). Plus exactement, la connexion formelle survient sur la connexion matérielle : une connexion entre un chemin et une région (par exemple faisant communiquer cette région avec une autre région) survient sur l'appartenance topologique du chemin à la région. Dans le cas d'une connexion entre des parties d'un organe, la connexion méréologique entre des parties survient sur l'unité de l'organe (ici la connexion est pratiquement une union). Dans le cas d'une connexion entre deux actions,

1. Cf. *infra*, chap. 3, p. 97.
2. *Cf.* J. Lowe, *There is probably no relation*, ms. 2010.

par exemple deux démarches administratives, la connexion formelle des actions survient sur la procédure matérielle. On peut noter que dans tous ces cas, on pourrait difficilement apercevoir des relations internes. En particulier le dernier exemple, celui de la connexité de deux demandes dans un cadre juridique, il se pourrait que les deux demandes ne puissent être liées par une relation interne : la connexité des démarches signifie simplement que les jugements de ces deux demandes pourraient être les mêmes (et donc qu'il faut les juger devant le même tribunal)[1].

Les structures mathématiques, par exemple les structures algébriques comme les groupes ou les catégories, sont fortement connectées, de manière interne (éléments, relations) et externes (relations des structures à d'autres structures). On a pu soutenir que ce soit chez Piaget ou dans la psychologie cognitive, c'est-à-dire dans une théorie psychologique qui se distingue à la fois du platonisme (par exemple Alain Connes[2]) et du formalisme bourbakiste, qu'elles sont fondées sur des structures cognitives, ce qui en termes de la théorie des connexions veut dire que les structures formelles liant des concepts mathématiques surviennent sur des structures matérielles, faites de neurones et de fibres nerveuses. Une démonstration mathématique est également une connexion à un double point de vue : d'une part entre les prémisses éventuellement des axiomes et les conclusions éventuellement des théorèmes, et d'autre part entre les structures de deux types, c'est-à-dire psychologiques (pour obtenir l'assentiment) et formelles (pour obtenir l'objectivité et la vérité). La connexion entre les prémisses et les conclusions ne doit pas être confondue avec l'implication ou l'inférence entre la proposition de départ et la conclusion. Là aussi on ne peut réduire la connexion à une relation interne entre prémisse et conclusion. La connexion est productrice : la connexion entre la prémisse et la conclusion produit une inférence.

Il faut situer la connexion dans une hiérarchie de types de liaison. La *conjonction* est une liaison du niveau le plus bas, tout comme l'*agrégation*, ce que l'on approfondira à propos de la théorie de la causalité de Hume – il distingue conjonction nécessaire et connexion de la cause et de l'effet. La connexion qui rend deux unités dépendantes et les combine, mais en les laissant séparées, comme dans le type de connexion appelée « *couplage* » (par exemple le couplage de deux oscillateurs) est de niveau supérieur. La *connexion qui produit des unités* est de niveau encore supérieur : dans le domaine matériel, la locomotive connectée aux wagons produit un convoi en assurant le déplacement collectif des wagons ; dans le domaine

1. Merci à mon collègue Otto Pfersmann (EHESS) pour cet exemple.

2. *Cf.* A. Connes et J.-P. Changeux, *Matière à pensée*, Paris, Odile Jacob, 1989.

immatériel, la connexion de deux idées produit une idée, la connexion de deux sèmes produit un lexème (par exemple « rationalité » et « animalité » produisent « humanité »). Les arbres syntaxiques et sémantiques sont des portraits de connexion. Dans un stemma[1] de Tesnières, la connexion est une relation entre deux éléments du stemma, l'un plus élevé, l'autre plus bas[2].

Les connexions ne lient pas seulement des objets concrets, multidimensionnels, ou des objets abstraits (si l'on admet l'existence de tels objets), non dimensionnels ; elles peuvent lier aussi des enveloppes des objets concrets, des surfaces, elles peuvent aussi être exprimées par des chemins et des transferts. Les relations externes sont peut-être des relations mentales projetées sur la réalité et les relations internes sont peut-être des propriétés conjointes : une relation interne entre fils et père, x et y, survient sur deux propriétés : la propriété de y d'être fils et celle de x d'être père. En revanche, s'il y a connexion entre les ADN de x et de y, cela correspond à une interprétation du fondement de la relation en termes de vérifacteur[3] : la connexion entre les ADN est un vérifacteur de la relation de filiation c'est-à-dire ce qui fait que la proposition « x est le fils de y » est vraie. On peut proposer une vue opposée suivant laquelle il y a une relation de survenance de la filiation sur la connexion des ADN, filiation qui est donc une entité non existante ou pseudo-existante[4] : ce qui existe, c'est le fait pour x d'être fils et pour y d'être père. La relation qui métaphysiquement n'est ni une substance, ni un accident, est un subsistant, comme tout ce qui est non existant. Mais la connexion des ADN est ce qui fait que la relation de filiation est vraie[5] et donc la vue

1. Un stemma est une représentation arborescente d'une structure de phrase. Le terme "stemma" est utilisé en généalogie pour l'arbre d'une famille et en philologie pour la représentation sous forme d'un graphe des versions d'un manuscrits. Les stemmas de Lucien Tesnières annoncent les arbres syntaxiques de la grammaire générative : Tesnières a écrit les *Esquisse d'une Syntaxe structurale* en 1953, Chomsky *Syntaxic Structures* en 1957.

2. Il est intéressant de noter que dans les grammaires formelles la subordination est un « trait de connexion ».

3. X est un vérifacteur de P, si X fait que P est vrai. Cet exemple est peut-être problématique : le lien entre vérification et connexion demande à être approfondi.

4. On rappelle que la relation de survenance (c'est-à-dire de dépendance non réductrice) est telle que si A survient sur B, A est un « *free lunch* », c'est-à-dire quelque chose qui ne s'ajoute pas à l'ontologie de B.

5. On reviendra plus loin sur cette notion. Un vérifacteur est ce qui fait qu'un énoncé est vrai. Par exemple, « j'existe » a pour vérifacteur mon existence, c'est elle qui fait que cet énoncé est vrai. Sur les vérifacteurs, voir H. Beebee, J. Dodd, *Truthmakers. The Contemporary Debate*, Oxford, Oxford University Press, 2005. Les deux textes canoniques sont : K. Mulligan, P. Simons, B. Smith, « Truth Makers », *Philosophy and*

réaliste qui combine connexion et vérifacteurs semble plus satisfaisante. De plus il semble peu intuitif de considérer la filiation comme une non entité.

La connexion n'est donc certainement pas une relation : nous avons accumulé beaucoup de raisons de ne pas le croire. Si nous estimons que les relations sont réductibles à des propriétés ($a\mathrm{R}b$ réductible à $\mathrm{R}a$ & $\mathrm{R}b$) ; et si la connexion est réduite à une relation (surtout interne, *cf.* un peu plus haut) elle engendre une relation réductible à son tour à des propriétés : s'il y a une connexion des ADN entre y et x, alors y est fils et x est père et comme l'a soutenu Burleigh, dans son *De Relativis*, « père » et « fils » sont les seules relations. Les véritables relations, comme celles de comparaison et de ressemblance, sont également réductibles à des propriétés : si x est plus grand que y, cela signifie x est grand au degré a et que y est grand au degré b et que $a = n + 1$ et $b = n$. On n'a nul besoin d'une relation existante. Ce mécanisme ontologique (et donc sémantique) de réduction n'existe pas pour la connexion. Par exemple (exemple qu'on reprendra plusieurs fois), si deux droites x et y se coupent en un point c, elles produisent un angle a. On dira qu'il existe une connexion entre x et y. On ne peut réduire la production de a à des propriétés de x et y.

LIMITES DE L'ATOMISME LOGIQUE[1]

La doctrine des relations externes, qui affirme avec Russell que seulement ce type de relation doit être conservé[2], comporte un principe qui a des conséquences ontologiques capitales : le principe

Phenomenological Research, 44, 1984, p. 287-321, et D. Armstrong, *Truth and Truth Making*, Cambridge, Cambridge University Press, 1997.

1. *Cf.* F. Nef, « L'atomisme logique. Russell et la métaphysique » dans G. Kévorkian (éd.), *La métaphysique*, Paris, Vrin, à paraître.

2. Russell a été conduit à identifier les relations internes avec le monisme et l'antiréalisme (ou l'idéalisme) et à les rejeter au nom d'un réalisme logique. Restaient alors seulement les relations externes considérées comme les seules relations authentiques parce qu'elles ne supposent pas une liaison par l'essence des choses reliées qui irait jusqu'à une régression infinie (deux choses reliées devraient être reliées à la relation et cette relation des choses reliées et de la relation devrait à son tour être reliée à une relation supérieure etc.). Des auteurs actuels revendiquent l'inverse de Russell : les seules relation seraient internes (Johansson « All relations are internal », *Philosophiques*, vol. 38, n° 1, 2011, p. 219-239). On voit bien pourquoi : les relations externes dans un certain sens ne sont pas des relations au sens métaphysique. Si on pose que toutes les relations sont internes, il faut évidemment éviter la régression à l'infini.

d'indépendance. Ce principe formulé par Russell et Wittgenstein[1] stipule que quels que soient deux éléments atomiques (faits, états de choses) ils n'ont pas de relation *a priori*. Cela signifie que le monde est composé d'atomes et de complexes indépendants et de rien d'autre. Dans ce cas, l'ontologie du monde est fragmentée, parcellaire[2]. Bien entendu les faits (Russell) ou les états de choses (Wittgenstein) non atomiques ont eux-mêmes une structure et leurs éléments ne sont pas fragmentés ou isolés les uns des autres, mais le principe d'indépendance limite la structure à la morphologie des faits et des états de choses, peut-être à cause de la correspondance (trop étroite dans l'atomisme logique russellien) entre les niveaux sémantiques et ontologiques. Cet atomisme logique représente une rupture avec l'idéalisme sans que cette rupture s'appuie toujours sur des arguments probants. Cette rupture en effet est peut-être surtout une rupture de méthode. On sait que cette méthode est essentiellement celle de l'analyse et l'on comprend qu'une méthode de l'analyse aille de concert avec une décomposition de la réalité en atomes indépendants. La raison supplémentaire pour laquelle il s'agit d'une analyse est que cette méthode philosophique s'inspire de la méthode mathématique conçue comme une méthode analytique, c'est-à-dire de décomposition en éléments atomiques, méthode distinguée de la méthode synthétique qui peut être une méthode de construction à partir des éléments primitifs.

Insistons sur ce point : l'idéalisme britannique, tel qu'il s'accomplit chez Bradley, avait pour caractéristique de rejeter les relations[3] hors de

1. *Cf.* H. Hochberg, *Russell, Moore and Wittgenstein. The Revival of Realism*, Egelsbach, Dr. Hänsel Hohenhausen AG, 2001.

2. Le refus de ce caractère fragmenté, d'existence par morceau est justifié par l'existence des lois scientifiques et leur isotropie. Mais il y a aussi le holisme éventuel du monde (cf. *infra*). Pour un exemple d'ontologie d'un monde atomiste, voir R. J. Boscovitch, *Philosophiae naturalis theoria redacta ad unicam legem virium in natura existentium*, Venise, 3e éd., 1763 ; trad. Anglaise *A Theory of Natural Philosophy*, Cambridge (Mass), MIT Press, 1966.

3. C'est la raison pour laquelle Bradley a considéré que toutes les relations étaient internes. Il ne faut pas prendre les choses à l'envers et reprocher en premier lieu à Bradley de soutenir l'internalité des relations, comme quelque attribut positif des relations. En forçant le trait, on peut soutenir que Bradley et Russell sont d'accord pour critiquer les relations internes, mais d'après des objectifs opposés : Bradley pense qu'elles sont incohérentes (et donc que toutes les relations sont incohérentes) et qu'il faut les écarter pour préserver une totalité intégrale de l'univers. Russell pense que leur maintien conduit à un holisme ontologique (monisme) qui est erroné (alors que Bradley est un moniste qui entend se passer des relations). *Cf.* « The Real Upshot of Bradley's Argument about Relativism » *in* T. Sprigge, *James and Bradley. American Truth and British Reality*, Chicago, Open Court, 1993, p. 404 *sq*.

la métaphysique[1] : pour ce courant, une relation entre une chose A et une chose B était forcément incohérente et dépourvue de poids ontologique. La conséquence, inverse à celle de l'atomisme logique, était que la réalité formait un tout indivisible. Cependant ce type d'ontologie fut rejeté par les analytiques, Moore et Russell notamment, comme irréaliste, c'est-à-dire idéaliste et moniste. Le réalisme de l'atomisme logique est un type très particulier de réalisme, à mi-chemin du réalisme métaphysique (indépendance des structures ontologiques vis-à-vis de l'esprit) et du réalisme scientifique (poids ontologique des théories scientifiques).

L'exemple du bureau dans la dernière des *Leçons sur l'atomisme logique*, consacrée à la métaphysique, montre la difficulté de soutenir un tel réalisme. En effet, un objet tel qu'un bureau persistant sur un certain laps de temps est décomposable en une série d'événements, les perceptions d'aspects du bureau à certains moments, et ne devient un objet que dans la synthèse de recognition. Par ailleurs, ce bureau est une architecture complexe de matériaux décomposables en molécules et atomes et sa substantialité, à supposer qu'il y en ait une, nous échappe. Ceci nous entraîne vers une position ontologique proche de l'irréalisme : au terme de l'analyse, le bureau en question ne semble pas vraiment avoir une réalité[2]. Une solution est d'accepter qu'il n'en ait pas en tant qu'objet et de réserver la possession d'un être réel aux organismes ou aux êtres vivants. Cependant rien n'empêche d'appliquer à un être vivant, voire à une personne, le même type de double réduction, temporelle et substantielle, que celui que nous venons d'appliquer à un artefact et d'aboutir à une forme de nihilisme, c'est-à-dire à la thèse qu'il n'existe pas de composés[3].

Le résultat est que l'atomisme logique, qui utilise la théorie des relations, peut conduire, par un certain nombre d'étapes que nous venons rapidement de décrire, à une forme de nihilisme, non le nihilisme radical

1. *Cf.* P. Hylton, *Russell, Idealism and the Emergence of Analytic Philosophy*, Oxford, Clarendon Press, 1990, p. 44-71.

2. Eddington, dans son fameux exemple de la table perçue qui se décompose en éléments physiques, était arrivé à la conclusion qu'il y avait deux tables : la n° 1, celle du sens commun et de la perception, et la n° 2, celle de la science. Les deux étaient réelles pour lui (A. Eddington, *The Nature of the Physical World* (Gifford lectures 1926-1927), Londres, MacMillan, 1935).

3. C'est en fait une sorte de nihilisme ontologique que l'on pourrait appeler « nihilisme compositionnel ». Il y a aussi un type de nihilisme selon lequel il n'y a que des objets abstraits, un nihilisme où il n'y a donc pas de mécanisme de concrétion. « Nihilisme » est donc, comme « réalisme », un terme syncatégorématique ; il faut lui ajouter un déterminant : *nihilisme des objets*, *nihilisme moral*, etc., tout comme on parle de *réalisme des valeurs*, de *réalisme des objets*, etc.

qui affirme que rien n'existe, mais le nihilisme qui affirme que tout complexe est non existant, car il ne fait que survenir sur des simples. L'atomisme logique devient le vêtement d'un nihilisme métaphysique, quand la réalité est constituée ultimement de points d'espace-temps ou quand tout survient sur des points d'espace-temps (voir, *infra*, la thèse de la survenance humienne p. 66, 186). Il n'y a pas à refuser absolument cette conclusion nihiliste : peut-être que la réalité se distribue autrement que dans et par des divisions habituelles, comme artefacts, organismes, etc., peut-être que les objets, les états de choses, les mondes sont des additions inutiles qui surviennent sur des ensembles de points dans un espace logique (Wittgenstein) ou physique (Lewis). Mais cette conclusion comporte néanmoins une implication extrêmement problématique : les choses qui existent ne posséderaient plus de principe interne d'identité à travers le temps et l'espace, et pas davantage de principes de cohésion. Elles seraient déconnectées de manière interne (pas de cohésion des parties) et externe (pas d'identité à travers le temps et l'espace). On peut difficilement apercevoir plus clairement qu'une théorie russellienne (ou, pire, humienne) des relations non seulement n'a pas pour but d'analyser et de représenter, d'expliquer et de comprendre la connexion des existants, mais que de plus elle ne peut empêcher leur déconnexion. Et cependant la connexion est, me semble-t-il, un réquisit absolu de toute ontologie, substantialiste ou pas. En effet, tout composé, de quelque niveau que ce soit, requiert un lien qui l'installe puis le maintienne dans son unité. De ce point de vue l'ontologie leibnizienne du *vinculum substantiale*, que l'on examinera, loin de représenter une bizarrerie métaphysique, se situe très exactement sur le point de difficulté maximale de l'unité du composé concret, que ce soit le pain, le vin des espèces eucharistiques, ou l'arc-en-ciel.

Les liens, leur classification et leurs propriétés logiques

Une catégorie hypotaxique[1] subsume les relations *et* les connexions. Je propose d'appeler ces entités[2] qui englobent les deux catégories

1. « Hypotaxique » désigne une relation de subordination. On distingue, en rhétorique et en grammaire, hypotaxe et parataxe (simple juxtaposition, par exemple la coordination).

2. Le terme « entité » n'a pas de charge existentielle nécessairement associée. Par exemple, « entité non existante » n'est pas contradictoire, alors que « être non existant » le serait. Cela dit, certaines philosophies acceptent dans leur ontologie des êtres non existants

subordonnées, des liens. Ceux-ci sont donc soit des relations, soit des connexions. Les relations, non-productrices, sont soit externes, soit internes (on reviendra sur cette distinction) et les connexions, productrices, sont soit formelles, soit matérielles. Il existe aussi des relations formelles, c'est-à-dire qui franchissent les barrières catégorielles, comme la dépendance (un accident peut dépendre d'une substance) et nous aurons à nous demander quel est exactement leur statut. On peut schématiser ainsi ces divisions :
On pourrait sans doute être plus explicite : mais cela apporterait la confusion en gommant la différence entre relations et connexions : les relations deviennent la catégorie hypotaxique, ce qui va contre tout notre développement conceptuel. Les connexions matérielles sont des connexions entre des morceaux de matière par l'intermédiaire d'un tiers – ficelle, colle, clou ou quoi que ce soit d'autre, ou des branchements par une connexion à un réseau d'énergie. Ainsi, le lave-linge est connecté à une prise de terre par l'intermédiaire d'un câble terminé par une prise mâle qui se fiche dans la prise femelle pour la force. Une autre sous-catégorie de connexions matérielles est donc celle des branchements. Un ordinateur est connecté à une prise, à un réseau Wifi, un téléphone portable[1] est connecté indirectement à un réseau mondial. Un branchement ne nécessite pas nécessairement un tiers matériel (câble, antenne…).

liens	Relations	Externes	x est à droite de y
		Internes	x est plus foncé que y
		Formels	x dépend de y
	connexion	Matériels	x est attaché à y par z
		Formelle	le lien entre x et y produit z
		Mixte	ex : union de l'âme et du corps

Les connexions peuvent exister en réseaux, matérialisés (par des fibres, des câbles) ou pas (ondes dans l'espace). Ces réseaux sont de niveaux, d'extension et de forme géométrique variable. Ils servent à transmettre des données, des textes, des images. Les connexions avec les fichiers et les données constituent un élément de l'ontologie des réseaux. Ces

– on pense ici à Meinong (la montagne d'or) et à la philosophie bouddhiste (le nirvana), *cf.* G. Priest, *Beyond the Limit of Thought*, Oxford, Oxford University Press, 2002. Sur le nivarna, *cf.* l'ouvrage classique de T. Stchertbatski, *The Conception of Buddhist Nirvana*, New Delhi, Motilal Banarsidass, 2nd Revised Edition, 2011, notamment p. 97-98. Le nirvana n'est ni un *ens*, ni un non *ens*.

1. Sur l'ontologie du téléphone portable, voir M. Ferraris, *T'es où ?*, trad. fr. P.-E. Dauzat, Paris, Albin Michel, 2006.

connexions ont au moins deux fonctions : par exemple relier le réseau ou une partie du réseau à une alimentation, par exemple à l'aide d'un câble, ou relier un réseau à un autre réseau (connexion interréseau).

Les connexions formelles sont des connexions qui lient des entités abstraites. Par exemple la connexion qui existe entre algèbre et topologie est une connexion formelle. La connexion entre l'universel et le particulier (exemplification) est une connexion formelle. Strawson avait remarqué que le lien entre universel et particulier n'était pas une relation (sinon on retombe dans la régression bien connue, cf. *infra*, p. **000**). La connexion entre antécédent et cible dans l'anaphore (dans « Paul est venu, il était content », « Paul » est l'antécédent et « il » la cible) est aussi une connexion formelle (il faut un univers de discours pour établir cette connexion et un univers de discours n'est pas matériel).

Dans un cadre physicaliste, les connexions entre neurones sont des connexions matérielles. Hayek[1] distingue connexions effectives et potentielles entre neurones : les premières transmettent des impulsions, les secondes qui ne seraient pas suffisamment fortes pour les transmettre à elles seules mais qui sont nécessaires. On peut se demander si les propriétés logiques de ces types de connexions (matérielle, formelle, mixte – si elles existent) sont identiques.

Il existe certainement une troisième catégorie de connexions, que l'on pourrait qualifier de mixte, c'est-à-dire entre des entités matérielles et des entités formelles. La connexion symbolique en fait partie. Une croix de carrefour connecte deux bouts de bois et deux directions. On peut se demander si l'union de l'âme et du corps n'est pas, dans un cadre dualiste, une connexion mixte, entre corps matériel et âme spirituelle[2]. Bradley dans *Appearance and Reality* analyse la relation entre l'âme et le corps à partir du concept de connexion (et pas de relation) et pose la question du fondement l'indépendance de l'âme et du corps. Enfin on peut mentionner les connexions mixtes qui lient des entités d'ordre différent, matériel et institutionnel. Le signe saussurien est une connexion mixte de signifiant (image acoustique physique), et de signifié (concept mental). Un rituel quelconque est une connexion à la fois horizontale (entre les participants)

1. F. Hayek, *L'Ordre sensoriel. Une enquête sur les fondements de la psychologie théorique*, Paris, CNRS Éditions, 2001, p. 81.

2. Cela implique que le composé humain ait la structure d'un symbole, ce qui est une idée courante en théologie augustinienne : appliquée à la personne du Christ cette idée implique que la personne divine assume la personne humaine, tout comme le verbe mental assume le verbe physique.

et verticale (avec des entités supérieures). Les connexions sociales sont également des connexions entre des nœuds d'un réseau social.

Existe-t-il des connexions d'ordre organique? À quel ordre de connexions appartiendraient-elles? Formelles, matérielles ou mixtes? La réponse que je serai tenté de donner est que les connexions organiques sont matérielles dans la mesure où ce qui est organique peut être réduit à la matière.

Les liens sont, comme on l'a vu, soit des relations, soit des connexions. Les relations sont soit externes (pas de nécessité de la relation, pas d'implication de la nature des relata), soit internes (nécessité de la relation, implication de la nature des relata), soit enfin formelles (relations ontologiques transcatégorielles – les relations externes et internes sont intracatégorielles : elles portent sur des relata de même catégorie). Les relations formelles ne sont pas des relations caractérisantes – on sait que les relations sont à caractérisantes et constitutives – les relations formelles remplissent deux fonctions : connecter, produire une relation de transformation : <*a*, *b*>, R transformé en R*ab*. Les relations formelles sont par exemple des relations méréologiques, *i.e.* touts/parties (universel/ universel) ou d'instanciation (universel/particulier). Il faudra dans ce qui suit distinguer les relations formelles et les connexions formelles, notamment en ce qui concerne l'exemplification. La subsomption est un bon exemple de relation formelle qui ne peut pas être une connexion, à la différence de l'exemplification. Ce qui est formel peut être donc défini comme ce qui est fondamental, au sens de transcatégoriel, immédiat ou primitif.

Les connexions matérielles sont non réflexives, faiblement antisymétriques, non transitives (un bout de bois ne peut être cloué à lui-même; si un bout de bois *x* est cloué à un bout de bois *y*, *x* est cloué à *y*, mais pas l'inverse; si un bout de bois *x* est cloué à un bout de bois et si *y* est cloué à *z*, alors *x* n'est pas cloué à *z*), ce qui est le propre de l'asymétrie faible. Si nous disons par exemple que x et y sont collés ensemble et sont amalgamés sans qu'on puisse dire au sens strict que *y* est collé à *x* cela correspond bien à l'antisymétrie faible. Le ciment des choses est, semble-t-il, faiblement antisymétrique.

Il ne faut pas la confondre avec l'antisymétrie forte ou asymétrie, qui veut que si xRy alors non yRx, car cette antisymétrie faible dit simplement que si xRy, et yRx, alors $x = y$, ce qui est bien le cas ici. alors que les connexions formelles sont réflexives, symétriques et indirectement transitives (une région est voisine d'elle-même, si une région *x* est voisine de *y*, *y* est voisine de *x*, si une région *x* est voisine d'une région *y* et que cette région est voisine d'une région *z*, *x* est indirectement voisine de *z*). Notons, et ce sera important dans ce qui va suivre, que la dépendance n'a pas les mêmes propriétés logiques que la connexion. Nous accepterons sans le discuter le principe suivant : s'il existe une différence essentielle entre deux opérateurs logiques, alors il existe une différence ontologique essentielle qui fonde cette différence logique entre des types d'éléments de l'univers de discours de cette logique.

Les connexions ne sont pas à strictement parler des relations, ce sont des liens distincts des relations. Les relations externes ne sont pas des connexions au sens où elles ne sont pas productives et les relations internes, qui sont nécessaires[1] ne sont pas des connexions car elles sont modalement plus fortes que les connexions, lesquelles ne sont pas forcément nécessaires. De plus il existe une différence ontologique de taille : Il n'est pas certain que les relations existent, c'est-à-dire qu'elles sont des constituants de la réalité métaphysique : « *There are (probably) no relations* »[2] la notion de « relation réelle » est incohérente et les connexions existent.

D'autre part quelle est la nature de la connexion dans une totalité? Soit l'implication suivante. Si *x* et *y* sont des objets qui composent une totalité *z*, alors *x* et *y* sont connectés. Par exemple si le manche et la lame composent un couteau, alors le manche et la lame sont connectés et il n'y a pas de relation de dépendance entre le manche et la lame, ni entre la lame et le manche – il peut y avoir un manche sans lame et une lame sans manche[3]. La converse est-elle vraie : si *x* et *y* sont connectés, alors *x* et *y* composent-ils une totalité *z*? La réponse est clairement négative : *x* et *y* peuvent être des disparates et la connexion n'aboutit pas à la composition d'un tout. Si l'on connecte un œil à une pile électrique, la connexion n'aboutit pas à un tout. Un tableau de Tapies avec du ciment

1. On peut penser ici plus spécialement aux relations de production. Celles-ci sont internes et les relations d'échanges sont externes.

2. Sur internet, archives ERC, conférence de Jonathan Lowe, enregistrée : http://www.power-structuralism.ox.ac.uk/podcasts/audio/mrconf2012/jonathan_lowe_there_are_probably_no_relations.

3. L'aspect *ko an* du *pun* de Lichtenberg vient de ce que l'on nomme couteau un objet vide – ce qui semble impliquer que tous les objets sont vides). On ne peut donc argüer de ce que le couteau est incomplet pour nier qu'il n'y ait pas de relation de dépendance (l'argument étant alors : dans le couteau complet, avec lame et manche, il y a relation de dépendance entre les deux, si il manque l'un des deux ce n'est pas un couteau et donc il y a bien relation de dépendance).

sur la toile et des bouts de cordes qui pendent n'est pas un tout au sens matériel ; c'est un tout au sens d'un objet artistique intégrant des éléments et des fonctions, mais précisément c'est le décalage entre la multiplicité matérielle et l'unité de l'œuvre d'art qui produit une émotion esthétique : en reprenant la théorie esthétique de Leibniz, nous pouvons interpréter cette émotion esthétique comme la perception tacite d'un équilibre entre l'ordre et la variété, la quasi-perception d'une quasi-connexion.

De la non existence ou de la faible existence des relations

On peut faire remonter au moins à Occam la thèse de la non existence des relations :

> Donc la similarité et la dissimilarité, être le double et la moitié, et des choses comme cela, qui appartiennent à des individus quand un acte de prédication est accompli et par lequel ces mêmes individus sont amenés à l'existence, ne requièrent pas quelque chose d'autre que les individus absolus eux-mêmes. En conséquence la similarité ne requiert rien d'autre que l'existence de deux choses blanches en même temps, ou de deux choses noires, ou de deux choses chaudes et ainsi de suite pour les autres qualités[1].

Occam prenant l'exemple de la relation de similarité, soutient que cette relation ne requiert que l'existence des choses similaires : nul besoin d'une relation existante de similarité. Deux choses blanches sont similaires quant à la qualité de blanc et on ne peut déclarer que la relation de similarité est fondée sur ces deux choses blanches ou plus exactement sur la communauté de blancheur entre ces choses. On ne peut même pas dire que la similarité survient sur les similaires, même si ce qui survient n'a pas d'être : la thèse d'Occam est plus radicale.

Cette thèse radicale consiste à limiter ce qui existe au sujet et à l'attribut : « en dehors des choses absolues, à savoir les substances et les qualités, on ne peut imaginer autre chose qui existe, ni en acte, ni en puissance »[2].

1. Occam *Ordinatio* I, distinctio 30, questio IV, p. 367. Cité *in* M. Mugnai, *Leibniz's Theory of Relations*, Stuttgart, Steiner, 1992.

2. *Somme Logique*, Première Partie, chap. 49 « la relation », trad. fr. J. Biard, Mauvezin, Trans Europ Repress, 1988, p. 160.

Duns Scot et Thomas s'accordent eux sur la débilité ontologique des relations sans affirmer leur non existence radicale : « La relation (*relatio*) est le plus faible (*debilissimum*) de tous les êtres, puisqu'il n'est qu'un rapport (*habitudo*) entre deux autres choses et n'est que très peu connaissable par soi-même. »[1] « La relation a un être très faible (*debilissimum*) »[2]. C'était à peu près la position de Leibniz :

> La division des objets de nos pensées en substances, modes et relations m'est à peu près agréable. Je crois que les qualités sont seulement des modifications des substances et que *la compréhension ajoute des relations*[3].

et

> il reste à considérer les idées des relations qui sont les plus minces en réalité. Lorsque l'esprit envisage une chose auprès d'une autre, c'est une relation ou rapport, et les dénominations ou termes relatifs qu'on en fait comme autant de marques qui servent à porter nos pensées au-delà du sujet vers quelque chose qui en soit distinct, et ces deux choses sont appelés sujets de la relation (*relata*)[4].

La relation est donc pour Leibniz un être cognitif. Mais cependant Leibniz rapporte la réalité de chaque relation à une relation avec l'intellect divin. Les relations pour Leibniz sont ajoutées et elles inhérent aux choses, mais elles n'ont pas d'existence au sens propre, indépendante et par elles-mêmes[5]. Les relations sont des êtres de raison fondés en Dieu :

> Les relations et les ordres ont quelque chose de l'Être de Raison quoiqu'ils aient leur fondement dans les choses; car on peut dire que leur réalité, comme celle des vérités éternelles et des possibilités, vient de la suprême raison[6].

Ce « fondement dans les choses » a son origine dans les théories médiévales de la relation. L'analyse médiévale des relations qui est à la source de celle de Leibniz est la suivante. Si nous considérons la

1. Duns Scot, *Super Praedicamenta*, q. 25, 10, *Opera*, I, 159a *in* M. Mugnai, *Leibniz's Theory of Relations*, *op. cit.*

2. Thomas d'Aquin *Opera* 3, p. 249.

3. Leibniz A, VI, vi, p. 265. Je souligne.

4. Leibniz, *Nouveaux Essais sur l'entendement humain*, II, xxv, § 1, éd. J. Brunschwig, Paris, GF-Flammarion, p. 176.

5. *cf.* M. Mugnai, *Leibniz's Theory of Relations*, *op. cit.*, p. 19 *sq.*

6. Leibniz *Nouveaux Essais*, II, xxv, § 1, *op. cit.*

relation « maître-esclave », son analyse, par exemple d'après Burleigh, décompose les éléments suivants :

1) la relation de domination du maître sur l'esclave ;
2) le sujet qui exerce cette domination ;
3) le fondement (*fundamentum relationis*) constitué par la force de domination (*potentia coercitiva*) ;
4) les deux extrêmes représentés par le maître et l'esclave (ce que Russell appellerait les *relata*).

Selon Burleigh[1], la relation « maître-esclave » est différente de la relation « esclave-maître », et c'est la raison pour laquelle elles portent deux noms différents, maître (*dominium*), esclave (*servitus*). Tout ceci explique l'affirmation tranchante de Leibniz : « Les relations en elles-mêmes ne peuvent pas changer, elles sont le résultat des choses absolues »[2].

Pour notre propos une distinction leibnizienne est capitale : Leibniz distingue relation de comparaison et relation de connexion (*relatio comparationis* et *relatio connectionis*[3], *cf.* Ishiguro[4], Mugnai, Rescher). Une relation de comparaison est une relation telle que s'il en existe une entre *a* et *b*, comme a est similaire à *b*, alors cet énoncé « *a* est similaire à *b* » peut être divisé en deux énoncés : « *a* est *C* » et « *b* est *C* ». Dans le cas d'une relation par connexion, Massimo Mugnai[5] montre que Leibniz réduit l'énoncé de la forme logique « *a*R*b* »à une autre phrase du type : « *a* est *P* en tant que *b* est *Q* » ou « *a* est *P* » et pour cette raison (*et eo ipso*) *b* est *Q*. Les lettres *P* et *Q* indiquent des termes corrélés, comme : *amans/amata*, *superior/inferior* etc. L'opérateur *quatenus* (ou *quâ*) connecte « *a* est *P* » et « *b* est *Q* » : « *a* est *P* *quatens* *b* is *Q* ». Par exemple : Héloïse est aimée en tant que Abélard est amant.

1. Burleigh *De Relativis* XXII, éd. par H. Shapiro et M.J. Kiteley, *Franciscan Studies*, 22, 1962, p. 155-171, cité *in* M. Mugnai, *Leibniz's Theory of Relations*, *op. cit.*, p. 28.

2. Leibniz, Philosophische Schriften, ed. Gerhardt, t. 2, p. 471.

3. *Relationes sunt vel comparationis, vel connexionis. Relatio comparationis ex eo nascitur inter A et B, quod A repetitur in aliqua propositione, et B in alia propositione. Relatio connexionis ex eo quod tam A et B sunt in una eademque propositione (quae in relatione comparationis resolvi non potest). Nam aloiqui etiam relatio comparationis foret relatio connexionis, nam formari potest una propositio comprahendens A et B, nemepe est similis B.* (cité dans N. Rescher, *On Leibniz*, Berlin, Springer, 2e ed., 1981, p. 87).

4. H. Ishiguro, *Leibniz's Philosophy of Logic and Language*, Cambridge, Cambridge University Press, 2e ed, 1991 (1re éd, 1972).

5. M. Mugnai, « Leibniz's Theory of Relations », *Studia Leibnitiana Supplementa*, XXVIII, 1992, p. 135.

Connexion et substance

J'ai écrit « substantialiste ou pas » pour indiquer que l'ontologie de la connexion ne dépend pas de la substance, mais une ontologie de la connexion est différente selon que l'on se situe dans un cadre substantialiste ou dans un cadre non substantialiste.

Dans l'ontologie substantialiste, ce lien est l'inhérence des accidents à la substance – sans cette inhérence l'édifice de la substance se déferait. Dans une ontologie non substantialiste, par exemple tropiste, à base de propriétés particulières[1], ce lien est la comprésence russellienne[2] des tropes qui assure l'unité de la chose – sans la comprésence, les tropes seraient désunis dans l'espace logique ou métaphysique. L'ontologie du composé, à côté de celles de l'identité et de l'individuation, est une pièce essentielle de l'ontologie du particulier concret et cette ontologie réclame une compréhension de la connexion de ses éléments – par exemple, une connexion de la forme et de la matière, dans un cadre aristotélicien, est nécessaire plus qu'une simple relation entre elles. Le concept leibnizien de forme substantielle répond ainsi à cette exigence d'une force de connexion et le *vinculum substantiale* est un modèle de lien substantiel qui vient brouiller la frontière entre relation et substance, ce que l'on perçoit immédiatement dans l'invention lexicale de « lien substantiel » chez Leibniz, invention qui brouille l'opposition de la substance et du *nexus*.

1. On entend par trope des éléments ontologiques simples qui forment « l'alphabet de l'être », c'est-à-dire le niveau le plus élémentaire de composition, *cf.* F. Nef, *Traité d'ontologie*, *op. cit.*, p. 195-235 et D.C. Williams, *Principles of Empirical Reaslism*, Springfield, Charles Thomas Publisher, 1966, p. 74-109 principalement. Par exemple, si un cahier est bleu, *le* bleu de *ce* cahier est un trope. Pour les partisans des universaux, le bleu du cahier est une instanciation de l'universel Bleu. Pour les partisans des tropes, le bleu de ce cahier est un élément ontologique autosusbsistant et les particuliers (comme ce cahier) sont des collections de tropes. J'ai discuté des tropes et des relations dans *Les Propriétés des Choses*.

2. C'est Russell qui a introduit la relation de comprésence, (après Husserl *Logische Untersuchungen/ Recherches Logiques*, III, chap. 1, section 5) dans sa théorie des faisceaux, les particuliers étant des faisceaux de propriétés (non singulières) liées par des relations de comprésence, telles que si A, B et C sont comprésents, A, B et C sont liés et propriétés d'un faisceau (*bundle*). Samuel Alexander parle de la comprésence de l'esprit et des objets (*Space, Time and Deity*, Livre III, chap. IV, A, p. 81) et Husserl d'une comprésence du mental avec les mouvements corporels. Alexander distingue plusieurs types de comprésence (*op. cit.*, t. 1, p. 27 ; t. 2, p. 102).

Leibniz trouve dans le *vinculum substantiale* une réponse à la question de l'unité du composé : à propos des espèces eucharistiques, il s'est posé la question de l'unité du composé (celle du pain et du vin) et a répondu en postulant l'existence d'un lien (*vinculum*) qui existe substantiellement (*substantiale*), *cf.* p. 132-133, en postulant un être qui transgresse la distinction entre relationnel et non relationnel, ce qui est peut-être une indication pour la connexion, qui ne serait pas du pur relationnel. En effet, une première manière de penser unité et connexion est que l'unité d'une chose dépend de la connexion de ses parties, ou plus simplement : une chose est une parce que ses parties tiennent ensemble ; *x* est un, parce que ses parties *y* et *z* sont connectées. Un animal est *un* parce que physique et mental sont connectés, mais une paire de chaussure n'est pas *une*, car la chaussure gauche n'est pas connectée à la chaussure droite (la relation de symétrie n'est pas une connexion, c'est une relation externe). Par ce biais, la connexion et l'unité sont liées. C'est ce que la question posée par Arnaud à Leibniz à propos de l'unité du bloc de marbre cassé implique : que devient la forme substantielle, si c'est elle qui assure l'unité, lorsqu'un bloc de marbre est cassé en deux[1] ? On peut rétorquer qu'un tas de pierres est un, quoique les pierres ne soient pas connectées, et qu'en langage leibnizien il n'ait pas de forme substantielle (mais seulement une forme accidentelle). Cependant, on peut diviser le tas en deux, ôter des pierres sans que cela porte atteinte apparemment à cette unité (d'où les paradoxes sorites).

Dans la métaphysique classique, la connexion entre la substance et chacun des attributs est exprimée par l'inhérence de ces attributs dans la substance, c'est-à-dire par le fait que ces attributs existent dans la substance au sens de « l'être dans » des *Catégories* d'Aristote – une chose pouvant être dans ou dite de. Par cette intériorisation nécessaire la connexion de la substance individuelle pourvue d'accidents est ainsi assurée. La formule leibnizienne *praedicatum inest subjecto* (le prédicat inhère au sujet) exprime ce rôle central de l'*inesse* : c'est cette relation d'inhérence qui fait que le concept individuel d'une substance peut déplier tout ce qui advient ou est advenu de cette substance, comme dans l'exemple de César franchissant le Rubicon, accident inhérent à la substance de César (*Discours de Métaphysique*, § 33).

1. Leibniz, Lettre du 28. 9. 1686, *Correspondance avec Arnauld*, Paris, Vrin, 1988.

La connexion du composé

Dans l'ontologie traditionnelle du composé[1] on distingue ce qui est de l'ordre des genres suprêmes, la substance et l'accident, et ce qui est de l'ordre de la constitution métaphysique, c'est-à-dire l'acte et la puissance, la forme et la matière. Un individu particulier est donc un composé d'acte et de puissance (Dieu seul est purement acte), de forme et de matière – plus il est actuel, plus il est formel. Cette constitution que les scolastiques nomment « constitution substantielle » correspond à ce que nous nommons la structure ontologique du composé concret. Pour les scolastiques, cette constitution substantielle suppose une connexion interne (à distinguer de la connexion externe et de la connexion matérielle) de la forme, de la matière, de l'acte et de la puissance. Par exemple, la forme est connectée à la matière dans la mesure où la forme est indépendante de la matière et plus ou moins immergée dans la matière :

> Il y a non seulement une proportion entre la matière et sa forme dans la constitution de chaque substance matérielle; mais il y a une diversité dans la relation transcendantale[2] de la matière aux différentes formes spécifiques. Dans certaines substances matérielles la forme est complètement dépendante de la matière, même pour sa subsistance, alors que dans d'autres, la forme par un acte du corps a une subsistance par elle-même, indépendamment du corps[3].

On ne peut pas dire qu'il y ait une relation interne entre la forme et la matière[4], car la relation entre telle forme et telle matière est contingente (la forme aurait pu se réaliser dans une autre matière[5]) et on ne peut dire non plus qu'il y ait une relation métaphysique de dépendance existentielle, telle que A dépend de B, au sens où A ne pourrait exister sans B, entre

1. Par exemple chez saint Thomas ou Suarez, systématisés dans des traités classiques de néoscolastique, comme J. Rickaby, *General Metaphysics*, London, Longmans, Green & Co, 1890. *Cf.* aussi T. Harper, *The Metaphysics of the School*, London, MacMillan, 1879, 3 vol.

2. On appelle « relation transcendantale » une relation qui transcende (ou dépasse) les divisions entre les catégories. En ce sens, la relation transcendantale est identique à la « relation formelle » ; *cf.* L. Schneider, *Relations*, ms. et *infra*, p. 112.

3. T. Harper, *The Metaphysics of the School*, *op. cit.*, vol. 2, p. 561.

4. Il est évident qu'il n'y a pas de relation externe non plus entre la forme et la matière d'un composé : cela reviendrait à les séparer et à les juxtaposer. Comme il n'y a pas de relation interne ou externe, et qu'il faut bien un lien entre matière et forme, ce lien est nécessairement celui de connexion.

5. Par exemple la forme d'un livre peut être réalisée dans du bois, celle d'un pain dans de la glace, etc. *Cf.* S. Kripke, *Naming and Necessity*, Cambridge (Mass), Harvard University Press, 1970.

matière et forme : la forme peut exister sans la matière. Il faut donc chercher un autre type de lien entre la matière et la forme et il est logique de chercher du côté de la connexion qui, à première vue, paraît plus forte que la dépendance et plus faible modalement que la relation interne. La connexion semble en fait très proche, comme on l'a vu, d'un type de relation analysée par Timothy Sprigge, la *relation holistique*, définie par la production de quelque chose d'irréductible aux deux *relata*. On peut noter une ressemblance entre la relation holistique de Sprigge (et donc la connexion) et l'émergence : l'apparition d'une nouveauté, au sens de la métaphysique du processus de Whitehead. Dans la relation holistique quelque chose est produit qui est nouveau ontologiquement par rapport aux deux relata de la relation holistique. Donc si A et B produisent C, par la connexion de A et de B, on peut dire que C émerge sur A et B.

L'exemple de la poignée de main est en quelque sorte l'exact opposé de l'exemple spriggéen de l'angle : la relation entre les deux mains dans une poignée de mains est une relation holistique, mais on peut douter qu'une entité soit créée le temps où les mains se serrent, entité qui comprendrait deux corps avec au minimum un point de contact. Certains philosophes nient que, même de manière quasi instantanée, il y ait dans la poignée de main la conjonction de deux substances et leur fusion en une seule[1], par exemple en remettant en cause l'existence d'un véritable contact[2]. L'enjeu de cette question est considérable. La fusion[3] dépend des propriétés des deux objets entrant en contact. On peut penser à une greffe, ou encore à des métaux en fusion lors d'une soudure. Habituellement, on conçoit la juxtaposition à partir du contact, or on peut penser le contact à partir de la juxtaposition dans la mesure où il faut poser deux choses l'une à côté de l'autre pour être en contact[4]. Le contact serait alors la conséquence

1. Il existe une véritable littérature sur cet exemple (*cf.* notamment, parmi les publications récentes, D. Rose, J. Schaffer, « Folk Mereology is Teleological » ms., 2013 et U. Kriegel, « Composition as a Secondary Quality », *Pacific Philosophical Quarterly*, 89, 2008, p. 359-383, qui pose, entre autres, la question de l'intuition ontologique des composés temporaires. La question posée est celle de l'intuition métaphysique et de son rôle dans une éventuelle métaphysique empirique, voire expérimentale.

2. Cf. *infra*, p. 119.

3. Il ne faut pas confondre "fusion$_1$" au sens de somme méréologique (une jambe est une fusion d'une cuisse, d'un molet) et "fusion$_2$" au sens de processus physique (le point de fusion de X est de x °C). Ici bien évidemment il s'agit du deuxième sens. Cela dit, il y a un rapport entre les deux sens : s'il y a fusion$_2$ alors il semble qu'il peut y avoir fusion$_1$ la pâte du gateau est une somme mérologique de l'eau et de la farine.

4. Si l'on admet un contact. Dans une métaphysique normative ou révisionnelle il n'y a certainement pas de contact. Un contact parfait entre deux surfaces est impossible (A. Stroll, *Surfaces*, Minneapolis, University of Minesota Press, 1984).

de la juxtaposition. Dans l'exemple de la poignée de main, il n'y a certainement pas fusion. De toutes les manières, on peut probablement définir le contact comme la proximité physique maximale sans fusion : si un vaisseau spatial fonce sur le soleil, on parlera de contact au moment où superficiellement la carlingue est échauffée et non lorsque la chaleur engloutit le vaisseau. Il n'existe pas de contact parfait pour les corps non idéaux : deux planches en contact ne sont pas juxtaposées au point qu'il y ait une absence de distance entre les deux planches. Les deux planches sont rugueuses et adhèrent partiellement par les sommets de leurs rugosités Dans l'exemple de la poignée de main, dans la mesure où il n'y a pas fusion, il y a contact, mais ce contact est un contact avec distance, si on conçoit le contact d'une manière étroitement physique. Et si on considère que l'adhésion des deux mains ne s'opère pas parce que leurs surfaces ne sont pas parfaitement lisses. On fait face à un problème de détermination de la portée des intuitions psychophysiques sur le contact.

Il ne faut pas confondre non plus la connexion avec la cohésion et la cohérence qui surviennent sur la connexion. Le premier sens de la cohésion est physique : c'est la force d'attraction qui fait se tenir solidement entre elles les molécules d'un corps, qui en assure la cohérence physique. La cohésion, c'est donc la proximité, le contact, le fait d'être attaché ensemble. C'est par métaphore que l'on parle de cohésion d'un groupe humain, d'un tableau, etc. La cohérence est une « liaison étroite, une adhérence mutuelle »[1], elle est synonyme de l'agrégation et de la connexion. Par métaphore, la cohérence désigne une absence de contradiction, par exemple dans un discours ou une théorie. On ne peut identifier en ce qui concerne la métaphysique de la composition ou de la constitution des êtres particuliers et matériels la connexion d'une part et la cohésion et la cohérence d'autre part. En effet, il faut distinguer la structure physique et la structure ontologique de ces êtres particuliers et matériels. La structure physique est composée de la force, de la masse, des propriétés des champs et des relations de substitution, des relations vectorielles, etc., c'est-à-dire des entités et des relations primitives des théories physiques, tandis que les structures ontologiques sont composées de tropes, d'objets de mondes, de relations de compresence, d'exemplification, etc.

La structure physique est dotée de cohésion, ou de cohérence ou pas (par exemple en ce qui concerne la structure physique d'un mur de pierres sèches), tandis que pour la structure ontologique, il faut une liaison de niveau supérieur, une connexion entre les éléments de la structure. Par

1. D'après le *Trésor de la Langue Française*, *op. cit.*

exemple, si la structure ontologique d'un électron est composée de tropes (de masse, de vitesse, de spin, etc.), il est nécessaire qu'il y ait une connexion entre ces tropes, pour que l'électron ait une unité. À chaque électron correspond un positron qui lui est identique, excepté une charge électrique opposée. Il existe donc une connexion entre électron et positron. En effet, c'est plus qu'une relation interne dans la mesure où la collision des deux produit une annihilation, ce qui correspond à la définition de la connexion, la production d'un tiers irréductible.

Enfin, les électrons ont des propriétés des ondes et des particules (dualité onde-particule ou complémentarité chez Bohr). Il y a évidemment une difficulté dans la mesure où on ne peut distinguer les électrons par leurs propriétés physiques intrinsèques (comme la charge ou le spin). On ne peut donc distinguer deux électrons identiques par le principe d'indiscernabilité des identiques qui veut que si deux objets ont les mêmes propriétés ils sont identiques : si on ne peut les distinguer par leurs propriétés (intrinsèques), alors on ne peut trancher en ce qui concerne leur identité et ils ne sont ni distincts, ni identiques. La structure physique de l'électron ne peut fournir son essence, même relationnelle, puisque l'identité d'une chose est fondée sur son essence, et qu'ici l'identité est menacée.

Si la structure ontologique survient sur une structure physique, et si cette dernière est menacée par une non-identité de l'un de ses éléments, alors la structure ontologique présente à son tour une lacune : pour les entités quantiques, elle serait bancale. On peut se demander si le recours à quelque chose de plus faible que la relation n'est pas pertinent à ce niveau physique ou peut-être même micro-physique. Ce quelque chose est la connexion. Par exemple, il existe comme on vient de le dire une connexion entre le positron et l'électron, puisque le positron est l'antiparticule associée à l'électron. De même, l'eau a pour structure chimique H_20 et cette molécule connecte deux atomes d'hydrogène et un atome d'oxygène ou plus exactement des liens covalents connectent les atomes. La connexion est dans ce cas aussi clairement productrice[1].

Les difficultés liées à la composition des êtres matériels ne surgissent pas uniquement au niveau microphysique, mais aussi au niveau

1. L'inclinaison de la molécule (un angle de 107°5) qui produit des propriétés importantes de l'eau fait évidemment partie de la structure géométrique de la molécule et dans un certain sens de la structure ontologique de l'eau. Mais l'on peut se demander si des propriétés géométriques peuvent avoir une force de connexion. Sur l'eau, voir le livre magistral de H. Chang, *Is Water H_2O? Evidence, realism and pluralism*, Dordrecht, Springer, 2012.

mésophysique, celui de la perception même s'il ne s'agit nullement de difficultés du même type (liées à l'identité en l'occurrence). Ces difficultés, liées à la composition tant des artefacts que des organismes, proviennent du caractère problématique de leur unité, une fois admis qu'ils sont constitués d'éléments plus petits. Ces difficultés sont telles que coexistent trois solutions contradictoires : la première est de nier qu'une quelconque composition ait effectivement eu lieu et donc que l'unité est fictive (nihilisme de la composition – on l'a vu plus haut, cela ne signifie pas que rien n'existe, mais que les touts n'existent pas et qu'il n'existe que des éléments, particules, molécules, etc.) La seconde est à l'opposé, elle consiste à admettre que les touts, quels qu'il soient existent. Le « quels qu'ils soient » a un rapport avec la méréologie, ou science des touts et des parties, qui définit un type de somme, différent de la somme arithmétique, comme regroupant des éléments quelconques. Une somme méréologique peut contenir la radio qui est sur ma table de travail, le téléphone portable et le stylo bleu, également sur ma table. On peut évidemment rétorquer que ces objets ont une propriété en commun (être sur ma table de travail) et donc qu'il s'agit d'un ensemble, défini intentionnellement par une propriété des membres de l'ensemble. Mais on peut former une somme méréologique sans assignation de propriétés communes, par exemple le cours, en très légère baisse aujourd'hui, du CAC 40, le sourire d'Obama et mon panaris au pouce gauche. La deuxième solution, que l'on nomme universalisme, admet ce genre de somme méréologique : pour un universaliste, ces différentes choses, cours de la bourse, sourire présidentiel, inflammation, forment une somme, un tout. La troisième solution devant les difficultés d'admettre les touts à l'aide d'arguments et d'inférences efficaces est de se résoudre à en admettre l'existence sans justification particulière, ce qui est proche de la démarche consistant pour certaines choses gênantes en ontologie de les compter comme des primitifs, à savoir des entités qui ne sont pas susceptibles d'analyse voire de définition, effectivement rebelles à la logique des arguments et des inférences. Cette troisième solution est appelée « brutalisme » par son inventeur, Ned Markosian[1]. Uriah Kriegel[2] qualifie de pessimistes ces trois positions : la première parce qu'elle nie absolument les touts, la deuxième parce qu'elle les admet sans raison et sans discernement, la troisième parce qu'elle renonce à affronter la difficulté et se contente d'une position brutale. Il soutient qu'il existe une position optimiste, qui

1. N. Markosian, « Brutal Composition », *Philosophical Studies*, 92, 1998, p. 211-249.
2. Voir U. Kriegel, « Composition as a Secondary Quality », art. cit., p. 360.

réconcilie intuition et raisonnement ontologiques. Je pense que la solution qui utilise la connexion est optimiste en ce sens : nous avons l'intuition de la connexion et nous disposons d'argumentations ontologiques pour la justifier[1].

Dans toutes ces positions philosophiques, on ne se pose pas la question des connexions entre les éléments composant les touts; cette question ne se pose probablement pas dans le cas de la somme méréologique. Vraisemblablement, dans le cas du nihilisme, on se contente ou on peut se contenter de juxtaposer les éléments. Si un bureau n'existe pas, mais que les simples qui le composent en dernière analyse existent, on peut se contenter d'une juxtaposition des simples (que l'on peut identifier à des atomes si on est physicaliste). Dans l'universalisme que l'on pense à notre exemple les connexions entre les éléments en question n'existent pas : entre le cours de la bourse et mon panaris, il n'y a pas de connexion (ou alors il y a des connexions entre n'importe quoi et n'importe quoi[2]). Enfin, dans le brutalisme de nombreuses possibilités sont ouvertes, notamment celle qui voudrait que ces liens soient l'œuvre de la perception. En effet, cela serait compatible avec l'ontologie brutale ou brutaliste : nous découperions des touts par la perception, et nous n'aurions pas de raison de les rejeter.

La question de l'intuition se pose donc à travers celle du découpage perceptif, et elle se poserait sûrement à travers celle de l'usage. On laisse ici de côté cette question de l'intuition dans son rapport à l'ontologie. Il est certain que les trois positions que l'on a distinguées posent un rapport ontologie/intuition différent. (i) Le nihilisme nie radicalement

1. On peut remarquer que la poésie est plus libre vis-à-vis de ces contraintes. Ainsi Rimbaud, dans les *Illuminations*, semble quelquefois confier à la poésie la tâche de trouver une harmonie cachée même dans un rassemblement arbitraire, une somme méréologique – on pourrait parler d'optimisme poétique – :

« Ô Douceurs, ô monde, ô musique ! Et là, les formes, les sueurs, les chevelures et les yeux, flottant. Et les larmes blanches, bouillantes, – ô douceurs ! – et la voix féminine arrivée au fond des volcans et des grottes arctiques. » (« Barbare », *Illuminations*, in *Œuvres Poétiques*, Paris, Imprimerie Nationale, 1986, p. 274)

La somme méréologique « formes, sueurs, chevelures, yeux » est dite « flotter » ; elle se révèle être dépourvue de fondement. Le monde des *Illuminations* est un monde flottant où les choses désamarrées se font écho comme dans un kaléidoscope. Mais il y a aussi une connexion acrobatique qui emprunte au funambulisme :

« J'ai tendu des cordes de clocher à clocher; des guirlandes de fenêtre à fenêtre; des chaînes d'or d'étoile à étoile, et je danse. » (« Phrases », p. 244).

2. C'est une manière de distinguer les relations des connexions : c'est-à-dire que pour tout est relié à tout, mais que tout n'est pas connecté à tout.

l'intuition. (ii) Nous avons l'intuition (qui resterait à préciser) qu'il existe des touts. (iii) Quand nous réalisons des inventaires ontologiques spontanés – « Qu'est-ce qu'il y a dans cette pièce? » « Qu'est-ce qu'il y a sur ce bureau? » – nous isolons des touts, en général des objets ou des collections d'objets.

On peut remarquer qu'on ne compte pas d'ordinaire les relations, notamment externes, dans l'inventaire de ce qui existe[1] – d'où l'affirmation fréquente que ces relations n'existent et on réduit les connexions à des branchements ou des assemblages, tout en ne pouvant pas recenser les connexions formelles. On peut interpréter l'existence de ce mode d'inventaire de deux manières : illusion des objets (nihilisme) ou non limitation quant aux objets (universalisme), mais dans le premier cas il reste à expliquer l'illusion des objets, fictions ou être purement mentaux (et pas des événements ou des relations) et dans le second cas à expliquer pourquoi dans l'universalisme émergent des objets.

Qu'est-ce alors qu'un objet[2]? Un objet est soit un simple, c'est-à-dire un élément non décomposable, soit un complexe, un support de propriétés. Un objet dispose d'une cohésion minimale; pour reprendre la définition de la cohésion, les parties de l'objet sont attachées les unes aux autres, les propriétés sont attachées au support et attachées entre elles. Si l'objet est un simple, la propriété de simplicité est attachée à l'objet; cette propriété est en quelque sorte une anti-propriété : c'est la propriété de ne pas avoir de propriété. Dans les deux cas, simplicité ou complexité, un objet est un nœud de connexions entre des propriétés et avec des propriétés[3].

1. Une des raisons pour exclure les relations de l'inventaire ontologique d'un domaine donné est la multiplication des relations. Si par exemple il y a deux occurrences d'une même relation, il y aura une relation de ressemblance entre ces deux relations, et si dans ce domaine il y a deux relations de ressemblances entre des relations, il y aura une relation d'ordre encore supérieur de ressemblance entre ces relations de ressemblance. C'est une autre forme de régression des relations. En revanche, il n'y a pas de régression sur les connexions car il n'y a tout simplement pas de connexion d'ordre supérieur. S'il y a deux occurrences d'une même connexion et si il y a une relation de ressemblance entre ces deux occurrences cela n'implique pas qu'il y ait une connexion entre cette ressemblance et les occurrences.

2. Voir F. Nef, *L'Objet quelconque*, *op cit.*, pour une classification des objets et une extension de la catégorie en dehors des objets tridimensionnels solides.

3. Cette affirmation peut sembler contradictoire avec la thèse de *La force du vide* (Paris, Seuil, 2011). selon laquelle c'est le vide qui connecte les tropes. Il n'en est rien, la différence est que *La force du vide* développe une ontologie de l'objet, tandis que le présent ouvrage développe une ontologie de la connexion.

L'UN, LE COMPOSÉ ET LA CONNEXION

Le fil directeur jusqu'ici est le suivant. Les énoncés 1-6 ne sont pas des axiomes et des théorèmes.

(1) *Ce qui est est un*[1].

La conséquence est qu'un agrégat n'existe pas, n'est pas *un* (nous acceptons l'équivalence de l'être et de l'existence, comme Quine ou Van Inwagen). Ce n'est pas l'agrégat qui existe, ce sont ses parties. Ce n'est pas l'agrégat qui est un, c'est chacune de ses parties. Donc un tas de pierres n'existe pas, même si chacune des pierres existe, et le tas n'a aucune unité, même si chacune des pierres est une.

(2) *Un composé est une fusion de simples liés entre eux.*

C'est ce qui fait la différence entre un composé et agrégat. Ce sont des différences à la fois formelles et ontologiques qui distinguent quatre collectifs (somme méréologique, agrégat, composé, somme arithmétique).

(3) *L'unité du composé implique l'opération d'une liaison interne des parties.*

L'autre possibilité est de dériver l'unité du composé de la simple juxtaposition des parties[2]. Mais il nous semble que cette juxtaposition seule ne produirait qu'un simple agrégat.

(4) *L'opération d'une liaison interne des parties réclame un lien : relation ou connexion.*

1. *Cf.* Leibniz, Lettre à Arnaud du 30. 04.1687, *Correspondance avec Arnaud, op cit.*, ce qui est *un* être est un *être* : « Je tiens pour un axiome cette proposition identique qui n'est diversifiée que par l'accent : que ce qui n'est pas véritablement un ÊTRE n'est pas non plus véritablement UN être. On a toujours cru que l'un et l'être sont des choses réciproques. Autre chose est l'être, autre chose est des êtres; mais le pluriel suppose le singulier, et là où il n'y a pas un être, il y aura encore moins plusieurs êtres ». Cela est une manière d'exprimer la convertibilité de l'un et de l'être, par simple accentuation (marquée ici par une capitalisation).

2. Cf. *infra*, p. 107, 194, pour une composition sans liaison chez Gustav Bergmann et la composition *eo ipso* : pour cet auteur, deux choses peuvent se combiner et former une unité de par leur simple mise en présence (par exemple *cogito ergo sum*). De plus, Bergmann recourt au *nexus* pour assurer l'unité. En fait, c'est le *nexus* qui opère *eo ipso*. Il nous semble néanmoins que la connexion, comme opération complexe, obéit à des règles logiques, qu'il nous appartient de déceler et de décrire, sinon de formaliser (cf. *infra*, chap. 5).

On a vu qu'il existe essentiellement deux types de liens. Il nous faut donc trancher pour le composé entre une ontologie de la relation et une ontologie de la connexion.

> (5) *La relation externe est impossible dans ce cas, la relation interne contradictoire, il reste la connexion.*

La relation externe est une opération qui laisse les choses en l'état. La relation interne dérive de l'essence des *relata*, mais elle-même n'existe pas, elle est purement mentale. Il y a une contradiction entre son caractère imaginaire et son caractère nécessaire. C'est une nécessité *de intellectu* là où on réclame une nécessité *de re*.

La relation externe ne ferait que juxtaposer les parties, donc il n'est pas question de retenir cette opération-relation[1]. La relation interne entre deux choses est une relation entre leur essence et dans la mesure où elle ne fait qu'exprimer cette essence elle est une addition inutile et, étant une addition inutile, s'il n'y avait que des relations internes, il n'y aurait pas de relations. En ce sens, elle est contradictoire. Reste donc la connexion, mais qui doit être distincte de la relation externe (c'est évident) et de la relation interne (cf. *infra*, p. 45).

> (6) *La connexion est une opération de liaison interne des parties qui réalise l'unité du composé.*

Nous revenons donc à la connexion et tout ce qui précède conduit à cette conclusion.

Si nous mettons en forme ce raisonnement, nous avons la déduction suivante :

> Axiome. Un composé qui est un a ses parties unifiées par un lien.
>
> Théorème 1. Une somme méréologique et un agrégat ne peuvent avoir leurs parties unifiées, elles sont simplement juxtaposées.
>
> Théorème 2. Les liens qui juxtaposent les parties des sommes méréologiques ou des agrégats sont des relations, intrinsèques pour les sommes méréologiques, extrinsèques pour les agrégats.
>
> Théorème 3. La connexion est le seul lien capable d'unifier un composé.

1. Nous considérons ici les relations comme des opérations. La relation duelle R*xy* est considérée comme l'opération qui projette une propriété F*x* sur la propriété duelle F'*y*. Par exemple, la relation duelle de paternité est considérée ici comme l'opération qui projette la propriété de paternité de *x* sur la relation de filiation de *y*.

Propriétés dispositionnelles, affordances et connexions : comment le monde tient-il ensemble ?

J'entreprendrai donc deux choses : d'abord donner une réponse à la fois métaphysique et ontologique à cette question du « se tenir ensemble » : la connexion, ou le lien non relationnel ; ensuite rendre raison de la connectivité du monde, non au moyen de relations internes ou externes (puisqu'elles en sont incapables et lui sont même opposées), mais de liens non relationnels, de *nexus*, de connexions, en postulant une entité connective, sans être *stricto sensu* une relation.

Plusieurs tentatives ont été faites pour penser cette connexion, notamment en termes de causalité et de disposition, comme on l'a vu plus haut. La connexion joue un rôle architectonique fondamental dans la causalité – en particulier si la causalité se révèle conceptuellement et ontologiquement antérieure au temps. Par conséquent, la connexion causale jouera un rôle central dans ce qui suit. De même, la connexion joue un rôle unificateur ultime dans la disposition dans la mesure où la disposition connecte une structure matérielle et une sensibilité à une réponse relative à un type de stimulus. Le sucre qui est soluble est soluble en fonction de sa structure physique et de la réponse à un stimulus liquide.

Ce n'est pas parce que la causalité et la disposition occupent une place centrale que la connexion serait essentiellement soit causale, soit dispositionnelle. Je pense en effet qu'il y a une connexion nécessaire dans la causation entre la cause ou le pouvoir causal et l'effet ou le résultat, mais je pense aussi qu'il existe de nombreux autres genres de connexions, notamment au plan temporel (connexions temporelles) et spatial (connexions topologiques) tout aussi importantes. Quoique ces connexions ne soient pas du genre à lier 2014 et 2015 ou l'hémisphère Nord et l'hémisphère Sud – plutôt le passé et le présent ou la frontière entre la France et l'Allemagne. Dans ces deux cas la métrique est produite par la topologie. Quant aux dispositions, tout en admettant des propriétés dispositionnelles, comme « fragile », à côté des propriétés catégoriques par exemple « haut de 1,80m », on peut leur attribuer une structure fortement connectée et source de connexion, connexive pourrait-on dire, dans la mesure où elles connectent une structure physique avec une sensibilité causale, je ne pense pas cependant que les dispositions puissent assurer la connexion prédicative ou la connexion des qualités simples dans une qualité complexe – sans parler de la structure de l'espace-temps. En d'autres termes, les connexions prédicatives et topologiques ne sont pas dispositionnelles.

Les propriétés topologiques ou temporelles ne sont pas dispositionnelles : s'il y a un chemin de la région A à la région B, qui connecte A et B, je ne pense pas que A et B soient disposées à être connectés, je ne pense pas non plus qu'il y ait une disposition à ce que le futur suive telle ou telle inflexion, une sorte d'équivalent des lignes dans le marbre d'une statue qui facilitent l'éduction de la matière[1]. Il en irait de même de la connexion matérielle : si une planche A est clouée à une planche B, il n'y a pas de disposition dans A à jouer un rôle actif et dans B à jouer un rôle passif (que l'on excuse cette manière péripatéticienne de s'exprimer). Il y a une propriété dispositionnelle du clou, qui facilite la connexion (en trouant deux planches), mais il n'y a pas, semble-t-il, de propriété dispositionnelle de ce qui est connecté (ici : les planches), ni au sens de la *diathesis*, ni au sens de l'*hexis*.

En d'autres termes, il n'y a pas d'affordance[2] qui facilite la connexion matérielle de ce qui est connecté et qui la suggère. On peut évidemment rétorquer que, par exemple, le tuyau de la pompe à essence comporte une affordance dans la mesure où le bec verseur semble suggérer l'enfournement du tuyau dans l'entrée du réservoir d'essence, et que la technologie des objets les plus courants vise à libérer ou créer de telles affordances. Cependant, loin qu'il y ait une potentialité facilitatrice, on peut se contenter d'un calcul des adaptations optimales – et ce que nous prenons pour une affordance ne serait qu'un calcul d'ingénieur. Cela dit, on parle de technologie de l'affordance, pour désigner la tendance des innovations technologiques à se calquer sur le déploiement de potentialités : qui n'a pas lu que tel fauteuil de relaxation ne se révèle qu'à une position abandonnée, que les phares de voiture appellent la route de nuit… ? On trouve une véritable orgie de l'affordance dans le discours publicitaire.

Enfin, j'entendrai par « colle ontologique » (*ontological glue*) l'intrication des structures ontologiques. La colle ontologique a pour fonction de lier les éléments métaphysiques comme la substance et les accidents, ou l'objet et les propriétés, etc., selon une optique réaliste que nous partageons. Il est toutefois raisonnable de penser cette colle en termes de structure et de connexion : elle a effectivement pour fonction en

1. Il s'agit de l'exemple, donné par Leibniz, de la statue évidée dans un bloc de marbre, où les veines du matériau facilitent et même guident le travail.

2. On prend ici l'affordance au sens d'une potentialité propre à l'objet, ou à l'interaction avec l'objet. C'est un terme qui appartient à la psychologie cognitive ou écologique et on n'essaiera pas ici de préciser sa nature ontologique. Cependant, je penche pour une caractérisation dispositionnelle.

liant les éléments de constituer une structure et de réaliser une connexion. On peut même dans un certain sens identifier la connexion à la colle ontologique. L'avantage de ce dernier concept est d'être plus précis et plus général.

*

Tout ce qui précède montre la richesse conceptuelle de la connexion. Nous avons distingué une connexion formelle et une connexion matérielle, mais n'aurions-nous pas pu introduire une autre distinction, entre connexion forte et connexion faible suivant que la séparation des connectés est impossible ou possible ? Par exemple, la connexion du *quale* émotionnel (comme la honte) et de l'expression corporelle (comme la rougeur) serait forte et la connexion d'un câble et de sa prise serait faible. On peut se demander si la connexion matérielle est faible et la connexion formelle forte – si c'était effectivement le cas, il serait inutile d'ajouter cette dichotomie supplémentaire. Toutefois, il existe apparemment des connexions matérielles fortes, par exemple celles qui expriment des lois scientifiques comme la connexion du volume et de la masse. On pourrait aussi vouloir distinguer des connexions nécessaires et des connexions contingentes. Les connexions nécessaires seraient probablement des connexions fortes. Mais ces distinctions, qui restent à explorer, ne sont probablement pas des distinctions catégorielles qui peuvent servir à établir des classes de connexions. En revanche, les connexions formelles et matérielles possèdent des différences à la fois ontologiques et sémantiques qui en font deux catégories distinctes de connexions.

CHAPITRE II

LES DEUX ONTOLOGIES FONDAMENTALES : POINTILLISTE ET CONNECTÉE

> Et pour ce, l'en ne puet teles vertus avoir complectement par seule volenté ou eleccion, si comme il fu dit en la fin du sixte en la glose qui parle de la *connexion* des vertus.
> (Oresme, *Livre des Éthiques d'Aristote*, ed. A. Menut)

On est en présence d'au moins deux ontologies distinctes et opposées, notamment pour ce qui concerne l'ontologie de la science[1]. La première est ce que l'on appelle couramment la métaphysique humienne et j'appellerai la seconde la métaphysique connectée ou essentialiste. Il peut sembler que l'expression « métaphysique humienne » soit contradictoire dans la mesure où Hume rejette la métaphysique, mais elle dénote dans

1. Michael Esfeld oppose la métaphysique humienne à la métaphysique des pouvoirs et des dispositions. Étant donné notre hypothèse sur le rôle crucial de la connexion, nous opposerons la métaphysique humienne à une métaphysique de la connexion nécessaire (pas au sens de Hume, pour qui elle n'est que la conjonction constante). Cette métaphysique de la connexion nécessaire recouvre la métaphysique analytique réaliste de Lowe et d'Esfeld, ou encore la métaphysique classique de Suarez ou Leibniz, tandis que la métaphysique humienne recouvre celle de Lewis, et dans une certaine mesure celle d'Armstrong. Cependant, il me semble que l'opposition d'Esfeld entre métaphysique humienne et métaphysique des pouvoirs (ou dispositionnelle) est problématique, dans la mesure où, par exemple, la métaphysique de Lewis est une métaphysique humienne qui admet des pouvoirs. M. Esfeld, « Humean Metaphysics versus a Metaphysics of Power » *in* G. Ernst & A. Hüttemann (eds.), *Time, chance and reduction. Philosophical aspects of statistical mechanics*, Cambridge, Cambridge University Press, 2010, p. 119-135.

la métaphysique analytique la partie qui assume les thèses humiennes fondamentales en ce qui concerne au moins deux points : la contingence des lois de la nature et plus généralement de la nature, et le caractère pointilliste de l'ontologie, qui, en rejetant les connexions nécessaires, contient comme éléments ultimes des points d'espace-temps. La forme la plus achevée de métaphysique humienne à l'intérieur de la métaphysique analytique est fournie par la thèse de la survenance humienne (TSH) de David Lewis qui stipule que tout ce qui existe survient sur des points d'espace-temps. Cette ontologie, qui a la structure d'une mosaïque[1], se présente comme la négation de la connexion causale, et dans la métaphysique humienne, notamment celle de Lewis, on sait que cette négation occupe une place importante. Cependant, dans la doctrine même de Hume, on doit nuancer cette caractérisation : des travaux d'interprétation[2] ont récemment montré que Hume ne rejetait pas totalement la connexion causale, tout en admettant par ailleurs qu'elle nous est inaccessible, d'où le thème, quelquefois accusé d'être controuvé, des « pouvoirs secrets »[3] De toutes les manières la connexion joue un rôle central dans l'association des idées[4].

Dans ce chapitre où commenceront à se nouer les fils de notre propos, j'aborderai la question de l'ontologie déconnectée de trois manières. La première est celle de l'ontologie atomiste soumise à l'indépendance des faits ou des états de choses. Je montrerai que cette thèse d'indépendance possède des conséquences néfastes en ce qui concerne la topologie temporelle. La deuxième concernera la causalité, telle qu'elle a été vidée par Hume de son essence ou nécessaire au profit de la transition de l'imagination ou des conditionnels contrefactuels. Je montrerai qu'il existe

1. Aristote, dans le *De generatione et corruptione*, affirme que certaines choses ont des symboles (*symbola*) ou « facteur complémentaire » (trad. J. Tricot, Paris, Vrin, 2005, p. 131). Les symbola sont traduits *tesserae* en latin et désignent les crochets qui font tenir les pièces des mosaïques.

2. Ces travaux ont été commencés par G. Strawson, *The Secret Connexion*, Oxford, Oxford University Press, 1989.

3. Le thème du secret est très présent chez Hume : *cf.* par exemple « Toutefois malgré cette ignorance des pouvoirs naturels (*natural powers*) et des principes de la nature, nous ne laissons pas de présumer que partout où nous voyons des qualités semblables, nous avons affaire à des pouvoirs secrets (*secret powers*) semblables [...] » (*Enquête sur l'entendement humain*, trad. fr. M. Malherbe, Paris, Vrin, 2008, p. 112-113). Sur ce thème voir H. Beebee, *Hume on Causation*, Oxford, Oxford University Press, 2006, p. 180 *sq*.

4. Hume, *TNH* I, 1, 4 « la connexion ou l'association des idées ». Hume rapproche la connexion et l'attraction. En ce sens l'attraction newtonienne est sous-jacente à la connexion des idées.

des alternatives non humiennes à la compréhension métaphysique de la causalité. La troisième et dernière manière concernera la distinction entre connexion et pseudo-connexion. Je soutiendrai avec Gustav Bergmann que la complétion frégéenne n'est pas une connexion et ouvre donc pas d'avenue à l'ontologie. L'ontologie de l'objet et de la fonction aboutit aussi à une ontologie déconnectée. Il y a bien une ontologie frégéenne mais elle se situe dans le droit fil du pointillisme contemporain.

L'ONTOLOGIE MOSAÏQUE : UNE MÉTAPHYSIQUE SANS CONNEXION

Une métaphysique admettant un engagement ontologique vis-à-vis de la connexion ne s'impose pas comme une évidence. On peut même remarquer que, *grosso modo*, la plupart des métaphysiques empiristes et nominalistes sont dépourvues d'un tel engagement. Il en va ainsi de la métaphysique humienne[1] (dans son interprétation par Lewis) et de la métaphysique d'Armstrong, pour ne citer que deux exemples récents de métaphysiques analytiques. On sait que la conception humienne de la causation défendue par Lewis met en avant une conception contrefactualiste où les lois sont contingentes (je n'examine pas le fait que toute conception contrefactualiste soit contingentiste). Cela dit, Hume ne rejette pas l'existence de connexions causales : il nie tout simplement que l'on puisse les connaître. En revanche, chez des humiens comme Lewis ou Armstrong, on peut parler d'un régularisme *stricto sensu* dans la mesure où les lois sont réduites à des régularités. La conception d'Armstrong pose un réalisme modéré des universaux et soutient la nécessité des lois scientifiques – Armstrong combine atomisme métaphysique *et* réalisme modéré des universaux. Un troisième type de doctrine, inventé par Kripke et Putnam quand ils soutinrent que les espèces naturelles ont des essences couvre diverses variétés d'essentialisme scientifique. Certains, comme Brian Ellis soutiennent que les lois scientifiques dépendent des propriétés nécessaires des choses, alors que d'autres comme Alexander Bird ou Claudine Tiercelin édifient un essentialisme dispositionnel (les dispositions étant alors des essences).

1. On entend par là la métaphysique naturaliste qui refuse que la relation de causalité soit une expression d'une relation entre des essences.

Le principe d'indépendance, à propos duquel Armstrong stipule qu'il n'existe pas de relations entre les états de choses[1]et implique donc l'absence de connexion. On verra que l'absence de connexion est l'atomisme ou l'indépendance.

Helen Beebee[2], analyse ce que serait une métaphysique d'êtres dénués de connexion (*connectionless beings*), c'est-à-dire d'être qui seraient identiques à nos êtres du sens commun, à l'exception de manquer radicalement de connexions nécessaires[3]. H. Beebee[4] remarque que dans la mesure où nous ne percevons pas les connexions nécessaires, ou plus généralement la nécessité, nous semblons pouvoir être assimilés à des êtres dénués de connexions[5].

Un exemple célèbre de métaphysique sans connexion est fourni par « la thèse de la survenance humienne » (TSH) de Lewis :

> ...tout ce qui existe au monde est « une vase mosaïque d'affaires locales de faits particuliers, rien qu'une petite chose et puis une autre et ainsi de suite »[6].

L'ontologie du monde comprend dès lors 1) une géométrie[7] : un système de points avec des relations externes de distance spatio-temporelle entre eux. Des points de l'espace-temps lui-même, des points de matière

1. Notons cependant qu'Armstrong n'est pas un régulariste mais aussi un nécessitariste : les lois scientifiques sont nécessaires, car les énoncés nomiques sont des instanciations d'universaux. Par exemple, l'énoncé « Les corps métalliques chauds se dilatent » serait analysé ainsi :

$$\Box \forall x\,(Cx \,\&\, Mx \rightarrow Dx)$$

les universaux (« chaud », « dilaté », « métallique ») sont instanciés dans le schéma « $\forall x\, Px \rightarrow Qx$ » qui est le schéma même de la loi scientifique. Une interprétation régulariste de l'observation ci-dessus sur la dilatation des métaux et la chaleur aurait une forme différente : la nécessité ne figurerait pas dans la formule. Le régularisme est une légalité sans nécessité. La connexion nécessaire, *i.e.* la conjonction constante, implique donc le régularisme, mais il semble bien que le régularisme n'implique pas la connexion nécessaire

2. Dans *Hume on Causation, op. cit.*

3. *Ibid.*, p. 167-172.

4. *Ibid.*, p. 168.

5. H. Beebee s'est posée, à l'intérieur du cadre humien, la question de la connexion, à l'échelle de l'univers : « Does Anything Hold the Universe Together? », *Synthese*, 149 (2006), p. 509-533.

6. D. Lewis, *On The Plurality of Worlds*, Oxford, Blackwell Publishers, 1986, p. IX.

7. L'épistémologie postérieure au Programme d'Erlangen (1872) de Felix Klein relativise la notion de géométrie à celle d'espace en produisant toute une série de géométries à partir de la notion de groupe et de celle de symétrie, au lieu de supposer comme dans la géométrie euclidienne un espace perçu et commun. En gros après 1872 chaque géométrie produit son espace. La géométrie en question est une topologie de points.

dans des champs matériels ; 2) des quantités locales en ces points : des propriétés intrinsèques[1] parfaitement définies.

Tout le reste survient sur ces points de quantités locales. Cette thèse se formule ainsi : Soit deux mondes différents, m et m' ; la TSH dit que m et m' diffèrent par l'arrangement de leurs parties réductibles à des distributions de points d'espace-temps. Ceci est équivalent à la thèse antihaeccéitiste : il n'y a pas d'essence individuelle (ou haeccéité) de m' qui fait que m' diffère de m.

L'indépendance, qui signifie l'absence de connexion logique ou ontologique entre états de choses, signifie aussi, d'une part, l'absence de rapports d'exclusion ou d'inclusion et, d'autre part, l'absence de transitivité ou d'asymétrie sur la causalité, ou de la précédence temporelle. Elle implique l'atomisme logique[2] au sens où le monde est alors une totalité de faits ou d'états de choses atomiques déconnectés. Dans cette forme d'atomisme logique, les faits sont non modaux, et la conséquence est qu'il n'y a pas de connexions nécessaires entre les états de choses et que leur description ne recourt pas aux pouvoirs causaux.

La thèse d'indépendance d'Armstrong et sa contestation

Dans son ontologie, limitée aux universaux et aux états de choses, Armstrong défend la thèse d'indépendance : Il n'y a pas de connexion entre les états de choses, ce qui est équivalent à l'indépendance des états de choses : si il n'y a pas de connexion entre deux états de choses A et B, alors A et B sont indépendants l'un de l'autre. On peut se référer à l'expression du principe d'indépendance chez Wittgenstein :

> En aucune façon une inférence ne peut être tirée de l'existence d'un état de choses à l'existence d'un état de choses entièrement différent (Wittgenstein, *Tractatus Logico Philosophicus*, 5.135).

1. Les propriétés intrinsèques sont des propriétés fondées dans l'essence de leurs porteurs. La masse d'un corps est une propriété intrinsèque ; la masse d'un corps une propriété relationnelle extrinsèque. Les propriétés intrinsèques sont aux relations internes ce que les propriétés extrinsèques sont aux relations externes.

2. « Atomisme logique » ne réfère pas ici à la doctrine russellienne exposée dans les *Leçons sur l'atomisme logique*, mais à une possibilité théorique abstraite qui englobe *A World of States of Affairs* d'Armstrong (Cambridge, Cambridge University Press, 1989). Cette possibilité peut être décrite ainsi : le monde se décompose en simples, faits ou états de choses, qui à leur tour sont des connexions d'universaux et de particuliers quasi nus.

Wittgenstein ajoute : « il n'existe pas de *nexus* causal (*Kausalnexus*) qui justifierait une telle inférence » [5.136], et écrit à propos du *nexus* causal : « la superstition (*Aberglauben*) est la croyance dans le *nexus* causal » [5.1361].

L'argument d'Armstrong en faveur du Principe d'Indépendance est indirect. Si on adopte la négation de la thèse d'indépendance, on viole le principe de non-accroissement de l'ontologie par la survenance. C'est ce que l'on appelle un « déjeuner ontologique gratuit » (*free lunch ontology*), c'est-à-dire une addition qui ne coûte rien. Par exemple, si avec la nuit d'hôtel j'ai un petit-déjeuner inclus, je dirai qu'il est gratuit, alors qu'en fait je l'ai payé avec la nuit – Forrest[1] remarque que ce qui est gratuit en ce sens signifie qu'on a payé en payant quelque chose d'autre ! C'est en ce sens que les entités survenantes sont gratuites : elles sont un ajout à l'être que l'on a déjà payé en payant l'addition avec les entités subvenantes.

L'exemple retenu par Armstrong dans *A World of States of Affairs* à propos du principe d'indépendance est celui de la transitivité de « $>$ » (« après » temporel), avec a et b qui sont des moments du temps :

si $a > b$ & $b > c$, alors $a > c$.

(c'est-à-dire : si a est postérieur à b et si b est postérieur à c, alors a est postérieur à c).

« $a > c$ » est un nouvel état de choses, que l'on peut écrire « $<(a, c)$ » pour bien montrer que c'est un état de choses avec une relation universelle et deux entités particulières. S'il survient sur les deux autres, $a > b$ et $b > c$, alors pour que la survenance reste un *free lunch*, il faut que la thèse d'indépendance soit respectée, et elle ne l'est pas puisque l'état de choses $a > c$ est impliqué par la conjonction des états de choses $a > b$ et $b > c$[2]. L'argument implicite est que si x impliquait y, alors y dépendrait de x : si un état de choses impliquait nécessairement un autre, alors le second dépendrait du premier. Par exemple si une guerre nucléaire implique l'hiver nucléaire, alors cet hiver nucléaire dépend d'une guerre nucléaire.

Il en irait de même avec la causalité. La causalité est transitive et asymétrique :

1. P. Forrest, « Razor arguments » *in* R. Le Poidevin & P. Simons (eds), *Routledge Companion of Metaphysics*, London, Routledge, 2011, p. 250. Forrest critique donc cette idée que l'on puisse utiliser le rasoir d'Occam gratuitement.

2. *Cf.* F. Nef et M. Cahen, « Atomisme et physicalisme à l'épreuve du temps : le principe d'indépendance d'Armstrong et la topologie temporelle » *Revue de Métaphysique et de Morale*, n° 72, 2011-4, p. 513-533.

$\Box$ ((cause (a, b) & cause $(b, c) \rightarrow$ cause (a, c))
$\Box$ ((cause $(a, b) \rightarrow \neg$cause (b, a))

S'il y a transitivité et asymétrie, il y a donc des connexions nécessaires entre des états de choses : l'état de choses « cause (a, c) » est connecté aux deux états de choses « cause(a, b) » et « cause (b, c) » : la conjonction de ces deux états de choses implique logiquement « cause a, c » et donc ontologiquement cet état de choses est produit par la conjonction des deux antécédents, et donc nous ne respectons pas le principe d'indépendance.

Pour éviter que la transitivité n'établisse une telle relation nécessaire entre des états de choses, Armstrong propose de distinguer une causalité ordinaire transitive et asymétrique (« cause ») et une causalité ontologique (« cause* ») qui n'a pas la propriété non souhaitable de transitivité de la causalité habituelle, de la même manière qu'il avait distingué un *before* transitif et un before* non transitif. « Cause* » est donc asymétrique (comme "cause" : si *a* cause *b*, *b* ne cause pas a) et non transitif.

Si 'cause*' a ces propriétés, *a* cause* *b* ne peut être vrai sur un temps linéaire : la linéarité du temps implique la transitivité de 'cause*'. Cette modification de 'cause' à 'cause*' introduit donc un temps circulaire (ce qui est évidemment une contrainte ontologique forte). En effet, dans un temps circulaire, orienté de gauche à droite, la transitivité de la causalité est suspendue, pour des raisons évidentes : si *a* cause *b* et *b* cause *c*, *c* peut être avant *a*, ce qui détruit la transitivité (si *a* cause* *b* et si *b* cause* *c*, il n'est pas vrai que *a* cause* *c*).

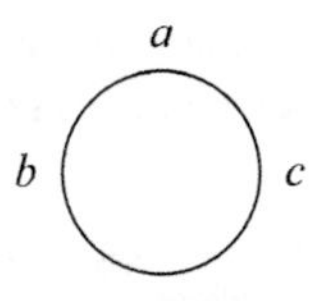

On peut dire les choses de manière différente : pour des raisons évidentes la transitivité de la relation '<' (antérieur à) est suspendue dans un temps circulaire et comme la causalité réclame absolument cette relation '<' (puisque si a cause b, $a < b$), la relation de causalité elle-même souffre.). Donc il y a deux solutions qui s'offrent au logicien ou au philosophe : renoncer au temps circulaire, ou bien accepter une relation 'cause' non transitive. Mark Reynolds en 1994[1], donc après le livre de Armstrong *A World of States of Affairs* (1989), a proposé une telle

1. M. Reynolds, « Axiomatisation and decidability in cyclical time », *Journal of Philosophical Logic*, 23-2, p. 197-224.

logique du temps[1] Dans la mesure où la relation causale a des propriétés qui dépendent de la relation temporelle, puisqu'elle se situe dans le temps et avec une relation avant / après cette solution s'offre à Armstrong pour soutenir son principe d'indépendance.

Ceci a une conséquence fâcheuse : sans transitivité, surviennent des paradoxes sur les structures causales. En effet, si *a* est à la fois après *c* et avant *c*, en parcourant la circonférence du cercle, on ne pourra pas éviter un paradoxe de la causalité temporelle : si *c* peut causer *a*, qui est avant *c* (puisque *a*, *b*, *c* se succèdent sur la circonférence, avant que l'on revienne à '*a*') on tombera dans le paradoxe du voyage dans le temps : comment éviter par exemple de pouvoir tuer son grand-père[2] ? Le héros de voyage dans le temps aura donc pu à la fois tuer son grand-père et empêcher sa naissance si c'est un trafiquant d'armes. Selon Lewis : *pouvoir* est contextuellement dépendant : si le héros avait vécu en 1920 il aurait *pu* tuer son grand-père (mais n'étant pas né il ne *peut* pas) et en 2013 il ne *peut* pas le tuer même en voyageant jusqu'à l'année 1920 car son grand-père est mort en 2013 et le passé est nécessaire. Pour bloquer le paradoxe il faut donc accepter cette dépendance contextuelle de *pouvoir* (dans « le voyageur *peut* tuer son grand-père). Certains auteurs comme Paul Horwich[3] avaient défendu avant Lewis et contrairement à lui l'idée que le voyageur peut tuer son grand-père dans le passé,

Classiquement, quand une théorie engendre des paradoxes, dont la résolution entraîne une révision importante de principes logiques ou sémantiques, on la tient pour fausse. Ici la théorie de l'indépendance ontologique engendre indirectement (en réclamant une non-transitivité de l'antériorité temporelle et donc de la causalité), des paradoxes du voyage

1. *Cf.* U. Meyer, *The Structure of Time*, Oxford, Oxford University Press, 2013, p. 71.

2. Ce paradoxe du grand-père (*grandfather paradox*) forme la trame du célèbre roman de René Barjavel, *Le Voyageur imprudent* (Paris, Gallimard, 1994) où effectivement le héros supprimant un de ses ancêtres (*i.e.* faisant qu'il n'ait pas existé) il se supprime du même coup. Alfred Bester dans *The Man who Murdered Mohammed* (sur uchronia.net, 2011. 1re édition : *Magazine of Fantasy and Science Fiction*, 1958; réimprimé dans *Virtual Realities*, 1997) développe le même sujet en 1958 : le héros non seulement tue son grand-père, mais aussi Mahomet (et Washington pour faire bonne mesure). On se rappelle que selon Lewis dans une situation analogue le petit-fils ne peut métaphysiquement tout simplement pas appuyer sur la gâchette pour tuer son grand-père. (*cf.* Lewis : « The Paradoxes of Time Travel », *American Philosophical Quaterly*, 13, 1976, p. 145-152; Raymond Le Poitevin partage cette vue dans *Travels in Four Dimensions*, Oxford, Oxford University Press, 2005. *Cf.* G. Torrengo, *I viaggi nel tempo. Una Guida Filosofica*, Roma-Bari, Laterza, 2011.

3. Dans « On some Alleged Paradoxes of Time Travel », *Journal of Philosophy*, 72, 1975, p. 423-445.

dans le temps, qui pour être levés réclament par exemple la relativité d'une modalité, donc elle est fausse. Une ontologie forte des états de choses, telle que Armstrong[1] la développe, à la suite de Russell et de Wittgenstein dans le *Tractatus*, réclame en effet d'après lui que l'on élimine la transitivité ou sur les instants ou sur les causes, car la transitivité viole le principe d'indépendance. Si *a* est après *b* et que *b* est après *c*, *a* est après *c*. Pour Armstrong, « *a* est après *c* » est un nouvel état de choses dépendant de « *a* est après *b* » et de « *b* est après *c* ». On appelle atomiste une ontologie qui respecte le principe d'indépendance.

Atomisme, nihilisme et connexion

Cette ontologie est atomiste (au sens de Russell) ou particulariste (au sens de Thimothy Sprigge[2]). La transitivité des instants ou des causes est un élément important de l'ordre du monde. Donc une ontologie atomiste, comme celle d'Armstrong, en revendiquant l'indépendance ontologique des éléments constitutifs de la réalité échoue en partie à rendre compte de cet ordre du monde, d'où il apparaît raisonnable d'explorer la géographie conceptuelle de la connexion plutôt que d'essayer de trouver des manœuvres complexes de réécriture des connecteurs qui impliquent cette connexion. Il ne s'agit nullement d'assimiler brutalement l'atomisme au nihilisme : l'ontologie d'Armstrong n'est pas nihiliste, ni au sens faible ni au sens fort. Le nihilisme est généralement atomiste, mais l'inverse n'est pas vrai. Pour Armstrong, les éléments ultimes étant composés d'universaux et de particuliers, on ne peut parler de nihilisme alors même que les états de choses sont traités comme des états de choses indépendants les uns des autres.

Il faut en effet distinguer la connexion temporelle qui concerne le « maintenant » et les relations temporelles qui concernent la topologie temporelle. Dans le « maintenant » sont connectées les trois dimensions subjectives du temps, passé, présent et futur. Si cette connexion n'existe pas, le maintenant est la juxtaposition de trois néants, le néant du passé qui n'est plus, le néant du présent qui n'a pas d'épaisseur et le néant du futur qui n'est pas encore. La connexion du présent et du passé produit quelque chose qui n'est pas du passé et pas du présent, et qui peut prendre

1. D. Armstrong, *A World of States of Affairs*, *op. cit.*
2. Dans *The Vindication of Absolute Idealism*, *op. cit.*

la forme subjective et psychologique de la mémoire ; la connexion du futur et du présent produit de même l'anticipation. C'est dans le maintenant que s'effectuent ces connexions : le maintenant n'est pas une date, c'est un index qui pointe vers le temps comme relation de relations[1]. Les propriétés formelles du « maintenant », le fait de ramener rigidement à un contexte temporel de départ même dans des contextes obliques proviennent de cette essence connective. Par exemple, dans une phrase comme « Je pensais hier que maintenant il ferait beau », le « maintenant » est relatif au « je » au présent. Pour le déconnecter relativement au présent il suffit de rendre le contexte direct : « Je pensais hier : maintenant il fera beau ». Les relations A et B sont formalisées dans la topologie temporelle, qu'il ne faut pas confondre avec la topologie des évènements et des régions, où le maintenant n'est qu'une date. Les relations d'antériorité et de chevauchement (*overlapping*) sur les événements permettent simplement de construire des structures d'événements d'où émergent des structures d'instants[2]. Cette distinction est proche de la distinction de John Ellis McTaggart[3] entre série A (présent, passé, futur ; selon nous la connectivité du temps) et série B (antérieur à). La série A est dynamique, la série B statique. Le temps étant dynamique, la série A est beaucoup plus importante, comme le remarque McTaggart, ce qui semble conforme au sens commun : le temps est perspectival (mais non subjectif) et suivant le sujet les perspectives objectives peuvent changer. La connexion temporelle s'exerce donc par le « maintenant » et la continuité temporelle qui est impliquée par le changement suppose que « maintenant » connecte les moments du temps. La connexion temporelle est non relationnelle, dans la mesure où les événements n'ont de relation qu'à l'intérieur du présent : il n'y a pas de relation interne à un événement futur par exemple[4].

1. Les relations passé/présent, futur/présent, passé/futur sont hétérogènes quant à leur contenu (les *relata* sont ontologiquement et modalement disparates). Si le temps a une existence, celle-ci implique que ces relations soient elles-mêmes liées. La distinction classique de l'*ad esse* et de l'*in esse* est ici utile.

2. *Cf.* B. Russell, « On Order in Time » (1936), *in* B. Russell, *Logic and Knowledge. Essays 1901-1950*, London, Georges Allen & Unwin, 1956 ; G.J. Whitrow, *The Natural Philosophy of Time*, Oxford, Oxford University Press, 1980.

3. *Cf.* J. McTaggart, *Nature and Existence*, Cambridge, Cambridge University Press, vol. I, 1921 ; vol. II, 1927.

4. J'ai traité ailleurs de l'asymétrie de ces relations temporelles chez Whitehead : la relation présent/passé est interne et la relation présent/futur est externe, *cf.* F. Nef, *Qu'est-ce que la métaphysique ?*, *op. cit.* On peut interpréter ce résultat de la manière suivante : l'application de la théorie des relations au temps donne des résultats absurdes parce que cette théorie est incapable de rendre compte de la connexion temporelle.

La réduction de la connexion causale à des relations et la conception humienne de la causalité

Il y a deux interprétations courantes de la théorie humienne de la causalité. Les deux interprétations réduisent le *nexus* causal à des relations, de manière plus évidente dans la première.

Cette première interprétation, qui fournit le socle de l'interprétation régulariste, réduit la connexion causale à une somme de relations temporelles : les relations de remémoration et d'expectation des *similia*. Selon la seconde, qui s'appuie sur quelques lignes du texte de Hume, la causalité est contrefactuelle : si pas B, pas A, or A, donc A cause B[1] (dans le texte de Hume) :

> Nous pouvons donc définir la cause comme un objet qui est suivi d'un autre, et de telle sorte que tous les objets semblables au premier sont suivis par des objets semblables au second. Ou, en d'autres mots : de telle sorte que le second objet n'aurait jamais existé sans l'existence du premier[2].

Hume définit clairement ici la causation à partir d'une série de concept de relations. Tout d'abord, le concept de relation de succession est défini comme un concept de similarité ou de ressemblance maximale, qui est elle-même une relation interne et transitive (la ressemblance non maximale n'étant pas transitive)[3]. Enfin, le concept même de relation contrefactuelle « l'existence de *a* est la cause de l'existence de *b* » exprimé par « si *a* n'avait pas existé, *b* n'aurait pas existé » établit une relation existentielle.

La connexion nécessaire n'est pas totalement pour autant éliminée ou niée par Hume. Dans le cas de la causalité il la réduit à la transition imaginative de l'habitude :

> Cette connexion que nous sentons *dans l'esprit*, cette transition habituelle *de l'esprit* d'un objet à celui qui le suit, le sentiment ou impression à

1. Par exemple :
Si les kangourous n'avaient pas de queue, ils ne sauteraient pas aussi loin,
or les kangourous sautent aussi loin,
donc le fait de posséder une queue cause pour les kangourous le fait de sauter loin.

Cf. D. Lewis, *Counterfactuals*, Oxford, Blackwell, 1973. Ce raisonnement est très proche d'un *modus tollens* : $\frac{P \supset Q, \neg Q}{\therefore \neg P}$.

2. D. Hume, *Enquête sur l'entendement humain*, *op. cit*, p. 209.

3. *Cf.* G. Rodriguez Pereyra, *Ressemblance Nominalism*, New York, Oxford University Press, 2002, p. 76.

> partir duquel nous formons l'idée de pouvoir (*power*) ou de connexion nécessaire[1].

On peut donc comprendre la connexion de deux manières : comme purement interne à l'esprit, ou bien comme une sensation de quelque chose d'externe (« cette connexion que nous sentons dans l'esprit » peut désigner cette sensation que nous sentons et qui est dans l'esprit ou bien cette connexion que nous sentons dans l'esprit mais qui est externe). On interprète habituellement la théorie de la causalité humienne comme la simple internalisation de la répétition des événements, la connexion nécessaire étant purement et simplement une idée, ou une imagination de l'enchaînement de ces événements. Cependant, la connexion nécessaire est essentielle à la relation causale. Il ne faut pas confondre ce niveau ontologique avec le niveau épistémique : nous n'avons aucune expérience directe de la connexion nécessaire et Hume la considère comme une relation philosophique, à savoir une relation qui ne dépend que des idées que nous comparons l'une avec l'autre. Les autres relations philosophiques incluent la ressemblance, la proportion en quantité ou en nombre, le degré dans une qualité quelconque, et la contrariété.

Hume lie très fortement connexion et causation :

> La seule connexion (*connection*) ou relation d'objets qui peut nous conduire au-delà des impressions immédiates de notre mémoire et de nos sens est celle de cause et d'effet[2].

Cette citation semble faire peser dans le sens de l'externalité le dilemme de l'interprétation mentionné un peu plus haut : si la connexion est de cause et d'effet et si c'est une relation d'objets, comment peut-elle être ce que nous sentons dans notre esprit comme intérieur à l'esprit? La connexion nécessaire est parfois qualifiée par Hume de conjonction constante. Hume distingue en effet *conjonction* et *connexion* d'événements : dans le premier cas, on a une coprésence de deux ou plusieurs événements, tandis que, dans le second, on a une coprésence et un pouvoir d'un événement (ou de plusieurs) sur un événement (ou plusieurs). Hume distingue les connexions séparables et les connexions inséparables. La séparabilité et la distinction vont de pair : deux choses ou idées distinctes sont séparables. Hume en tire des conséquences pour ce qui touche par exemple à la séparabilité de l'esprit et de ses perceptions :

1. D. Hume, *Enquête sur l'entendement humain*, *op. cit.*, p. 207. Traduction revue : le traducteur traduit "connection" par "liaison".

2. D. Hume, *TNH*, I, III, VI.

> Nous pouvons observer que ce que nous appelons un *esprit* n'est rien d'autre qu'un tas ou une collection de différentes perceptions, unies ensemble par certaines relations, et supposées faussement être dotées d'une parfaite simplicité et identité. Maintenant, puisque toute perception peut être distinguée d'une autre et peut être considérée comme existant séparément ; il s'ensuit évidemment qu'il n'y a pas d'absurdité à séparer de l'esprit une perception particulière quelconque, c'est-à-dire en brisant toutes ses relations de cette masse connectée de perceptions qui constituent un être pensant [1].

Un être pensant est donc une connexion de perceptions séparables, ou plus exactement une masse [2] connectée de perceptions. On retrouve ce lien entre connexion (des perceptions) et séparabilité à propos de l'identité personnelle :

> Qu'est-ce que deviennent nos perceptions particulières dans cette hypothèse [qu'il n'y a pas de moi] ? Elles sont toutes différentes et distinguables, séparées les unes des autres, et peuvent être considérées séparément et peuvent exister séparément, et n'ont besoin de rien pour supporter leur existence. Comment donc appartiennent-elles au moi, et comment sont-elles connectées avec lui ? [3]

On remarque que Hume laisse ouverte la question de savoir comment les perceptions particulières sont connectées au moi. Il se demande même si elles n'existent pas séparément du moi puisqu'elles n'ont pas besoin d'un support. Quoi qu'il en soit, il reconnaît une connexion psychologique des perceptions, même si l'on ne la perçoit pas.

1. « [...] we may observe, that what we call a *mind*, is nothing but a heap or collection of different perceptions, united together by certain relations, and suppos'd tho' falsely, to be endow'd with a perfect simplicity and identity. Now as every perception is distinguishable from another, and may be consider'd as separatly existent ; it evidently follows, that there is no absurdity in separating any particular perception from the mind ; that is, in breaking off all its relations, with that connected mass of perceptions, which constitutes a thinking being. » *TNH*, I, IV, 2.

2. On peut remarquer qu'une masse (*mass*) n'est pas structurée. L'expression « masse connectée » (*connected mass*) est donc *stricto sensu* contradictoire, à moins que la connexion en question soit de très bas niveau et équivaudrait à une agglomération, un simple amoncellement.

3. « [...] what must become of all our particular perceptions upon this hypothesis [il n'y a pas d'idée du moi] ? All these are different, and distinguishable, and separable from each other, and may be separatley consider'd and may exist separately, and have no need of any thing to support their existence. After what manner, therefore, do they belong to self ; and how are they connected with it ? » (*TNH*, XIV, VI).

La connexion nécessaire chez Hume

Il ne faut pas croire cependant, à la lecture de ce qui précède, que Hume ait radicalement éliminé la connexion de son ontologie. Il recourt souvent à ce terme (233 fois dans le *Traité*). Par exemple dans l'analyse de la signification de la « connexion » (*connection*), il donne une liste de termes[1] qui couvrent un large spectre métaphysique : « *Efficacy, agency, power, force, energy, necessity, connexion, productive quality* ». Ce qui est frappant dans cette liste, c'est que la connexion figure en compagnie de termes relatifs à l'action. Quand nous comparerons relation et connexion, nous aurons à revenir sur la différence qui peut exister entre les deux de ce point de vue. Une autre perplexité est que « nécessité » figure dans la liste. Cela renforce l'idée qu'il y a des connexions nécessaires (contrairement à l'interprétation de la connexion causale comme non nécessaire).

Je discuterai donc la connexion nécessaire chez Hume et je distinguerai deux interprétations de la théorie de Hume, épistémologique et la psychologique, puis je montrerai que l'on s'est efforcé récemment de construire une interprétation qui correspond à une troisième voie et qui est plus intéressante pour notre propos actuel, puisqu'il vaut mieux donner toutes ses chances à une doctrine que l'on rejette.

Les propositions suivantes ne peuvent être vraies en même temps[2] :

(1) L'idée de cause n'est rien de plus qu'une conjonction constante et unc habitude de l'esprit qui en résulte. C'est la conception habituelle de la causalité humienne comme une conjonction d'idées, d'abord dans le passé, puis dans le futur, sous la forme d'une anticipation, sur la base d'une régularité (je sais que quand il pleut les escargots sortent dans le jardin, il pleut, donc je m'attends à cette sortie, donc j'établis une relation de causalité entre la pluie et l'anabase des gastéropodes).

(2) Derrière les conjonctions constantes, en incluant les interactions des corps, il y a les « causes secrètes », non connaissables par l'homme. À plusieurs reprises (on reviendra sur ce point, p. 78) Hume mentionne qu'il y a bien une connexion entre la cause et l'effet mais qu'elle est « occulte » ou « secrète ». En fait il y a deux degrés d'antiréalisme de la cause. Degré fort : il n'y a pas de connexion entre la cause et l'effet, que ce soit *de re*

1. Cette liste est quelquefois considérée comme rassemblant des termes métaphysiques sans signification ; c'est possible, mais il est sûr que cette liste prélève dans le vocabulaire métaphysique le halo de la connexion nécessaire.

2. *Cf.* O Hanfling, « Hume's Idea of Necessary Connexion », *Philosophy*, 54 (210), 1979, p. 501-514, p. 501.

ou *de intellectu*, la connexion est comme le dit Kant à propos de Hume « une fiction » Cette forme forte d'antiréalisme peut prendre la forme d'un projectivisme : l'esprit projetterait sur la réalité une connexion qui lui serait purement interne, celle des idées (puisque sans le moindre doute il y a une connexion au fondement de l'association des idées, Hume le répète sans cesse). Le degré faible ou modéré d'antiréalisme est qu'il y a réellement une connexion entre la cause et l'effet, mais que cette connexion est inaccessible à l'entendement. C'est en ce sens qu'elle serait secrète.

(3) Le principe de causalité – rien n'arrive sans une cause – est vrai, et notre croyance en ce principe vient de l'expérience. Hume admet et il est bien obligé de l'admettre dans son épistémologie. Un des principes de sa théorie de la causalité est donc que tout a au moins une cause. Rien n'arrive sans cause et ce principe est fondé sur une croyance empirique : c'est l'observation de la relation causale (pas de la connexion causale !) réductible à des relations temporelles qui établit ce principe, ou plus exactement qui justifie la croyance en ce principe.

(4) Il n'y a pas de justification rationnelle de la croyance en ce principe. S'il y a une justification par l'expérience, il n'y a pas de justification rationnelle pure, ce que Kant avait bien vu à propos d'Oswald : « Un Anglais a récemment écrit *Appel au sens commun* et soutient que tout cela se trouve déjà dans le sens commun, mais c'est faux, car par exemple, lorsque je dis : tout ce qui arrive a une cause (…) je peux toujours demander : d'où vient cet énoncé ? »[1].

Il y a en effet des contradictions entre les propositions suivantes :

(1 et 2) Une conjonction constante est contradictoire avec des connexions secrètes car s'il y a une telle conjonction, pourquoi des connexions secrètes ?

(3 et 4) Le principe de causalité a un fondement empirique et il est non justifié, et s'il y a un fondement empirique de la justification, pourquoi avons-nous besoin d'une justification rationnelle ?

(3 et 2) On ne peut connaître les causes secrètes et notre croyance dans la causalité vient de l'expérience. Si cette connaissance vient de l'expérience, et si nous ne pouvons être sceptiques quant à l'existence de la causalité, comment cette croyance dans la causalité fondée sur l'expérience laisse-t-elle échapper des causes secrètes ?

1. Cité dans M. Puech, *Kant et la Causalité*, Paris, Vrin, 1995, p. 364. Voir pour la lecture de Kant les p. 364-370.

Il faut mentionner une autre série de difficultés qui viennent du concept de contiguïté, pour comprendre l'interaction des corps, qui exclut l'action à distance. La contiguïté est pour Hume un critère de causation. Elle est compatible avec cette affirmation de Hume : « tout peut être la cause de tout » (*anything can be the cause of anything*), puisque n'importe quelle chose (matérielle) peut être contiguë avec n'importe quelle autre. La contiguïté peut être une contiguïté temporelle, c'est-à-dire une succession sans un intervalle intermédiaire.

Dans l'*Enquiry*, Hume n'utilise plus le concept de contiguïté, mais il utilise quelque chose de « bien pire » (au sens de « moins clair ») que la contiguïté, la « connexion secrète » (*cf.* ci-dessus). C'est dans les « *Sceptical doubts concerning the operations of the understanding* », à propos de l'induction, que Hume introduit ces pouvoirs secrets ou occultes. Le problème de l'induction est le raisonnement sur le futur à partir du passé. L'exemple de Hume est celui du pain qui m'a nourri dans le passé mais dont on peut se demander s'il me nourrira dans le futur[1] (cet exemple est meilleur que celui du lever du soleil, car il n'engage pas une régularité ou une loi). Au lieu de raisonner en termes de conjonction constante, Hume déclare, après « *the bread nourished me* » :

> C'est-à-dire, un corps pourvu de telles ou telles qualités sensibles était alors doté de tels ou tels pouvoirs secret (*That is, a body of such sensible qualities was at that time endued with such secret powers*)[2].

Et il ajoute :

> Et que de pareilles qualités sensibles doivent toujours aller de pair avec de pareils pouvoirs secrets (*and that like sensible qualities must always be attended with secret powers*)[3].

Les pouvoirs secrets ne font donc pas partie de la quiddité de l'objet, puisque, par exemple, le pouvoir de nourrir du pain n'existe qu'au moment où il nourrit effectivement. C'est très différent de l'exemple canonique de la disposition dans la littérature contemporaine, le sucre qui fond dans un liquide : le liquide en question manifeste une essence potentielle. Les dispositions sont des pouvoirs secrets, mais les pouvoirs secrets sont-ils tous des dispositions ?

1. D. Hume, *Enquête sur l'entendement humain*, *op. cit.*, p. 113 *sq*.
2. *Ibid.*, p. 114. Traduction revue : le traducteur traduit "power" par "force".
3. *Ibid.*

On peut résumer ainsi l'argumentation humienne : la conjonction constante est due à des pouvoirs secrets[1] ; ces pouvoirs secrets sont « complètement inaccessibles à la connaissance humaine » (*totally shut up from human knowledge*), donc nous ne pouvons pas être sûrs qu'ils agiront dans le futur. Ce pouvoir est au-delà des conjonctions.

Dans la section VII de la partie I de l'*Enquiry*, « On the Idea of Necessary Connection », Hume développe une ligne de pensée similaire :

> Le pouvoir ou la force qui meut (*actuates*) toute la machine nous est entièrement cachée [...]. Nous savons bien en fait que la chaleur accompagne constamment la flamme ; mais quelle est la connexion (*connection*) qui les unit, il ne nous appartient pas de la conjecturer ni de l'imaginer[2].

Hume fait un pas de plus en considérant ce qu'il en serait si l'on pouvait pénétrer le secret de ces pouvoirs ultimes :

> Si le pouvoir ou l'énergie d'une cause pouvait se découvrir à l'esprit, nous saurions prévoir l'effet, même sans expérience[3].

On peut rapprocher ce passage de celui sur l'attraction newtonienne :

> En ce qui concerne ses causes, elles sont pour la plus grande part inconnues et doivent être résolues (*resolved*) dans les qualités *originales* de la nature humaine, que je ne prétends pas expliquer[4].

1. Quand on est attentif à tout le contexte, on peut difficilement soutenir que le sens de « *secret powers* » est ironique. D'ailleurs, plusieurs commentateurs prennent au sérieux ce concept de pouvoir caché (voir R. Read & K. Richman (eds), *Hume the New Debate*, London, Routledge, 2nd ed., 2007, notamment p. 91-93, 127-130). En effet, même si nous attribuions des pouvoirs secrets aux choses naturelles, nous ne pourrions pas inférer ou prévoir du passé vers le futur. Ce passage de l'*Enquiry* l'affirme clairement :

« Quand un homme dit : *J'ai trouvé dans tous les cas passés telles et telles qualités sensibles jointes à tels et tels pouvoirs secrets* ; et quand il dit : *de semblables qualités sensibles seront toujours jointes à de semblables pouvoirs secrets*, on ne saurait l'accuser de tautologie, car ces propositions sont rien moins qu'identiques. Vous dites que l'une est une inférence tirée de l'autre. Mais vous devez convenir que l'inférence est pas intuitive, qu'elle n'est pas non plus démonstrative. De quelle nature est-elle donc ? » (« When a man says *I have found in all past instances, such sensible qualities conjoined with secret powers*. And when he says *similar sensible qualities will always be conjoined with similar secret powers*, he is not guilty of a tautology nor are these propositions in any respect the same. You say that the one proposition is an inference from the other. But you must confess that the inference is not intuitive, neither is it demonstrative. Or what nature is it then ? ») (*Enquête sur l'entendement humain*, *op. cit.*, p. 123. Traduction revue).

2. D Hume, *Enquête sur l'entendement humain*, *op. cit.*, p. 181. Traduction modifée.

3. *Ibid.*

4. *Ibid.*

Il en irait de même avec la nécessité, qui comme le pouvoir *(power)* est impénétrable à l'esprit. Cependant, Hume reconnaît que « la nécessité est une partie essentielle de la causation ». Pour Hume, la connexion nécessaire est en effet expliquée en termes de régularités, de leur effet sur l'esprit et de la nécessité causale vue comme une illusion. En effet, selon lui, « une série de causes (*a train of causes*) agglomérées (*cemented together*) par ce que nous avons du plaisir à appeler une *nécessité physique* » est ce qui a un pouvoir causal réel, sans qu'il soit nécessaire de postuler une nécessité causale. Si Hume s'abstient de postuler une nécessité causale sous la forme d'une connexion causale connaissable par l'entendement, il concède le caractère nécessaire de la cause qu'il affirme sans réserve (*cf.* Hume, *Traité de la nature humaine*, livre I, III, 3 « Pourquoi une cause est toujours nécessaire »). Cette nécessité est énoncée sous la forme d'un principe : « Tout ce qui commence à exister, doit avoir une cause d'existence ». Il n'y a pas d'existence sans cause et c'est en ce sens que la cause est nécessaire, non au sens que le fait d'avoir une telle cause serait toujours nécessaire à une existence : que la cause soit nécessaire n'oblitère pas la contingence possible de l'existence (sans tomber évidemment dans la contingence radicale).

Il existe deux interprétations possibles de la théorie humienne de la nécessité hypothétique de la connexion causale, pour essayer d'échapper aux apories de la doctrine (ce qui précède contredit l'interprétation habituelle mais aboutit à une doctrine qui nous rend perplexe) : l'interprétation épistémologique et l'interprétation psychologique. Ces deux interprétations répondent à la question : Qu'en est-il de notre idée de la nécessité quand nous disons que deux objets sont nécessairement connectés l'un à l'autre ?

L'interprétation épistémologique est la suivante :

> Nous pouvons signifier ce que nous disons quand nous parlons de connexion nécessaire, mais nous ne pouvons pas justifier ce que nous disons de manière significative[1].

On distingue donc donner un sens à ce que l'on dit et le justifier. Dans l'interprétation épistémologique, « connexion nécessaire » a un sens, ce n'est pas un babil métaphysique, des paroles insensées arrachées à un grimoire à jeter au feu, mais nous sommes cependant incapables de justifier cette signification parce que nous sommes incapables de

1. J. Broughton, « Hume's Ideas about Necessary Connections », *Hume Studies*, vol. XIII, n° 2, 1987, p. 217-244 ; ici p. 217.

justifier et d'analyser le lien entre nécessité et connexion en dehors de l'expérience, simplement par le pouvoir analytique de l'esprit.

L'autre interprétation est l'interprétation psychologique, qui, à la différence de la précédente, n'attribue pas de sens à l'expression « une connexion objective et nécessaire entre deux événements ». « Connexion nécessaire » n'est pas un assemblage de mots vide de sens, mais on ne peut justifier cet assemblage. En d'autres termes, Hume pense qu'il y a là une idée, mais s'oppose à ce qu'on l'applique à quoi que ce soit. Selon cette interprétation, en utilisant « connexion nécessaire », on ne signifie pas ce que l'on veut dire : « Ces mots n'expriment qu'un sentiment de l'esprit, pas une caractéristique du monde »[1]. « Connexion nécessaire » n'est donc pas une expression contradictoire, une *contadictio in adjecto* : une connexion peut certes être nécessaire, mais une connexion nécessaire est un sentiment de l'esprit.

Janet Broughton, une partisane de l'interprétation de Hume qui donne plus de poids au thème de la connexion nécessaire, pense que le parallèle entre la connexion nécessaire humienne et la gravitation (attraction ?) newtonienne offre une troisième solution, mais que cette solution d'après Hume n'en est pas une. Ne déclare-t-il pas en en effet, de façon à faire reposer dans l'obscurité cette connexion nécessaire :

> [Newton était] prudent en n'admettant de principes que ceux appuyés sur l'expérience ; mais il résolut d'adopter tout principe de ce type, même nouveau et inhabituel... Tandis que Newton semblait puiser dans quelque veine des mystères de la nature, il voyait du même coup les imperfections de la théorie mécanique, et il reconduisait donc les ultimes secrets à l'obscurité dans laquelle ils reposaient pour toujours[2].

Selon Hume, Newton accepte donc des principes empiriques nouveaux, ce qui le conduit à détecter des défauts de la théorie mécanique, défauts qui sont considérés comme des secrets impénétrables. On peut lire ici toute l'ambiguïté du newtonianisme de Hume : Newton est à la fois prudent et audacieux, mais ce mixte le conduit à reconduire l'obscurité des secrets de « l'ancienne science de la nature »[3].

1. *Ibid.*, p. 218.

2. D Hume, *Histoire d'Angleterre*, vol. 9, p. 509-510.

3. *Cf.* E. Schliesser, « Hume's attack on Newton's Philosophy », *Philosophy of Science Archive, Preprint*, Pittsburgh University, http://philsci-archive.pitt.edu/5382/. D'un point de vue plus général, on se rappellera que Newton a combiné sa théorie mécanique de la gravitation avec des spéculations théologiques, proches du socinianisme, et qu'il a longuement développé des doctrines alchimiques, sans parler du concept de *sensorium Dei*,

Après avoir rejeté le parallélisme des connexions nécessaires humienne et newtonienne, Broughton examine deux hypothèses fondamentales sur la doctrine humienne de la connexion nécessaire :

H1 : Nous avons en un certain sens une idée de la connexion nécessaire : nous pouvons en effet former la pensée nue (*bare thought*[1]) qui soutient les conjonctions constantes à la base des qualités observables.

H2 : Nous pouvons enquêter sur les pouvoirs (*powers*) spécifiques des objets, en découvrant des conjonctions constantes des qualités sensibles.

Nous ne pouvons savoir rien de plus sur les pouvoirs causaux des objets que ce que nous savons en ayant la pensée nue décrite dans (H1) et en observant des conjonctions constantes, comme en (H2).

Inévitablement nous voulons savoir quel est le trait des objets qui est leur pouvoir causal et nous essayons de remplir notre pensée nue avec quelque chose. Cette tentative échoue. Donc l'hypothèse H2 est erronée.

La relation de cause à effet appartient à la fois à la discussion sur les relations philosophiques et à la discussion sur les « *matters of fact and existence* ». La causation est, de plus, la seule relation qui lie des relations passées à des impressions qui ne sont pas encore survenues. C'est la raison pour laquelle la causation est centrale pour les croyances, en permettant des inférences de ce qui a été observé à ce qui est non observé. D'après Hume, la relation de contiguïté dans l'espace et le temps et la relation de priorité dans le temps n'épuisent pas notre idée de la causation, puisqu'un objet peut être contigu et antérieur sans être une cause. L'idée de connexion nécessaire de manière cruciale permet de démarquer les séquences que l'on considère comme causales de celles qu'on ne considère pas ainsi. L'idée de connexion nécessaire est donc un ingrédient nécessaire de notre idée de causation. Finalement, ceux qui de manière radicale infèrent de l'absence de connexion nécessaire l'absence de causation (par exemple au sens réaliste, en réduisant la causation à un jeu de l'imagination temporelle) reconnaissent paradoxalement l'importance de la connexion nécessaire.

de son intérêt pour les commentaires de l'écriture, dont l'Apocalypse. Ces travaux étaient inconnus de Hume, car Newton avait dissimulé ses travaux alchimiques, mais celui-ci était apparemment sensible à l'intérêt de Newton pour les « secrets de l'ancienne science de la nature ».

1. Cette expression est formée par analogie sur celle de *bare individual*. Un *bare individual* est un individu dépourvu de propriétés, par analogie une *bare thought* est une pensée dépourvue de caractéristique, par exemple une pensée propre à la méditation, sans contenu, hors du flux de conscience.

Hume note qu'il n'y a pas d'impression d'une qualité observable relative à des items devant l'esprit qui corresponde à notre idée de la connexion nécessaire. C'est la raison pour laquelle Hume abandonne la recherche directe d'une impression de sensation correspondant à l'idée de connexion nécessaire.

Un texte de Hume montre bien sa frustration et son désespoir vis-à-vis de ce qu'il a cherché à propos de la causalité :

> L'esprit de l'homme ne recherche rien avec plus de curiosité que les causes de tous les phénomènes, et nous ne nous contentons pas d'en connaître les causes immédiates, mais nous poursuivons nos recherches jusqu'à ce que nous parvenions au principe ultime et originel. Nous ne nous arrêterions pas de notre plein gré avant découvert l'énergie qui dans la cause produit l'effet, le lien qui les unit l'un à l'autre et la qualité efficace dont dépend ce lien. Tel est le but de toutes nos études et de toutes nos réflexions. Ne sommes-nous pas déçus quand nous apprenons que cette connexion, ce lien ou cette énergie ne réside qu'en nous-mêmes et n'est rien d'autre que la détermination de l'esprit qui est acquise par la coutume et nous fait passer d'un objet à son concomitant habituel et de l'impression de l'un à l'idée vive de l'autre ? Une telle découverte non seulement nous ôte tout espoir d'obtenir jamais satisfaction, mais elle prévient même jusqu'à nos souhaits, puisqu'il apparaît que lorsque nous disons que nous désirons connaître le principe opérant ultime, soit nous nous contredisons, soit nos paroles n'ont aucun sens[1].

Ce texte, outre, sa tonalité de scepticisme désespéré, pose un problème. En effet si une thèse philosophique implique une contradiction, il faut que nous y renoncions. Ici il n'est pas exact que nous soyons dans une position sceptique absolue et que la contradiction naisse de cette position sceptique. Il y a réellement une thèse : la connexion entre la cause et l'effet nous échappe. La conséquence de cette thèse (outre le fait qu'elle nous rend malheureux) c'est donc que nous nous contredisons ou que nos paroles soient insensées (ce qui est la même chose). On pourrait tirer de cela que la thèse est fausse et qu'il faut chercher derechef l'origine et la nature de cette connexion.

L'enjeu est capital, car comme l'a montré Kant dans les *Prolégomènes à toute Métaphysique* l'impossibilité de la métaphysique dépend du caractère fictif de la connexion :

1. D. Hume, *L'entendement, Traité de la Nature Humaine*, Livre I, trad. fr. Ph. Baranger et Ph. Saltel, Paris, GF-Flammarion, 1995, p. 359-360.

> Il [Hume] démontra de façon irréfutable qu'il est totalement impossible à la raison de penser *a priori* et par concepts une telle liaison [entre la cause et l'effet] car celle-ci contient une nécessité ; or l'on ne peut pas du tout voir comment, parce qu'une telle chose est, une autre doit être aussi de manière nécessaire, ni comment non plus le concept d'une telle connexion se laisse établir *a priori*. Il en concluait que la raison n'a point la faculté de penser de telles connexions (*Verknüpfungen*), ne serait-ce qu'en général, parce que ses concepts ne seraient alors que de pures fictions ; et que toutes ses prétendues connaissances *a priori* ne sont que des expériences communes faussement estampillées, ce qui s'énonce aussi bien ainsi : il n'y a point du tout de métaphysique et il ne saurait non plus y en avoir[1].

En note Kant remarque :

> Néanmoins Hume nommait justement métaphysique cette philosophie dévastatrice elle-même et lui attribuait une grande valeur.

La connexion dans les alternatives métaphysiques à la théorie néo-humienne de la causalité

Les théories humiennes (ou plutôt néo-humiennes) par exemple jouent un rôle dans la discussion contemporaine. On les caractérise généralement par une combinaison de régularisme, d'antiréalisme de la connexion métaphysique nécessaire et de recours à la relation contrefactuelle. Les théories humiennes elles-mêmes sont interprétées à l'intérieur d'un débat sur la nature et l'importance de la connexion chez Hume, dont je me suis fait l'écho. On a vu en particulier que l'on ne peut réduire Hume à une substitution à la connexion réelle de la projection mentale.

Dans ce contexte, il est important de rappeler la place importante et sans doute croissante qu'occupe la connexion dans la métaphysique actuelle de la causation[2].

1. Kant, *Prolégomènes à toute métaphysique*, Œuvres philosophiques, ed. F. Alquié, Paris, Gallimard, t. 2, 1985, p. 20.

2. J. Schaffer, dans « Metaphysics of Causation » (*Stanford Encyclopedia of Philosophy*, http://plato.stanford.edu) dresse une liste de plusieurs variétés de traitement de la connexion : subsomption nomonologique (la causation est subsomption d'une causation singulière sous une relation universelle) ; corrélation statistique (Élaboration de la doctrine régulariste à l'aide de la théorie des probabilités) ; dépendance contrefactuelle (la causation est essentiellement une dépendance de forme conditionnelle) ; manipulabilité agentielle (la causation est la projection de schèmes d'action) ; 5) flux d'énergie (la causation est un

Schaffer remarque que le champ épistémologique de la causation est divisé par l'opposition entre probabilité et processus. Appartiennent au paradigme de la probabilité (ou de la régularité) : la corrélation statistique, la manipulation agentielle, la causation comme processus physique (dans la mesure où les processus physiques en question sont le plus souvent stochastiques). Appartiennent au paradigme du processus (ou de la production) : la théorie du changement continu, la théorie du flux d'énergie, celle du transfert de propriété. On peut remarquer qu'évidemment aucune des doctrines probabilistes et régularistes ne développe une analyse de la connexion causale.

Comme le déclare Schaffer :

> une large partie de la controverse sur la connexion peut être réduite en pratique à la question de savoir si la connexion est une affaire de probabilité ou de processus[1] [2].

La question concernant la nature de la connexion causale devient donc : est-elle du ressort de la probabilité ou du procès ? Est-elle primitive ? Schaffer rattache les problèmes de la préemption[3] et du foirage[4] (*fizzling*) aux vues probabilistes (qu'ils permettent de contester) et la déconnection[5] aux vues processuelles et il montre que ces problèmes font évoluer ces

flux d'énergie) ; processus physiques (divers processus physiques expriment la causation) ; transfert de propriété (la causation est un transfert de propriété ; la propriété transférée peut être un trope).

1. J. Schaffer, « Metaphysics of Causation », *op. cit.*

2. On peut remarquer dans le *Traité* l'analyse de la causalité est précédée par celle de la probabilité.

3. La préemption est une relation causale qui advient dans la situation suivante : un événement E peut être causé potentiellement par deux conditions C et C', et la condition C cause l'effet, alors que C'ne le cause pas. Par exemple, si A et B peuvent tous deux tuer C en tirant avec un révolver, et si B se désiste en anticipant que A va réussir, alors l'action de B est une cause préemptée et potentielle. Dans ce cas on dit que C préempte C'ou bien qu'il y a une relation de préemption entre C et E. L'alternative C'est dite préemptée. *Cf.* D. Lewis, « Causation as Influence », *in* J. Collins, N. Hall & L. Paul (eds.), *Causation and Counterfactuals*, Cambridge (Mass), MIT Press, p. 75-106, p. 80 ; ce volume contient plusieurs textes sur la préemption.

4. Le foirage (*fizzling*) est une non-causalité. Si A et B visent le même résultat (par exemple casser une vitre en lançant un caillou), si B marche de long en large tandis que A fait des essais de lancer, alors on parlera du foirage de B, qui n'est pas totalement sans effet probable sur la causation, par exemple si cette attitude distrait le lanceur – il pourra dire que son camarade a fait foirer le lancer, sans la moindre action d'empêchement.

5. Schaffer a proposé un modèle fameux de causation par déconnexion Il consiste à décrire un processus causal comme une déconnexion progressive et non comme une connexion. Par exemple si je tire sur quelqu'un et qu'il meurt, le tir est une déconnection :

deux types de vues vers le primitivisme (on ne peut analyser la connexion causale qui est conceptuellement primitive) ou l'éliminativisme (il vaut mieux éliminer la connexion, causale). La préemption, le foirage, la déconnexion sont chaque fois des phénomènes causaux qui mettent en cause la structure de la connexion causale.

On peut admettre dans le cadre de la relation causale singulière[1] la cognoscibilité de la connexion nécessaire qui structure cette relation. La question de la causation dans la métaphysique analytique se décompose en plusieurs sous questions et l'une de celles-ci, centrale pour notre propos, concerne la nature des *relata*, l'autre concerne la nature même de la « relation » cause/effet : transfert ou production.

Les théories métaphysiques de la causation cherchent donc à déterminer la nature des *relata* de la relation ou de la connexion causale. Ces *relata* peuvent être considérés être des événements, des propriétés, des objets, ou des tropes – des propriétés particulières. En ce qui nous concerne, nous choisissons une ontologie tropiste, c'est-à-dire une ontologie particulariste, en admettant à la fois des tropes et des universaux comme C. B. Martin, P. Simons ou J. Lowe[2]. Cette ontologie se distingue d'une ontologie substantialiste.

Connexion causale de tropes

La causation peut s'exercer sous la forme d'une action ponctuelle (la pierre qui casse le carreau, la balle qui perfore le cœur) et de ce que l'on appelle une persistance (une action continue régulière comme une irradiation, un empoisonnement, une érosion).

je relâche la tension du mécanisme et la mort est aussi une déconnection : la pression interne du cœur est relâchée.

1. On distingue causation singulière (la pierre a cassé la vitre) et causation générale (les corps chauds se dilatent). Dans cet ouvrage je laisse de côté la causation générale et les lois scientifiques. Cela causerait une digression importante. Cependant il faut bien réaliser que les lois scientifiques sont un outil de connexion extrêmement important. Un monde déconnecté serait probablement un monde aux lois purement statistiques, qui se contenteraient de mesurer des fréquences.

2. Je ne défendrai pas ce point de vue dans cet ouvrage. Il est cependant présent à propos des relations formelles, quand j'admets une relation formelle d'exemplification. Dans un pur nominalisme tropiste, les universaux sont simplement des noms de classes de ressemblance ; *cf.* D. Armstrong, *A World of States of Affairs*, *op. cit.*

Dans l'exemple que nous analyserons un peu plus loin, celui d'un alpiniste dont la corde usée rompt et provoque une chute mortelle, la rupture de la corde appartient à la première catégorie et son usure à la seconde catégorie. La théorie de la persistance causale en termes de tropes consiste à identifier les termes de la « relation causale » avec des tropes ou des particuliers abstraits et elle pose à première vue des problèmes. Par exemple si l'usure de la corde cause la chute de l'alpiniste, peut-on faire du trope d'usure et du trope de chute respectivement l'antécédent et le conséquent de la causation ? En fait, le trope de rupture et le trope d'usure ne sont peut-être que le même trope, le même processus. Admettons cependant que l'on soit en présence d'un enchâssement de deux relations causales : l'usure (A) cause la rupture de la corde (B), B cause la chute de l'alpiniste (C) et C cause sa mort (D). Examinons d'abord le schéma A cause B. Les conditions en sont les suivantes :

– Les tropes A et B sont connectés causalement fortement si A et B sont connectés nomologiquement par une loi ou des lois de la nature (dans l'exemple de la corde, la résistance des brins de la corde à la traction n'est plus suffisante et n'assure plus l'équilibre avec le poids de l'alpiniste) et ou

– A est identique à une partie de B ou B est identique à A ou à quelque partie de A (dans l'exemple choisi, la rupture de la corde est-elle partiellement identique à l'usure ? C'est le point final de l'usure)

– ou A et B surviennent sur des tropes A' et B' (dans l'exemple retenu, peut-être l'usure de la corde et la chute surviennent-elles sur la tension sur la corde et le poids de l'alpiniste – qui sont fortement connectés, c'est-à-dire nomologiquement connectés et partiellement identiques).

Le schème humien d'explication causale par la régularité et l'anticipation sur la base de la mémoire, ne peut de manière satisfaisante décrire cette relation causale à l'origine de la chute mortelle dans cet exemple : le fait qu'il y ait accident indique clairement qu'on n'a pas anticipé la production de l'effet. D'où par exemple l'idée que la négligence de l'alpiniste a causé l'accident, qu'il est responsable de sa mort, mais la négligence est une relation contingente : on ne peut de manière certaine et nécessaire anticiper un effet à partir d'une négligence qui a un budget causal, parce que la détermination de ce budget causal est vague. C'est ce qui fait qu'il est difficile d'établir les contours d'une précaution déontiquement obligatoire. C'est par une démarche régressive, à partir de la rupture, qu'on a établi l'usure (peut-être très probable, mais jamais certaine). En revanche, le composant contrefactuel traduit bien l'élément épistémique : c'est en supposant l'absence d'usure que nous pouvons renforcer l'explication causale : si la corde n'avait pas été usée, etc. Mais ce composant contrefactuel dans la division entre l'ontologique et l'épistémique est plutôt du côté de l'ontologique.

Une autre possibilité d'établir une connexion causale est d'y voir un lien entre pouvoirs causaux (*causal powers*). Par exemple, si un morceau de fer se dilate sous l'effet d'une source de chaleur, il y a un effet de la chaleur sur la dilatation et elles peuvent être conçues comme des tropes, mais l'on peut établir une connexion entre le pouvoir d'échauffer et le pouvoir de dilater. La double relation, à l'origine de l'échauffement et de la dilatation, ne suffit pas pour assurer la causation : il faut de plus la connexion entre ces deux relations. On peut décrire cette connexion comme s'exprimant sous la forme d'une subsomption (la chaleur dilate les métaux, y est un métal et x une température, donc x dilate y) ou une corrélation d'événements (d'élévation de la température et de dilatation). On peut évidemment chercher quelque chose de plus simple sous la forme d'un contrefactuel : si la température ne s'élève pas, le fer ne se dilate pas. Cette relation est une relation de dépendance : si non a implique conditionnellement non b alors b dépend de a. Par exemple, si l'absence de queue implique l'incapacité de sauter (pour le kangourou) alors la capacité de sauter dépend (existentiellement) de la queue. Or la dépendance causale n'est pas la connexion causale : affirmer que sauter dépend du fait d'avoir une queue ne dit en rien quel est le type de connexion entre les deux faits ou les deux propriétés. L'efficacité de la manœuvre consistant à remplacer la connexion par la dépendance est peut-être illusoire, car la question se pose de la nature de la dépendance contrefactuelle. Elle n'est en effet pas plus une connexion au sens strict, la dépendance contrefactuelle a la forme suivante : (1) Si non e alors e', (2) non e', (3) donc e', dépend (existentiellement) de e. Par exemple : si tel mammifère était de couleur vive, il serait une proie facile et disparaîtrait, or il n'est pas de couleur vive, donc son maintien comme espèce dépend du fait qu'il n'ait pas une couleur vive.

Mais cela implique-t-il que e et e' soient connectés ? Et surtout y a-t-il une identité entre connexion causale et dépendance causale ? L'enjeu est important puisque, on le verra, on peut estimer qu'une réponse positive à cette question implique que la connexion n'est rien d'autre qu'un type de dépendance. Cependant, on vient de voir qu'il n'en est rien. Ma position est qu'il faut s'interroger sur le fait de savoir s'il y a de la dépendance existentielle dans la connexion, sans que la connexion se réduise forcément à elle, dans le cas d'une réponse positive.

Nous venons de discuter la portée ontologique de la causation, sous l'angle de la connexion, dans le cadre d'un argument de la métaphysique humienne qui veut que le ciment du monde soit causal et la causalité ne soit pas une connexion réelle, ce qui aboutit à affirmer que le ciment du monde n'est pas une connexion réelle. Ce que l'on pourrait appeler l'*argumentum unicum* a donc la forme suivante : il n'y a pas de connexion nécessaire entre les choses du monde au sens ontologique, il n'y a qu'une connexion nécessaire au sens d'une conjonction constante, donc le monde est fait de choses séparées, dissociées, disjointes. Comme on l'a vu, il existe une interprétation de la « connexion secrète » qui verrait en elle une connexion réelle du monde mais inaccessible à la connaissance. Cette interprétation est-elle néanmoins suffisante pour bloquer l'*argumentum unicum*? Pour y parvenir, il faudrait en effet éventuellement reconstruire et interpréter toute la philosophie humienne de la causalité (*cf.* les travaux de Galen Strawson, Simon Blackburn, Barry Strond par exemple), ce qui dépasse le cadre de ce travail.

Nous avons commencé par l'examen critique de la doctrine humienne, à la fois dans son rejet de la connexion nécessaire et sa mise en relief de la « connexion secrète ». Cette mise en relief nous a conduits à nous demander pourquoi les approches métaphysiques récentes de la causation ont conduit à relire les doctrines humiennes, et plus généralement les théories de la causation naturalistes, antiréalistes, éliminativistes. Il nous faut maintenant élargir notre propos et scruter l'essence de la connexion. Nous le ferons en nous laissant guider au départ par la réflexion à la fois profonde et originale de Gustav Bergmann, qui distingue connexion et pseudo-connexion.

PSEUDO-ONTOLOGIES DE LA CONNEXION *VS.* ONTOLOGIES DE LA CONNEXION

Gustav Bergmann[1] distingue des ontologies avec *nexus* comme la sienne et des pseudo-ontologies avec *nexus*, ou des ontologies avec pseudo-*nexus*, c'est-à-dire des fonctions prises pour un *nexus*. En fait, il

1. G. Bergmann, *Realism. A Critique of Brentano and Meinong*, Madison, The University of Wisconsin Press, 1967, p. 30.

n'y a pas de pseudo-*nexus* : « une telle entité serait un monstre hybride et… les monstres ne survivent pas dans un monde qui a été articulé autant qu'il est possible »[1]. Une fonction qui se fait passer pour un nexus, c'est en un certain sens une fonction frégéenne.

On peut donc, en combinant les indications de Bergmann et Wolfstertorff, construire une classification des ontologies. On commence par envisager une autre distinction métaontologique, parallèle à celle entre ontologies pointillistes et ontologies connectées, celle entre les ontologies nominalistes (Goodman, Hume…) où il n'y a pas de connexion[2], pas d'exemplification, et les ontologies réalistes.

Ces dernières sont de trois types : (1) les ontologies de constituants où la connexion est un lien, comme la copule par exemple (Aristote), d'autre part les ontologies relationnelles où la (pseudo?) connexion est (2) une complétion (Frege), ou (3) un *nexus* (Bergmann).

Cette deuxième distinction propre de façon intrinsèque à la connexion implique, elle, la prédication, alors que la première (pointilliste *vs* connecté) non : il s'agissait de la structure même de la réalité. Mais on verra que la deuxième distinction ne concerne pas seulement la structure de la réalité.

Bergmann[3] distingue en effet ces deux types d'ontologie relationnelle : l'ontologie frégéenne, avec la complétion, la saturation de la fonction par un objet frégéen et l'ontologie du *nexus*, ou connexion ontologique entre qualités et qualités et substrat (particulier nu). Selon Bergmann, si l'on partage cette manière de voir, l'ontologie frégéenne est une pseudo-ontologie de la connexion : la connexion n'est pas simplement une saturation, comme chez Frege où l'objet sature la fonction (par exemple : l'objet lune sature la fonction satellite de la terre). On peut interpréter la critique Bergmannienne de la saturation frégéenne (*Sättigung*) comme

1. G. Bergmann, *Realism*, *op. cit.*, p. 30.

2. En ce qui concerne Goodman les choses sont sans doute plus complexes. Mais il analyse la connexion comme "*overlapping*" (chevauchement, recouvrement), "*being together*", "*matching*" (correspondance) et il comprend le *being together* de manière extensionnelle, comme la coappartenance à une classe. Cf. *La structure de l'apparence*, trad. fr. sous la dir. de J.-B. Rauzy, Paris, Vrin, 2007.

3. Sur Bergmann, *cf.* H. Hochberg, *The Positivist and the Ontologist. Bergmann, Carnap and Logical Realism*, Amsterdam, Rodopi, 2001 ; B. Langlet, J.-M. Monnoyer (eds), *Gustav Bergmann. Phenomenological Realism and Dialectic as Ontology*, Frankfurt, Ontos Verlag, 2000 et R. Egidi, G. Bonino, *Fostering the Ontological Turn : Gustav Bergmann (1906-1987)*, Frankfurt, Ontos Verlag, 2008.

la critique d'une réduction du *nexus* à sa seule dimension syntaxique et formelle[1].

Si nous résumons toute la classification, nous aboutissons au tableau suivant :

- ontologies nominalistes Hume, Goodman
- ontologies réalistes
  - de constituant Aristote
  - relationnelles
    - de complétion Frege
    - de *nexus* Bergmann

La conception frégéenne de la connexion comme complétion est une conception logique ou sémantique, alors que la conception de la connexion comme *nexus* par Bergmann est une conception ontologique[2]. Pour Frege, les connecteurs logiques connectent des propositions et la fonction du connecteur est de produire une valeur de vérité (par exemple si p et q sont vrais, $p \vee q$ est vrai). Le connecteur logique n'est pas un *nexus*, à la différence du *nexus* qui fait que a est F pris comme un tout n'est pas la somme de a et de F, « Fa », qui diffère de a et de F, « a, F ». On peut donner n exemple de pseudo-connexion et donc de pseudo-connecteur, c'est-à-dire, au sens de Gustav Bergmann, le gluon de Graham Priest, dont le rôle est de formaliser l'unité (et non l'identité, cette dernière se ramenant d'ailleurs à la première).

Un opérateur pour l'unité ? Les gluons de Graham Priest

Le logicien et philosophe Graham Priest a en effet dans *Beyond the Limits of Thought* introduit le concept de gluon, au sens logique[3] :

> Les pensées sont articulées. Pour les former nous devons partir de blocs de constructions plus simples. Il doit donc y avoir des choses qui les tiennent

1. Quoique, on le verra dans le dernier chapitre il existe des *nexus* syntaxiques, mais évidemment dans la sphère du langage, *cf.* O. Jespersen, *Analytic Syntax*, Londres, Allen and Unwin, 1937.

2. *Cf.* l'article de R. Grossmann, « Frege's Ontology », *The Philosophical Review*, vol. 70, n° 1, 1961, p. 23-40 ; G. Bergmann « Frege's Hidden Nominalism », *The Philosophical Review*, vol. 67, n° 4, 1958, p. 437-459. Voir E. Klemke (ed.), *Essays on Frege*, Urbana-Champain, University of Illinois Press, 1949.

3. G. Priest a repris, dans son dernier livre *One* (Oxford, Oxford University Press, 2014), le concept logique et ontologique de "gluons" (chap. 1 et 2).

> comme des unités. Appelons-les (avec une excuse aux physiciens[1]) des gluons. Les gluons ne sont pas les mêmes choses que les choses qu'ils collent et non le genre de choses à propos de quoi on a des choses à dire. Mais toute chose peut être un objet de pensée, en particulier nous pouvons penser au sujet des gluons. Ainsi ils *sont* la même chose que les autres constituants et nous pouvons exprimer des thèses à leur propos[2].

Les objets (qui peuvent être abstraits : des propositions, des pensées ...) composés de parties et jouissant d'une unité possèdent un gluon en plus de leurs parties. Les gluons assurent l'unité des objets et permettent d'en rendre compte. Si nous admettons l'existence de structures ontologiques, et si nous admettons l'existence des gluons, c'est-à-dire si nous admettons que les gluons ne se réduisent pas à des moyens représentationnels ou notationnels, comme les gluons de la physique, dans une perspective de réalisme scientifique, il semble très probable que les gluons fassent partie des structures ontologiques, si effectivement les objets dans ces structures comportent des parties ontologiques. Ces parties peuvent être, dans le modèle des faisceaux, des tropes.

L'ontologie à laquelle conduit la logique des gluons est cependant une pseudo-ontologie, au sens de Bergmann (*cf.* p. 89) de la connexion. Le gluon vient en effet occuper la place d'un manque dans la description que fait G. Priest de la phrase frégéenne. Considérons la phrase « Galilée est mort dans la misère ». Le prédicat « est mort dans la misère » est insaturé et il l'est tant qu'un nom propre ne vient le saturer.

La conception de Armstrong est que l'universel « mort dans la misère » est instancié dans le particulier « Galilée » et que tant que « mort dans la misère » (ou n'importe quel autre prédicat) n'est pas instancié dans « Galilée », ce dernier est un particulier fin (lui attribuer le fait d'être mort dans la misère le rend plus épais). Cette conception néoaristotélicienne contraste avec la conception frégéenne qui remplace l'instanciation par la saturation.

La connexion au sens où on l'entend ici ne peut être jugée équivalente à la prédication, au lien prédicatif. L'exemplification d'un universel est une connexion entre l'universel et le particulier, un lien non relationnel, mais la prédication est plus que l'exemplification. Si je considère un exemple

1. Les gluons, découverts par la physique en 1979, sont des bosons responsables de l'interaction forte : ils confinent les quarks en les *liant* fortement. Leur nom provient de *glue*, colle. Ce sont des éléments minimaux de liaison, qui ne sont ni des liens, ni des entités. On a vu beaucoup plus haut que les bosons n'obéissent pas au principe d'exclusion de Pauli ; ils ne sont donc pas responsables de la stabilité de la matière.

2. G. Priest, *Beyond the Limits of Thought*, *op. cit.*, p. 193.

d'une prédication simple A est B, je dois distinguer deux mécanismes : l'exemplification de B et le lien entre A et B. L'exemplification de B, on l'a dit, est une connexion, mais le lien entre A et B est peut-être d'une autre nature : le lien horizontal et le lien vertical ne sont sans doute pas de même nature. Il y a un aspect combinatoire dans la dimension horizontale : A est B et A n'est pas C, D etc. A est B, et B, C, D etc. n'est pas A. Il y a une autre différence. Dans la dimension verticale l'universel U devient un exemplum E, tandis que dans la dimension horizontale si A est B, A ne devient pas B – tout ce que l'on peut dire c'est que A *quâ* B existe (par exemple si « Jean est un professeur » est vrai, alors Jean *quâ* professeur existe).

Connexion et conjonction logique

Il faut donc distinguer la connexion et la conjonction logique et on pourrait d'ailleurs distinguer entre deux symboles : ∧ pour la conjonction logique et & pour la connexion. Il y a des différences entre ∧ et &, par exemple pour la symétrie : $p \wedge q \leftrightarrow q \wedge p$ Si p est conjoint à q, q est conjoint à p. C'est une tautologie. Par contre & n'est pas symétrique : $p \,\&\, q \neq q \,\&\, p$. En revanche, si p est connecté à q, il ne s'ensuit pas que q est connecté à p[1]. Si un système d'écoute est branché sur une ligne téléphonique et donc qu'il existe une connexion perverse du système d'écoute et d'enregistrement avec cette ligne, il ne s'ensuit nullement que la ligne soit connectée à ce système au sens où l'on pourrait à partir de ladite ligne espionner le système : le système sait que la ligne est en contact avec telle ou telle autre ligne, mais la ligne qui est écoutée ne sait pas si elle est écoutée ni quand. On parle dans ce cas d'une « connexion aveugle »[2]. L'écoute électronique est une connexion non symétrique, à l'exception de cas très complexes où la surveillance, l'espionnage peut être découvert et faire l'objet à son tour d'une surveillance (en général cachée). De même, si le système des marques du pluriel en français (s, -nt, ux ...) est connecté à la référence collective (groupes, classes ...), il ne s'ensuit pas que la référence collective soit connectée à une marque du pluriel : elle pourra être exprimée par telle ou telle marque du pluriel. C'est le cas par exemple pour une référence méréologique comme « la moitié

1. *Contra* Roeper, *infra*, p. 170.
2. Merci à Pierre Jourdan pour ces éclaircissements sur les connexions aveugles.

des enfants joue » ou « la moitié des enfants jouent ». Cette asymétrie existe aussi pour la connexion entre l'aspect et les marques temporelles. Par exemple dans la phrase « Je chantais quand elle entra brusquement » l'aspect imperfectif de « chantais » se connecte avec la marque du passé de l'imparfait, mais le contraire n'est pas vrai.

De même, la connexion n'est pas transitive : si un neurone *a* est connecté à un neurone *b* et que *b* est connecté à un neurone *c*, il ne s'ensuit pas que *a* soit (directement) connecté à *c*. C'est même le principe d'un réseau de neurone, et plus généralement d'un réseau, que la connexion soit héréditaire, indirecte ou directe, sans que toute connexion soit directe (voir ci-dessous l'exemple de l'Allemagne, de l'Allemagne et de la Pologne – l'Allemagne n'est pas connecté par la transitivité à la Pologne). Soit en langage formel, pour distinguer la transitivité de la conjonction et la non-transitivité de la connexion :

$$(p \wedge q) \wedge (q \wedge r) \rightarrow (p \wedge r)$$
$$\neg[(p \,\&\, q) \wedge (q \,\&\, r) \rightarrow (p \,\&\, r)]$$

Il n'y a donc pas de raison de penser que la connexion soit transitive – que l'on pense par exemple également à la connexion spatiale :

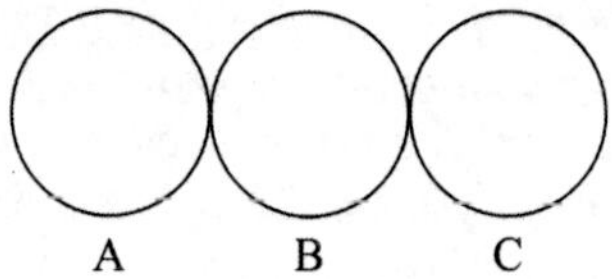

A et B sont connectés par contact, B et C sont connectés par contact, mais A et C ne sont pas connectés – on verra plus bas que l'on peut introduire la connexion indirecte et que dans ce cas on peut admettre une connexion indirecte entre A et C, mais on ne peut mettre sur le même pied la connexion directe et indirecte : l'Allemagne est connecté directement à l'Allemagne et indirectement au Maroc et ce n'est pas la même chose et surtout de proche en proche une chose serait indirectement connectée à toutes les autres.

Il faut donc distinguer l'ontologie de la connexion et l'ontologie de la relation d'après leurs propriétés logiques. Je reviendrai à nouveau, dans le prochain chapitre, sur la différence entre relation et connexion que j'ai mentionnées à plusieurs reprises, mais d'ores et déjà on peut faire remarquer que la relation authentique au sens russellien, c'est-à-dire la relation externe, laisse les choses (*i.e.* les *relata*) en l'état – une relation de colocalisation laisse en l'état les choses colocalisées, la colocalisation n'est pas une propriété de plus, à moins de réduire les relations à des prédicats relationnels – tandis que, si on donne un exemple de connexion matérielle, quand la connexion porte sur deux choses, elle en produit une troisième : clouer un plateau sur des pieds engendre une table, et non seulement une somme méréologique avec un plateau et des pieds simplement juxtaposés. Pour les choses non matérielles, la connexion introduit au moins une modification de l'un des termes ou de l'une des choses connectées. Par exemple la connexion entre un universel et un particulier introduit une modification de l'universel qui est dit alors « instancié », ce qui implique un changement de statut ontologique. C'est encore plus net dans l'exemplification : elle lie une instance de bleu, par exemple le bleu d'un cahier avec l'universel. Si ce cahier exemplifie une nuance de bleu, il y a un échantillon de cette nuance que je peux percevoir – je perçois cette nuance de bleu et je perçois donc le bleu.

Le « *lien non relationnel* » entre les universaux et les particuliers – Strawson, Armstrong – que rejette David Lewis est une relation qui unit le particulier et les universaux qu'il instancie – il faut une relation pour unir cette relation au particulier et ainsi de suite à l'infini, comme dans l'argument du troisième homme. Ce lien non relationnel est quelquefois présenté comme un modèle de *nexus* et donc de connexion (*cf.* un peu plus haut). L'idée de connexion est aussi présente dans l'analyse de la *structure ontologique des complexes*, faits ou particuliers épais.

Je distingue donc trois opérateurs, « $\wedge$ » et « & », $\oplus$, respectivement pour la conjonction, la connexion et la somme méréologique. Ces opérateurs sont des opérateurs logiques, avec des axiomes et des sémantiques différentes. L'opérateur logique de connexion « & » doit être distingué des autres connecteurs. Cet opérateur conjoint des états de choses, des propriétés, des mondes, etc. Mais nous avons besoin de connecteurs qui produisent l'unité nécessaire à un niveau ontologique. On peut citer : les dispositions, les structures ontologiques, la ressemblance qualitative, le vide[1]... Cette liste est probablement ouverte.

1. Dans *La Force du vide*, j'ai soutenu que le vide connecte les tropes. Cette interprétation de la comprésence comme un champ vide d'objets (mais pas d'énergie) s'inspire en partie de l'ontologie bouddhiste du vide et permet de concilier un point de vue suivant lequel les objets sont des conglomérats de tropes et un autre suivant lequel les objets sont vides, c'est-à-dire qu'ils n'existent pas.

*

Nous avons décrit dans le détail la métaphysique humienne qui comprend une ontologie (ainsi qu'une cosmologie et une psychologie) sans connexion, appelée par Lewis, qui l'adopte, une « ontologie mosaïque », pour bien insister sur la séparation de ses éléments (atomiques ?). Nous avons également examiné la théorie humienne de la causalité, puisque la causalité est le ciment des choses pour Hume. Nous avons montré que l'interprétation courante de la causalité humienne, comme psychologique et régulariste à la fois est caricaturale : Hume n'a pas rejeté radicalement l'idée de connexion, même si la difficulté extrême pour la saisir conceptuellement l'a conduit à en donner une version minimale, sous la forme d'une conjonction. Enfin, nous avons esquissé le cadre général d'une théorie non humienne de la causalité, probabiliste ou processuelle. Nous avons indiqué notre préférence pour une théorie processuelle à base de tropes, ce qui est cohérent avec le reste de notre ontologie particulariste et nominaliste, et nous avons insisté sur la compatibilité de cette théorie avec une métaphysique de la connexion réelle. Nous avons rappelé que Bergmann avait classé, avec beaucoup de pertinence, la connexion, la complétion frégéenne et l'absence de connexion. Cette précision à l'égard de Frege est complémentaire de celle vis-à-vis de Hume. Nous avons été à partir de là capables de dégager les caractéristiques de la connexion, notamment par rapport à la conjonction. Il nous faut maintenant préciser ce qu'est la connexion relativement à la relation et à la dépendance.

CHAPITRE III

NEXUS, DÉPENDANCE ET RELATION

> Pressuposons que oreison fut introduite pour moienner entre grace divine et necessité humaine, et que les haultes richesses et graces de Dieu n'ont quelconquez proportions avecquez la chetive misere de povre humanité, se aucune sainte *connexion* n'y treuve l'abitude qui raprouche l'omme a la clemence divine, de la quelle jointure faire attribues l'office a oreison[1]

Nous avons introduit la connexion dans l'ontologie du composé, en donnant des arguments pour cette introduction, en montrant implicitement que la connexion n'est ni irrationnelle (quoiqu'il arrivât à Hume de la qualifier ironiquement d'"occulte"), ni un reste de la *Naturphilosophie*, un synonyme de la sympathie universelle[2]. Mais qu'est-ce enfin au juste que la connexion ? Elle apparaît dans la pensée classique sous la guise du nexus, qui se perpétue jusque chez nos contemporains Whitehead et Bergmann. Deux assimilations risquent de gauchir la connexion : à la relation interne et à la dépendance. Il nous appartient donc de revenir sur les différences substantielles et formelles entre ces types de liens, pour

1. A. Chartier, *Le Livre d'Espérance*, éd. F. Rouy, Paris, Champion 1989.

2. Le concept d'influence est proche également de celui de connexion. S'il y a une sympathie entre a et b ou une influence de a sur b, c'est un type de connexion. Ce concept d'influence a été partiellement intégré par David Lewis dans sa théorie tardive de la causalité : « Causation as Influence » *in* J. Collins *et alii* (eds), *Causation and Couterfactuals*, Cambridge (Mass), MIT Press, 2004, p. 65-107.

montrer que la connexion est plus faible que la relation interne et plus riche que la dépendance.

Je commencerai donc par examiner la notion de nexus qui permet de faire le lien avec la littérature philosophique classique et contemporaine. Tout d'abord je montrerai son achèvement dans le rationalisme et le criticisme avant de décrire son usage dans la métaphysique analytique de Bergmann et Whitehead[1] en insistant sur la connexion sans connecteur ou la connexion *eo ipso*, je montrerai enfin que cette notion de nexus intervient aussi dans la discussion sur le panpsychisme.

GÉNÉALOGIE DU *NEXUS*

Le nexus est à la connexion ce que l'énoncé est à l'énonciation, la cause à la causation. Si la connexion est une opération, le nexus est un produit. S'il y a une connexion entre *x* et *y*, il y a un *nexus* '*x & y*'. Ce terme a été repris presque en même temps, dans les années 1920, par d'une part des linguistes, Jespersen, et Hjelmslev, et d'autre part par des philosophes dont Whitehead et plus tard Bergmann. On commencera maintenant par rappeler le pedigree de ce concept.

Le concept de *nexus* est ce qui permet de penser la connexion réelle à l'époque classique, de Leibniz à Kant. Leibniz utilise ce concept dans plusieurs contextes théoriques. Le premier est celui de l'identité à travers le temps d'une substance individuelle. On a pu faire remarquer qu'en ce sens le nexus est l'équivalent structural et fonctionnel d'une forme substantielle[2]. Le deuxième est celui d'une unité des perceptions :

> La perception est l'opération propre de l'âme, et le nexus des perceptions, par lequel les perceptions subséquentes sont dérivées des antécédentes, fait l'unité du percevant[3].

1. Je suis ici complètement Peter Simons qui, dans « Metaphysical Systematics : a Lesson from Whitehead » (*Erkentnis*, vol. 48, n° 2/3, 1993, p. 377-393), a défendu le caractère analytique de sa philosophie. Voir aussi « Whitehead and Mereology » in G. Durand, M. Weber (éd.), *Les Principes et la connaissance naturelle d'A.N. Whitehead*, Heusenstamm, Ontos Verlag, 2007, p. 215-234 et « Whitehead Process and Cosmology » *in* R. Le Poidevin *et al.* (eds.), *The Routledge Companion to Metaphysics*, New York, Routledge, 2009, p. 181-190.

2. *Cf.* R.M. Adams, *Leibniz. Determinist, Theist, Idealist*, New York, Oxford University Press, 1994, p. 80, 165, 313.

3. Leibniz, *Philosophische Schriften*, éd. Gerhardt, Hildesheim, Olms, t. II, p. 372.

Quand, dans sa propre évolution, Leibniz utilisa ce terme de forme substantielle, celui de nexus devint plus rare dans sa philosophie. Leibniz dans la première période de sa philosophie utilise par contre le nexus causal individuel.

On trouve chez Wolff, dans sa *Cosmologia Generalis* (1736), une distinction de deux types de connexion, le *nexus elementorum* et le *nexus rerum*, c'est-à-dire une connexion des parties des substances et une connexion des substances dans le monde. Wolff déclare :

> Le *nexus* des choses matérielles dépend du *nexus* des éléments (*Nexus rerum materialium a nexu elementorum pendet*) (*Cosmologia Generalis*, § 205)[1].

Ou en d'autres termes : le *nexus* des choses matérielles est fondé sur le *nexus* des éléments, c'est-à-dire des entités métaphysiques simples et minimales.

Dans la *Deutsche Metaphysik* Wolff déclare :

> [Quand les choses sont liées les unes aux autres]. Je dis que les choses sont connectées les unes aux autres (*mit einander verknüpft*) quand chacune d'entre elles contient en elle-même le fondement (*den Grund*), pourquoi l'autre à côté de lui est aussitôt, ou suit la même chose (§ 543). Par exemple le soleil et la terre sont connectés l'un avec l'autre parce que la terre à travers le soleil est contient en lui différents états (*Physica* II, § 44). La pluie et la croissance des plantes sont liés l'un avec l'autre etc. (§ 545)[2].

Michel Puech peut écrire :

> Ce *nexus* est la raison, le fondement ontologique du monde réel des êtres matériels et composés, le *nexus elementorum* métaphysique est le fondement du *nexus rerum* physique[3].

1. Cité dans M. Puech, *Kant et la causalité*, Paris, Vrin, 1990, p. 89.

2. Ich sage, dass Dinge mit einander verknüpft sind, wenn ein jedes unter ihnen den Grund in sich enthält, warum das andere neben ihm zugleich ist, oder auf dasselbe folget (§ 543). Z.B. Die Sonne und Erde sind mit einander verknüpft, weil die Erde durch die Sonne in ihrem veränderlichen Zustande erhalten wird. (§ 44, Physic. II) Der Regen und der Wachstum der Pflanzen ist mit einander verkknüpft, weil et den Pflanzen Nahrung giebet (§ 392, *Physica* I) und also mit unter die Ursachen seines Wachsthumes gehöret (§ 29) (*Deutsche Metaphysik*, p. 332, Der 4 Cap. Von der Welt ; titre complet de la *Deutsche Metaphysik : Vernünftige Gedancken von Gott, der Welt und der Seele der Menshen* ..., Halle, 1747).

3. M. Puech, *Kant et la causalité*, *op cit*.

M. Puech montre qu'il n'y a pas de passage de l'un à l'autre de ces *nexi* et donc qu'il y a un échec en cosmologie wolffienne. On n'insistera pas sur cet échec. Nous intéresse ici l'enquête hyper rationaliste sur l'essence du *nexus* et notamment son lien avec la doctrine kantienne de la relation de communauté et le concept de commerce des substances, dans l'optique d'une théorie transcendantale du *nexus*.

Il y a un chaînon entre l'ontologie de Wolff (1730), la *Deutsche Metaphysik* (1747) et Kant (écrits précritiques 1750-1770, *Critique de la raison pure*, 1781) : la *Metaphysica* de Baumgarten (1739)[1]. On peut y lire par exemple :

> § 47 Toutes les déterminations internes d'une chose possible sont connectées entre elles – chaque détermination singulière avec chaque autre détermination singulière (*singulae cum singulis*). Car chaque affection est connectée avec les déterminations essentielles, et celles-ci avec l'essence, et donc chaque détermination singulière avec chaque autre détermination singulière[2].

Par déterminations internes, on peut entendre les prédicats internes : les prédicats internes à la chose sont connectés. Les affections sont les accidents et Baumgarten affirme que les accidents sont connectés avec les prédicats essentiels, i.e. relatifs à l'essence. Ce qui est singulier est connecté avec ce qui est singulier : les prédicats singuliers sont également connectés ensemble. Il y a donc un caractère universel du nexus, qui est approfondi dans le paragraphe suivant :

> § 48. Un *nexus* (harmonie) universel est un (*nexus*) qui est entre toutes les choses et chaque chose (*nexus universalis est, qui est in singulis*)[3].

À côté des connexions locales entre les prédicats il existe pour Baumgarten un nexus universel, qui est l'équivalent de l'harmonie leibnizienne. Ce nexus est une connexion qui est universelle au sens où il connecte chaque chose avec toutes les autres choses. En ce sens c'est une harmonie, car il y a bien ici un rapport entre la multiplicité (de toutes

1. La section II de la partie II de la *Metaphysica* est entièrement consacrée au *connexum*. Baumgarten identifie le connecté (*connexum*) et le possible, le cohérent, dans la ligne de Leibniz qui identifie le possible et le non contradictoire : Baumgarten identifie donc le connecté et le non contradictoire. Le *connexum* est une notion modale qui permet de dériver le principe de raison suffisante. Je remercie Raphaël Millères d'avoir attiré mon attention sur Baumgarten.

2. A.G. Baumgarten, *Metaphysica*, 1779 ; trad. fr. partielle par J.-Y. Pranchère dans A.G. Baumgarten, *Esthétique*, Paris, Éditions de l'Herne, 1988, p. 14.

3. *Ibid.*

les choses qui existent) et l'unité (de cette chose particulière). La nature même du nexus universel reste à préciser :

> § 49. Il y a un nexus universel parmi les déterminations internes de quelque chose de possible (*in determinationibus possibilis internis*)[1].

Dans la chose possible elle-même il existe des prédicats internes (par exemple dans le Mont Blanc de 5600 m il y a un prédicat interne de masse et un prédicat interne de hauteur) et il existe une connexion entre ces prédicats dans le monde possible où le Mont Blanc est plus haut.

M. Puech dans son enquête sur la théorie transcendantale du *nexus* s'appuie sur « le soubassement de la pensée métaphysique kantienne »[2], c'est-à-dire sur les *Reflexionen* et les *Vorlesungen*. Kant livre ainsi dans les *Reflexionen* cette chaîne précieuse d'équivalence : « Commerce, communauté, nexus réciproque (*Commercium, Gemeinschaft, nexus reciprocus*) » (n° 4524). La catégorie de communauté, action réciproque de l'agent et du patient, dans la mesure où elle est un véritable commerce, une communauté réelle des substances, est donc liée à la théorie transcendantale et dialectique du *nexus*. Les différents sens du *nexus*[3] – *nexus* par sustentation, *nexus* par subordination et *nexus* par coordination, donnant lieu aux séries et aux agrégats – sont liés aux trois analogies de l'expérience et donc à la fonction de l'unité dans la synthèse qui est l'unité du monde. M. Puech cite ce texte particulièrement éclairant, tiré de *Metaphysik L1* :

> Imaginons des substances sans *nexus* réel, et sans commerce, un état dans lequel chaque substance serait en elle-même et pour elle seule, et où elles n'auraient aucune communauté entre elles, nous aurions bien là une multiplicité, mais pas encore un monde. Le *nexus* des substances qui sont en commerce, est donc la condition essentielle du monde[4].

La connexion joue un rôle central, par son absence ou par sa présence, dans l'atomisme logique et surtout dans le *Tractatus Logico-Philosophicus* de Ludwig Wittgenstein. Dans l'atomisme logique tractarien les états de choses (*Sachverhalten*) sont indépendants les uns des autres, mais la structure interne d'un état de choses atomique repose sur une connexion : « L'état de choses est une connexion [*Verbindung*] d'objets [*Gegenständen*

1. *Ibid.*
2. M. Puech, *Kant et la causalité*, *op. cit.*, p. 390.
3. *Reflexionen*, n° 5279, cité dans M. Puech, *Kant et la causalité*, *op. cit.*, p. 393.
4. Cité dans M. Puech, *Kant et la causalité*, *op. cit.*, p. 394.

(*Sachen, Dingen*)] »[1]. L'état de choses est connecté, mais les états de choses ne sont pas connectés.

Il peut sembler étrange de faire se succéder Wolff, et Wittgenstein, mais notre démarche ici n'est pas historique, nous ne visons pas à tracer un chemin entre ces deux auteurs – nous souhaitons simplement à isoler, au sens de Gilles-Gaston Granger[2], un style théorique, ici un style rationaliste de connexionnisme philosophique : chez ces deux auteurs la connexion est en grande partie réduite à un isomorphisme. En ce sens il y a une grande différence entre le *vinculum* qui n'est pas isomorphe mais dynamique et le nexus wolffien.

La connexion wittgensteinienne montre comment « les choses se rapportent les unes aux autres » (*wie Dinge sich verhalten* cf. *Tractatus* 2.031). Dans le *Tractatus* Wittgenstein identifie la connexion des objets avec la structure du fait atomique, la forme fixe du monde. Les objets qui sont des simples assurent cette forme du monde; ils sont fixes et cette stabilité s'oppose à l'instabilité de leur configuration[3].

La relation entre les objets et le fait atomique fait que la connexion des objets est la structure du fait atomique[4]. Wittgenstein ajoute deux choses importantes sur la structure. D'une part c'est la forme de la configuration qui rend possible la structure, d'autre part il y a une composition des structures : la structure d'un fait atomique provient des structures des faits atomiques[5].

1. Wittgenstein, *Tractatus Logico-Philosophicus*, 2.01, trad. fr. G.-G. Granger, Paris, Gallimard, 1993. Wittgenstein distingue ici *Sachen, Gegenstände, Dingen*, alors que le français ne connaît que la distinction entre objets (*Gegenstände*) et choses (*Sachen, Dingen*).

2. G.-G. Granger, *Essai d'une philosophie du style*, Paris, Armand Colin, 1968.

3. *Tractatus*, 2.026 Seulement s'il y a des objets il y a une forme fixe du monde. *Cf.* E. Stenius, *Wittgenstein's Tractatus A critical Exposition of its main Lines of Thought*, Ithaca, Cornell University Press, 1964, p. 62 *sq*.

2.027 Le fixe, l'existant et l'objet sont uns.

2.0271 L'objet est le fixe, l'existant; la configuration est le changeant, le variable

4. 2.03 Dans l'état de choses les objets se rapportent les uns aux autres, comme les anneaux d'une chaîne

2.031 Dans l'état de choses les objets se rapportent les uns aux autres (*sich zueinander verhalten*) d'une manière déterminée

2.032 La manière dont les objets se rapportent les uns aux autres (*zusammenhängen*) est la structure de l'état de choses (*die Struktur des Sachverhaltes*)

5. 2.033 La forme est la possibilité de la structure

2.034 La structure du fait (*Tatsache*) consiste dans les structures des états de chosess (*Tractatus*, 1922, notre trad.)

Connexion extensive et *nexus*

On peut également identifier la connexion extensive avec la connexion en général. La connexion extensive est définie ainsi par Whitehead :

> Le monde physique est lié par un type général de relationalité (*relatedness*) qui le constitue en un continuum extensif (*extensive continuum*). Quand nous analysons les propriétés de ce continuum nous découvrons qu'elles se répartissent en deux classes, la plus spéciale présupposant la plus générale. Le type le plus général de propriété exprime le fait essentiel de la connexion extensive, de la partie et du tout des différents types d'éléments géométriques, mais excluant l'introduction de propriétés plus spéciales par lesquelles les lignes droites sont définissables et par lesquelles on introduit alors la mesurabilité [1].

La connexion *extensive* est une connexion entre des surfaces, qui peut prendre la forme d'une inclusion, d'une intersection, d'un chevauchement[2]. On peut se demander s'il existe un type de connexion qui serait intensive. On peut notamment s'interroger sur deux sortes de connexion *non extensive* : des points par des chemins et des régions (ou surfaces) par des chemins. La connexion *intensive* serait celle de deux intensités et donc de deux qualités voisines, où peut survenir un transfert de qualités. Par exemple il y a connexion d'un corps chaud et de ce qui l'entoure. On peut étendre la connexion intensive aux émotions collectives, par exemple dans une panique causée par un incendie).

Whitehead a fait de la connexion le schème universel de l'explication scientifique :

> Affirmons que chaque entité, de n'importe quel type, implique essentiellement sa propre connexion avec l'univers des autres choses. Cette connexion peut être considérée comme étant ce qu'est l'univers pour cette entité, sur le mode de l'accomplissement ou sur le mode de la potentialité. On peut l'appeler les perspectives des univers pour cette entité [3].

1. A.N. Whitehead, *Process and Reality*, New York, The Free Press, 1979, p. 96-97 (notre traduction).

2. Un exemple social est fourni par l'influence causale dans une épidémie et les phénomènes de conurbation et de promiscuité. La connexion dans ce cas se confond avec le chemin du virus dans la population et le recouvrement des zones de contamination par le même virus (*modulo* des mutations superficielles).

3. A.N. Whitehead, *Modes of Thought*, New York, Touchstone, 1968, p. 91 ; « Let us assume that each entity, of whatever type essentially involves its own connection with the universe of other things. This connection can be viewed as being what the universe is for that

Mais la connexion extensive fournit également le schème structural de la morphologie des organismes :

> Cette extensivité est la forme générique prégnante (*pervading*) auxquelles se soumettent les structures morphologiques des organismes du monde. Ces organismes sont de deux types : un type consiste dans les entités individuelles actuelles, l'autre type consiste dans le *nexus* des entités actuelles. Les deux sont corrélés par leur extensitivité commune [1].

Si la connexion joue un rôle aussi essentiel, celui d'un nexus des entités actuelles, est-elle dans ce cas pour autant intrinsèque ? On pose ici que la distinction extrinsèque *vs* intrinsèque serait éventuellement pertinente pour la connexion au sens où la connexion qui serait intrinsèque exprimerait l'essence de ce qui est connecté et où ce ne serait pas le cas pour la connexion qui serait extrinsèque. Existe-t-il des connexions intrinsèques ? On peut en donner des exemples qui viennent à l'esprit comme candidates, quitte à contester leur caractère intrinsèque.

Premier exemple : la connexion entre les livres dans une bibliothèque. Ce n'est ni une relation, ni une suite de dépendances existentielles, c'est bien une connexion qui produit à partir de ce qui est connecté quelque chose qui n'est pas semblable à ce qui est connecté (à part les paradoxes superficiels du genre : une bibliothèque composée d'un seul livre – il faudrait imaginer une connexion réflexive et, on le verra, la réflexivité de la connexion peut apparaître problématique (*cf.* p. 165-166, 168). Cette relation de connexion est-elle intrinsèque ? Je ne crois pas : il n'est pas de l'essence d'un livre d'appartenir à une bibliothèque (un livre qui traîne dans la rue après avoir appartenu à une bibliothèque reste un livre[2]) et il n'est pas de l'essence d'une bibliothèque de contenir des livres (la bibliothèque d'un homme ruiné reste une bibliothèque – vide ; la bibliothèque d'Alexandrie après l'incendie est une bibliothèque[3]. Notons que cette intuition est contraire à l'essence de la méréologie qui n'accepte pas d'élément nul, de classe vide.

entity either in the way of accomplishement or in the way of potentiality. It can be termed the perspectives of the universes for this entity ».

1. A.N. Whitehead, *Process and Reality*, *op. cit.*, p. 287.

2. Par contre une jonchée de livres qui est répandue dans la rue n'est pas une bibliothèque et en général une série de livres en désordre n'est pas une bibliothèque.

3. Aristote dans des cas similaires se prononce pour l'être par homonymie : un œil mort est un œil par homonymie (*Meteorologia*, VIII, 1043a16). Une bibliothèque vide ou détruite serait donc une bibliothèque par homonymie ? Il ne me semble pas, car au moins une fonction de la bibliothèque est conservée, à la différence de l'œil.

Deuxième exemple : la connexion des pièces d'un vélo. Cette connexion est matérielle : boulons, vis, soudures, chaîne, roulement etc. sont des bouts de matière, et cette connexion matérielle lie les fonctions de roulement (les roues), de transmission (la chaîne), de direction (le guidon), d'éclairage (la lampe avant) etc. On a ici entrecroisé des relations touts/parties et des connexions matérielles. Entendons par "connexion" ici l'ensemble des connexions : un vélo bien connecté c'est un vélo où toutes les pièces qui doivent l'être le sont. La connexion est-elle intrinsèque ? Il est de l'essence des pièces connectées d'être des pièces d'un vélo, et le vélo est un vélo parce qu'il a une structure de vélo et cette structure du vélo, qui comprend sa fonctionnalité technologique et historique est son essence. En ce sens cette connexion est intrinsèque.

EO IPSO, PARTICULIER NU

La connexion peut donc, semble-t-il, être interne ou externe. Cependant Bergmann voit un rapport nécessaire et profond entre l'externalité des propriétés à leurs supports individuels et l'attribution au *nexus* d'un statut ontologique profond :

> Un métaphysicien (*ontologist*) dont les "individus" et les "propriétés" sont complètement externes l'un à l'autre est virtuellement forcé à reconnaître le statut ontologique du *nexus* fondamental entre eux, ce qui à son tour lui rendra la tâche plus aisée pour reconnaître que chaque connexion doit avoir un fondement ontologique. Nous sommes arrivés à une intuition structurale fondamentale. *L'affirmation qu'il y a des particuliers nus*[1] *et le fait de reconnaître le statut ontologique de toutes les connexions*

1. Un particulier nu (*bare particular*) est un particulier dépourvu de propriété. Une tache bleue ovale (*oval blue spot*) est un particulier parfait qui possède deux propriétés, deux exemplifications, mais si l'on ôte ces deux propriétés, cette tâche est un particulier nu. Dans une ontologie avec exemplification, il est quasiment inévitable d'avoir des particuliers nus, ou des équivalents des particuliers nus : substrats aristotéliciens, particuliers fins de Armstrong.

> *s'impliquent l'un l'autre*. En d'autres termes, le réisme[1] et les particuliers nus entrent en conflit l'un avec l'autre[2].

La connexion entre individus et propriétés se fait entre individus et propriétés externes l'un à l'autre. C'est la raison pour laquelle il y a des connexions entre eux. L'existence de ces connexions implique celle des particuliers nus, car cette conception est opposée à celle de la substance (l'individu qui a des propriétés avec l'inhérence qui est apparemment une relation interne) et va vers la conception du substrat non substantiel, le particulier nu. Le réisme, c'est-à-dire l'affirmation ontologique de la *res* ou de chose (l'individu plus ses propriétés) est opposé à l'ontologie du *nexus*, à l'ontologie de la connexion. Les *nexus* ne sont pas internes aux choses connectées – au contraire :

> Les *nexus* sont complètement externes aux entités qu'ils connectent. Il en va de même évidemment des relations. De ce point de vue il n'y a pas de différence entre les deux. Cela laisse seulement une issue pour ceux qui à cause de leurs aversions fondamentales rejettent les connexions externes. Ils doivent admettre le principe des connexions internes (Habituellement on l'appelle le principe des relations internes. Pour les réistes cette étiquette est correcte ; nous l'évitons bien sûr, au sens habituel relations et connexions sont externes)[3].

Les *nexus* sont donc « externes aux entités qu'ils connectent ». En cela les nexus, ou connexions, héritent des relations, puisqu'en un certain sens il n'y a des relations qu'externes, même si les relations externes ne sont pas vraiment des relations – mais être des relations contradictoires comme les relations internes c'est encore pire. Il peut sembler paradoxal que les nexus soient externes, puisqu'ils assurent l'unité des choses ordinaires et donc indirectement l'ordre du monde :

> Une chose ordinaire est un *complexe*; ses *qualités* sont parmi ses constituants; mais ils ne n'en épuisent pas la nature. (…) le troisième constituant je l'appelle un *nexus*[4].

1. Le réisme est la doctrine ontologique qui restreint ce qui existe aux choses (*res*). C'est Brentano qui dans la dernière partie de sa philosophie a défendu une telle ontologie pour éliminer toutes les fictions, comme les universaux, les propriétés, les essences etc. (cf. *Kategorienlehre*, éd. A. Kastil, Hamburg, Felix Meiner, 1933, 1985 et *Die Abkehr vom Nichtrealen*, ed. F. Mayer-Hillebrand, Hamburg, Felix Meiner, 1966).

2. G. Bergmann, *Realism. A Critique of Meinong and Brentano*, Madison, The University of Wisconsin Press, 1967, p. 47.

3. G. Bergmann, *Realism*, *op. cit.*, p. 47-48.

4. *Ibid.*, p. 9.

Bergmann donne comme exemples : une tache lumineuse rouge et ronde existante est un complexe qui lie rouge et rond par un *nexus*. Dans la tâche ovale et bleue qui n'existe pas les qualités ovale et bleue ne sont pas connectées. Cet exemple montre que les connexions (*nexus* pour Meinong) ne connectent que des complexes et des qualités existantes. Les propriétés d'un objet non existant ne sont pas connectées : le carré rond n'existe pas et carré et rond ne sont pas connectés.

Les qualités ont besoin de *nexus* pour les connecter dans les choses ordinaires. Un *nexus* ne réclame pas une entité supplémentaire pour lier (*tie*) ce qu'elle lie, sinon on entrerait dans une régression infinie. La différence entre qualités et *nexus* est ontologique : les qualités sont des choses parmi des choses ; les *nexus* des subsistants parmi les subsistants.

La connexion agit par elle-même et non par un intermédiaire. Elle agit *eo ipso*, ce qui signifie « par l'acte même », « *by the same token* ». C'est un terme de droit et de philosophie. Par le fait que je suis majeur je suis *eo ispso* responsable. Par exemple, le fait que je suis n'implique pas *eo ipso* le fait que je pense, mais l'inverse est vrai : par l'acte même de penser, je suis – je suis *eo ipso*. La connexion agit *eo ipso*, c'est-à-dire par son acte même, sans rien réclamer en plus : il n'y a pas pour Bergmann d'opérateur de connexion (comme dans la méréologie de Whitehead) ou d'opérateur logique équivalent qui ferait l'unité. Pour le *nexus intensionnel* la conséquence est que la pensée n'est pas une pensée de quelque chose en vertu d'un lien qui l'attache à ce quelque chose, mais que *eo ipso* l'unité est faite du *nexus* de la pensée et du fait.

La connexion entre les particuliers ne réclame pas de relation, elle se fait d'elle-même *eo ipso*, sans rien réclamer de supplémentaire ce qui ne veut pas dire qu'on a intérêt par économie à éliminer la connexion :

> … je peux seulement répéter que le fait[1] n'est ni la collection, ni la classe, ni la « somme » ni quoique ce soit d'autre du premier et du second [le particulier nu et la qualité], mais plutôt le troisième [le fait =la qualité + le particulier nu] qui est *eo ipso* si et seulement si le premier et le deuxième sont là. Ou, avec une torsion, la nature du fait est complètement épuisée

1. Il faudrait ici bien séparer les ontologies du fait et de l'état de choses. On sait que dans l'atomisme logique, l'ontologie russellienne est une ontologie du fait, tandis que l'ontologie wittgensteinienne est une ontologie du fait et de l'état de choses : « Was der Fall ist, die Tatsache, ist dans Bestehen von Sachverhalten » (*Tractatus Logico Philosophicus*, 2 [« Ce qui est le cas, le fait, est la subsistance des états de choses » notre traduction.]

> par le premier satisfaisant la restriction qui va avec le second et par le fait que le second est *inséparable* du premier[1].

La position de Bergmann est claire : le réiste réduit le fait à une somme, une classe ... de choses et le relationniste pense rendre compte de l'inséparabilité des éléments du fait par une relation cachée, alors que cette inséparabilité est le fait d'une connexion qui par soi-même la réalise et rend par là même inutile une relation supplémentaire (qui conduirait d'ailleurs à une régression à l'infini).

Le concept qui nous occupe ici a émergé récemment au moins sous deux formes lexicales différentes : « lien non relationnel » (Strawson, Armstrong), « *nexus* » (Bergmann, Whitehead). Deux problèmes distincts ont marqué le recours à ce concept. Tout d'abord, problème n° 1, la nature du rapport entre universel et particulier : pour des raisons connues depuis la discussion de la régression de la relation entre les deux, discussion remontant à Bradley et Russell, il s'est avéré impossible de poser une relation entre universel et particulier (il faudrait une relation entre l'universel et le particulier et une relation entre cette relation et l'état de choses constitué par la relation du particulier et de l'universel ...). Ensuite, problème n° 2, la nature du particulier, qui est un faisceau de qualités ou de propriétés, exige que ces qualités ou propriétés soient connectées entre elles et qu'elles soient connectées au substrat ou au particulier nu, au « substrat sans substance » (Denkel) c'est-à-dire au particulier pris abstraction faite de ses qualifications (ici on rejoint le problème n° 1). On ne rentre pas ici dans le détail du choix ontologique entre les particuliers nus et les états de choses.

EXISTE-T-IL UN *NEXUS* PSYCHOPHYSIQUE ?

Dans tout ce qui précède, j'ai limité, à la suite de Bergmann dans *Realism*, la considération du nexus à des entités physiques (par exemple un vélo, une tâche ovale bleue etc.). Peut-on appliquer le modèle du nexus (c'est-à-dire d'une relation de connexion métaphysique) à ce que l'on a appelé longtemps « l'union de l'âme et du corps » et que nous nommons la double relation, d'identité, de réduction ou de dépendance entre cerveau et esprit, et entre cerveau et corps ? On parle même quelquefois

1. G. Bergmann, *Realism. A Critique of Brentano and Meinong*, Madison, The University of Wisconsin Press, 1967, p. 9.

de connexion cerveau/corps (*brain body connection*) mais le concept de connexion est utilisé alors le plus souvent dans un cadre holiste qui lui enlève de sa spécificité : certes la connexion est en un certain sens une relation holistique mais c'est "holistique" dans un sens bien particulier (cf. *infra*, p. 20, 34, 119, 122).

Le problème esprit-corps reçoit plusieurs solutions distinctes. Parmi la variété des doctrines, théorie de l'identité[1], matérialisme éliminatif, physicalisme de l'esprit, épiphénoménalisme, dualisme, c'est le réductionnisme psychophysique qui domine : par exemple le physicalisme, qui domine largement, réduit l'esprit à la matière[2] et la relation entre le physique et le mental est caractérisée le plus souvent comme une relation de dépendance, de covariation (entre physique et mental) et de réduction, c'est-à-dire de survenance. Si la douleur est réduite à l'inflammation d'un nerf, elle dépend de cette inflammation (sans elle plus de douleur) et si la variation de l'inflammation est corrélée à une variation de la douleur cette combinaison de covariation et de dépendance est précisément la survenance. Or comme le souligne Thomas Nagel :

> [...] la survenance pure, inexpliquée, n'est jamais une solution à un problème mais un signe qu'il y a quelque chose de fondamental que nous ne connaissons pas. Si le physique nécessite le mental, il doit bien y avoir une réponse à la question : comment en est-il ainsi ? Une connexion

1. Je continue à utiliser ici le concept d'identité, de manière classique, cependant ce concept n'a guère de sens métaphysique et il vaudrait mieux lui substituer dans la plupart des cas, où il est question de métaphysique, l'unité : il s'agit beaucoup plus ici de savoir si l'esprit et le corps forment une unité et non s'ils sont identiques au sens logico-sémantique (car en dehors de cela on ne voit guère la portée de l'identité, à moins de lui donner un sens fantastique, comme dans la soi-disante identité du moi, ou peut-être un sens différent et profond comme dans le cas de l'identité des indiscernables). *Cf.* les travaux de Filipe Drapeau-Contim sur ce point : *Qu'est-ce que l'identité ?*, Paris, Vrin, 2010. Voir aussi « On modal knowledge » *Philosophia Scientae,*, 16-2, 2012-2 ; « l'essence en contexte », *Klesis* 2012, 24, *La philosophie de David Lewis*, Yann Schmitt éd. http://www.revue-klesis.org/pdf/Klesis-Lewis-6-Drapeau-Vieira-Contim.pdf.

2. Ma propre position est celle d'un matérialisme panpsychiste : je réduis le psychisme à des processus matériels mais je l'étends à tout ce qui est (et pas seulement à ce qui est vivant), tout en donnant une définition minimale du psychisme. Je développerai cette position dans un ouvrage à paraître. T. Nagel est partisan du panpsychisme (cf. *Mind and Cosmos*, New York, Oxford University Press, 2012). Cette position est opposée à l'évolutionnisme darwinien. Je partage avec G. Strawson l'idée suivant laquelle la réduction naturaliste implique le panpsychisme (*cf.* »Realistic Monism : why Physicalism Entails Panpsychism », *Journal of Consciousness Studies*, vol. 13, n° 10-11, p. 3-31). Le paradoxe est que si le matérialisme implique le panpsychisme, celui-ci rejette le matérialisme réductioniste et le physicalisme.

> évidemment systématique qui nous demeure inintelligible exige une théorie[1].

T. Nagel distingue l'irréductibilité conceptuelle du mental et l'évidence empirique d'une connexion forte entre le mental et le physique, c'est-à-dire une connexion nécessaire. Nagel pense que c'est une scientificité d'un type nouveau qui permettrait de saisir « la connexion nécessaire sous-jacente »[2] entre le physique et le mental, qui permettrait de remédier l'absence de solution à des problèmes fondamentaux provoquée par le recours à la survenance. La connexion est donc pour lui beaucoup plus que la survenance. C'est tout à fait possible, mais si c'est le cas, l'éclaircissement de la nature de la connexion est une partie du travail qui reste devant nous. En effet se satisfaire de dire que la connexion psychophysique est forte et nécessaire, ce n'est encore rien dire sur la connexion. Dire qu'elle est sous-jacente, dans ce contexte c'est dire qu'elle est plus profonde que la survenance, qu'elle est davantage une solution, mais ce n'est pas encore la définir.

Un *nexus* psychophysique lie le physique et le mental ; un autre les conditions de référence à la première et à la troisième personne. « Le but est de combiner phénoménologie, physiologie et comportement en un simple *nexus* »[3]. En effet la connexion forte entre le physique et le mental permet d'éviter de privilégier unilatéralement un seul aspect du mental : expérienciel, matériel ou intentionnel.

Panpsychisme et connexion

Cette connexion forte et nécessaire s'articule bien avec le panpsychisme, la doctrine que tout a un esprit, ou bien que toutes les entités physiques fondamentales, même les cailloux, ont un esprit. Le panpsychisme correspond à l'exigence de Whitehead : « Nous devons considérer les opérations mentales comme des facteurs constitutifs de la nature »[4]. Les opérations de l'esprit appartiennent à la nature, pour deux

1. « The psychophysical nexus » in *Concealment and Exposure and Other Essays*, New York, Oxford University Press, 2002.

2. *Ibid.*

3. *Ibid.*

4. D. Skrbina, « Panpsychism », *Internet Encyclopedia of Philosophy*; du même auteur : *Panpsychism in the West*, Cambridge (Mass), MIT Press, 2005.

raisons, elles s'appuient sur des organes naturels, et par la perception elles visent des choses naturelles. Chalmers, un autre panpsychiste, considère lui aussi que la conscience est un trait fondamental de l'univers[1]. Le panpsychisme a besoin de la connexion en deux endroits : tout d'abord pour lier le psychique et le mental, ensuite pour lier les entités les unes aux autres. Cette dernière liaison peut aboutir au holisme, si chaque chose est liée à toutes les autres. Mais le panpsychisme n'implique pas nécessairement le holisme, et l'inverse est vrai.

On peut donc conclure que connexion et panpsychisme vont dans le même sens, celui d'une remise en cause de modèles évolutionnistes et réductionnistes, qui se contentent d'une philosophie mécaniste comme celle de Hobbes. Son adversaire radical, Leibniz, a développé une métaphysique qui possède une composante panpsychiste, notamment dans la *Monadologie* et les écrits qui en dépendent. Cette composante à son tour comporte deux sous-composantes, une théorie de la connexion universelle et une doctrine radicale de la téléologie naturelle, opposant la machine et l'animal[2]. On peut considérer la doctrine de l'expression universelle comme une forme de connexionnisme métaphysique. Si a perçoit b (que ce soit avec des aperceptions ou des petites perceptions), il y a un rapport d'expression entre a et b, et a et b sont connectés. Par exemple si je perçois des orages sur Uranus, il y a un rapport expressif entre ces orages et moi et il y a donc une connexion entre les deux. Faire de la perception la cheville ouvrière de l'expression implique que la connexion puisse être un lien dépourvu de contact, une action spirituelle à distance, en même temps qu'un rapport mathématique de la multiplicité à l'unité, ce qui montre bien l'aspect dynamique et d'enveloppement maximum de la connexion, qui s'appuie sur l'activité infinie de la perception, mode de contact qui est à son tour le fondement du panpsychisme.

Cependant le panpsychisme comporte beaucoup de zones d'ombre : où tracer la limite entre ce qui est doté d'un psychisme et ce qui ne l'est pas ? Minéraux, végétaux, particules élémentaires ? Et inversement : l'univers a-t-il un psychisme ? (*cf.* le débat millénaire sur l'âme du monde, *anima mundi*, de Platon à l'hypothèse Gaia[3]). Une ville ? Une nation ? Jusqu'où

1. *Cf.* D. Chalmers, « Panpsychism and Panprotopsychism » et « The combination problem for panpsychism », tous deux sur : consc.net/papers/panpsychism.pdf.

2. G. Hartz, « Leibniz's Animals : where Teleology meets Mechanism » *in* J. E.H. Smith, O. Iachtomy (eds.), *Machines of Nature and Corporeal Substances in Leibniz*, Berlin,, Springer, 2011.

3. L'existence d'une âme du monde est probablement la forme la plus radicale de la connexion métaphysique, puisqu'elle implique que absolument tous les êtres soient

va l'agrégation, si agrégation il y a ? Et de manière encore plus radicale : comment s'opère la composition, que ce soit celle d'une molécule, d'un organisme ou d'un être social ?

Dépendance et connexion

L'ontologie réaliste comprend le plus souvent des relations à côté d'autres entités comme des objets, des propriétés (ou des tropes), des événements, des états de choses… À côté des relations internes et externes, il y a place pour des relations ontologiques, ou des relations formelles, c'est-à-dire transcatégorielles, et parmi celles-ci la dépendance. Par exemple si une couleur dépend d'une surface, il existe une relation ontologique entre surface et couleur, ce que Kevin Mulligan appelle une relation fine (*thin relations*), par analogie aux prédicats fins en éthique[1]. De manière générale si x survient sur y il y a une relation ontologique ou formelle entre x et y sans que y soit addition ontologique[2] : la douleur survient sur l'irritation nerveuse, mais la douleur peut-être n'existe pas.

Est-ce que la connexion est une relation ontologique, une relation formelle ? Nous poserons la question à propos de la dépendance. Une réponse positive à cette question (la connexion est une relation ontologique de dépendance) conduit à nier la spécificité de la connexion et même la nécessité de son existence. De plus on montrera que les propriétés logiques de la relation de dépendance et de la connexion sont fort différentes. Nous allons donc discuter de la connexion dans le contexte des relations et de la dépendance.

La définition intuitive de la dépendance est très simple : x dépend de y si la non existence de y entraîne la non existence de x[3]. La dépendance ontologique est évidemment à l'opposé de l'indépendance ontologique. Par

connectés comme les parties d'un corps ou d'un animal. *Cf.* J. Moreau, *L'Âme du monde de Platon aux Stoïciens*, Paris, Les Belles Lettres, 1939.

1. Prédicats fins. *Cf.* F. Clementz, « Internal, Formal and Thin Relations », dans A. Reboul (ed.), *Philosophical Papers Dedicated to Kevin Mulligan*, 2011, http://www.philosophie.ch/kevin/festschrift/. Par exemple « bon » est un prédicat fin, « chevaleresque » est un prédicat épais. Un exemple de prédicat fin, nécessairement fin, est le concept de « good » chez Moore.

2. *Cf.* le *Free lunch* d'Armstrong, *supra*, p. 37, 68.

3. Pour une présentation des différents types de dépendance voir F. Correia, *Existential Dependence and Cognate Notions*, Munich, Philosophia Verlag, 2008.

exemple la substance est indépendante ontologiquement ; elle ne réclame pas pour exister d'autre substance ou des propriétés[1]. La dépendance ontologique par exemple d'un accident signifie que cet accident ne peut exister que comme un accident d'une substance. On peut avoir tendance à identifier la dépendance ontologique et la connexion : un accident x serait dépendant d'une substance y, si il y avait une connexion entre x et y, et x et y seraient connectés si x dépendait de y, ou le contraire. Cependant on peut naturellement penser l'indépendance ontologique en dehors du cadre aristotélicien de la substance et de l'accident. Par exemple dans le cadre de la théorie des ensembles, il est parfaitement évident qu'un ensemble dépend de ses membres : si l'ensemble E est composé des membres a, b, c. E = $\{a, b, c\}$, alors E dépend de $\{a, b, c\}$ et E n'ajoute rien ontologiquement à $\{a, b, c\}$: c'est un dîner gratuit. Il n'y a pas *a priori* de connexion entre E et $\{a, b, c\}$. « E » et « $\{a, b, c\}$ » sont deux manières de dire la même chose et le lien entre « E » et $\{a, b, c\}$. Dans un cadre ontologique qui est celui de la substance, les tropes dépendent de leurs porteurs (par exemple l'odeur d'une pomme dépend de la pomme en question[2]). Dans le cadre de l'ontologie radicale des faisceaux et des tropes il y a certes une relation de dépendance entre les tropes et les porteurs, mais y a-t-il une[3]connexion entre les tropes et leur porteur ? Et surtout : la relation de dépendance serait-elle identique à la connexion ? Que les tropes soient dépendants de leurs porteurs n'est pas identique à l'existence d'une connexion entre les tropes et le porteur. La dépendance est fondée sur la connexion.

Il en va presque de même de la dépendance – "presque" parce que la connexion inclut une partie du contenu conceptuel de la dépendance. Par exemple si le bruit causé par le passage du "mur du son" est dépendant du franchissement d'une certaine vitesse (1224 km/h), on aurait plus de mal à dire qu'il est dépendant de l'apparition de la singularité de Prandtl-Glauert (une singularité mathématique, sous forme d'un petit nuage) ou que l'apparition de cette singularité est dépendante du bruit causé par le passage du "mur du son". Il y a un fondement de la relation de dépendance, le processus physique du dépassement d'une certaine vitesse (mach 1), mais les deux événements fondés dans ce processus, le bruit et

1. *Cf.* T. Takho, J. Lowe, « Ontological Dependance », *Standford Encyclopedia of Philosophy*, 2015.

2. Il s'agit de l'odeur d'une pomme particulière et non de l'odeur de pomme en général, sinon on pourrait opposer le contre-exemple de la vaporisation d'une odeur de pomme sur une pomme en cire (contre exemple proposé par Pascal Engel).

3. On laisse de côté le problème d'ontologie des mathématiques.

la singularité de Prandtl-Glauert sont certes codépendants de ce processus, mais ils sont liés – autant que je sache ils apparaissent ensemble – et c'est là qu'intervient la connexion, qui est une production : en connectant le bruit et la singularité nous produisons un phénomène complexe, fondé sur un processus physique, et qui peut affecter l'ouïe et la vue.

Il existe de plus plusieurs types de dépendance[1] : existentielle vs. non existentielle, rigide *vs*. générique (voir un peu plus bas). Notre comparaison avec la connexion ne portera que sur la dépendance existentielle, c'est-à-dire non modifiée par la modalité de possibilité ou de nécessité – distinction d'une dépendance possible et d'une dépendance nécessaire – et portant sur des existants (non sur des concepts etc.) et donc étant une relation ontologique.

Dans ce qui suit on entendra donc par "dépendance", "dépendance existentielle". Donnons quelques exemples de dépendance et demandons-nous s'ils sont coextensifs à la connexion, tirés de la littérature, afin de commencer par établir un contraste entre les deux :

(1) Mon singleton[2] {FN} dépend de mon existence.

Par exemple l'énoncé (1) est existentiellement rigide, mais (2) pose un problème : dans une ontologie platonicienne (2) est faux. On peut se demander si les principes formels des ontologies doivent être indépendants de leur variété.

C'est une dépendance existentielle fondée sur mon existence, mais il n'y a pas de connexion entre le singleton et mon existence.

(2) L'universel 'sagesse' existe en vertu du fait que Platon est sage.

1. K. Fine, « Essence and Modality », *Journal of Philosophical Logic*, 24, 1995, p. 241-273 ; F. Correia, *Existential Dependence and Cognate Notions*, Munich, Philosophia Verlag, 2008 ; J. Lowe « There are Probably no Relations », sur internet http://www.powerstructuralism.ox.ac.uk/podcasts/audio/mrconf2012/jonathan_lowe_there_are_probably_no_relations ; K. Koslicki, *The Structure of Objects*, Oxford, Oxford University Press, 2008 ; K. Koslicki, « Varieties of Ontological Dependence », *in* F. Correia and B. Schnieder (eds), *Metaphysical Grounding : Understanding the Structure of Reality*, Cambridge, Cambridge University Press, 2012, p. 186-213 ; K. Koslicki, « Ontological Dependence : An Opinionated Survey », *in* M. Hoeltje, B. Schnieder and A. Steinberg (eds.), *Varieties of Dependence : Ontological Dependence, Grounding, Supervenience, Response-Dependence (Basic Philosophical Concepts)*, München, Philosophia Verlag, 2013, p. 31-64.

2. Un singleton est un ensemble composé d'un seul élément. On distingue alors 'a' et '{a}', c'est-à-dire l'élément a et l'ensemble qui contient a et seulement a. *Cf.* D. Lewis, *Parts of Classes*, Oxford, Blackwell Publishers, 1991 ; K. Fine, « Essence and Modality », *Journal of Philosophical Logic*, 24, 1995, p. 241-273, pour un usage modal du singleton (Socrate) dirigé contre l'identité de l'essence et de la modalité.

D'après Fabrice Correia[1], il s'agit d'une dépendance existentielle fondée sur l'universel 'sagesse', et selon moi il s'agit d'une connexion entre l'universel, 'sagesse' et son exemplification, 'sagesse de Platon'. La dépendance dans ce cas semble prendre les choses à l'envers. Si Platon était le seul à être sage, l'universel sagesse se confondrait avec sa sagesse, donc il faut plusieurs instanciations et donc la dépendance existentielle fondée marche mal.

> (3) x est une table parce que x a des pieds et un plateau.

Je préfère me limiter à une connexion matérielle entre les pieds et le plateau au lieu d'affirmer avec la théorie de la dépendance et de la fondation (*grounding*) que l'universel table existe en vertu du fait que x a des pieds et un plateau.

> (4) La dilatation de ce gaz (A) est nécessairement liée à la température de l'enceinte de dilatation (B).

La connexion, ou couplage, établit entre A et B un lien beaucoup plus fort et riche que la dépendance qui dans ce cas n'établirait qu'une dépendance mutuelle entre A et B sans tenir compte de l'asymétrie causale entre eux.

Lowe introduit une distinction triviale mais extrêmement utile : il distingue dépendance logique entre propositions et dépendance ontologique entre entités. Dans la première une proposition dépend logiquement d'une autre proposition. Par exemple la proposition p dépend de la proposition q si et seulement si p ne peut être vraie en l'absence de la vérité de q. Dans la seconde une entité x dépend ontologiquement d'une autre entité y si et seulement si x dépend pour son existence de y.

Lowe propose comme définition de la dépendance existentielle rigide :

> x dépend$_R$ pour son existence de $y =_{df}$ Nécessairement [x existe seulement si y existe]

La souscription « $_R$ » (dans dépend$_R$) indique qu'il s'agit d'une dépendance rigide, c'est-à-dire l'implication stricte de l'existence de y par l'existence de x. Cette dépendance rigide est exprimée modalement par la nécessité (« nécessairement » a dans son champ « x existe si y existe » et pas seulement « x existe »).

Est-ce que la dépendance$_R$ existentielle, entendue de cette manière, est équivalente à la connexion, est ce que « x dépend existentiellement de

1. F. Correia, *Existential Dependence and Cognate Notions*, *op. cit.*

manière rigide de *y* » est équivalent à « *x* est connecté à *y* » ? Et donc : pouvons-nous nous passer de la connexion ? Suffit-il d'avoir survenance, dépendance et éventuellement fondation (*grounding*), ou dépendance non causale ?

Dépendance et connexion

Quelle est la différence entre survenance et dépendance ? La survenance est une relation formelle qui ajoute la covariation à la dépendance. *x* survient sur *y* ssi si *x* n'existe pas *y* n'existe pas et si *x* varie *y* varie. La dépendance existentielle est une dépendance de l'existence de y relativement à l'existence de *x*, l'existence de *y* étant dépendante de l'existence de *x*, mais la covariation n'est pas nécessaire : un ensemble dépend de ses membres, sans que une variation des membres (variation du nombre de membres) entraîne une variation de l'ensemble.

Est-ce que la dépendance mutuelle est la même chose que la connexion ? Si c'était le cas, il serait inutile de recourir à la connexion, il suffirait de continuer à distinguer dépendance simple et dépendance mutuelle. Soit l'exemple suivant de dépendance mutuelle : un livre dépend de ses chapitres et les chapitres d'un livre dépendent d'un livre[1]. En d'autres termes un livre est fondé sur ses chapitres (du fait qu'il y ait un livre il y a des chapitres) et les chapitres sont fondés sur le livre (du fait qu'il y ait des chapitres il y a un livre). Est-ce que le livre est connecté à ses chapitres, est-ce que les chapitres sont connectés au livre – bref y a-t-il une relation de connexion entre les deux ? Les chapitres sont connectés entre eux (deux à deux et de manière transitive), mais la connexion entre le livre et les chapitres est problématique, car le livre est collectivement identique aux chapitres. À l'inverse, il existe des cas de connexion qui ne sont pas des relations de dépendance mutuelle. S'il existe une connexion entre une douleur et une blessure, il n'en va pas de même pour une dépendance mutuelle : la douleur dépend de la blessure, mais la blessure ne dépend pas de la douleur (si un antalgique supprime la douleur, la blessure subsiste).

1. Ici « un livre » n'a pas un sens générique (« tous les livres ont des chapitres »), ce qui est faux.

Relation et connexion

Dans la démarche en zigzag qui est inévitablement celle que nous pouvons suivre, nous devons maintenant revenir à l'une des difficultés principales de ce travail : pourquoi ne pas se passer des connexions et faire faire par les relations tout ce que font les connexions ?

On a pu se demander si nous avions besoin de liens non relationnels [connexions] à côté des relations ? – c'est bien là une version de la Question sur le fondement du se tenir ensemble. Il semble que la réponse est affirmative, au vu de tout ce qui précède, tant le dossier historique que nous avons instruit à charge et à décharge est fourni, que l'analyse du concept soit raisonnable. Si nous prenons la connexion au sens fort (autrement qu'une connexion par agrégation, par exemple un tas), il y a production d'une entité supplémentaire[1] : en connectant x et y je produis z qui n'est pas la somme de x et y. Par exemple en connectant x, un corps et y, un esprit, ou une âme, le Dieu cartésien produit une entité z, une personne[2]. Il semble que nous ayons besoin de telles connexions à côté des relations. Sur les automobiles un engrenage établit une connexion par exemple entre la puissance motrice du moteur et les roues motrices ; cette connexion produit une entité ontologiquement nouvelle « la roue motrice ». On voit mal comment l'attirail des relations internes et externes expliquerait ce jeu ontologique.

Qu'entend-on par une relation qui produit quelque chose ? Dans les relations externes et internes, il n'y a pas de production. Une relation externe de situation spatiale ne produit rien ; ce serait artificiel de considérer que l'espace structuré par une relation serait une production

1. Évidemment on pourrait argüer que le tas est une « nouvelle entité », qu'il y a une discontinuité ontologique entre la brique et le tas de briques. Mais un tas n'est qu'une somme de ses éléments et le tas hérite des propriétés non additives des éléments, tandis que l'entité nouvelle produite par une connexion possède des propriétés irréductibles aux éléments : l'angle droit dans l'exemple fameux de l'intersection de deux droites n'est pas une somme de ces deux droites. La personne n'est pas la somme d'une âme et d'un corps. Une société n'est pas une somme d'individus. On peut noter que tout ceci fait qu'il y a une certaine proximité entre émergence et connexion : si z est produit par la connexion de x et y, alors z est une propriété émergente ou un émergent de x et y. Mais si z émerge de x et y, z n'est pas nécessairement produit par la connexion de x et y : il peut y avoir des mélanges désordonnés qui sont des bases d'émergence.

2. On ne peut identifier ici connexion et relation causale. On a vu plus haut à propos de Hume que la causalité est une connexion nécessaire. Alors même que l'on verrait si une relation causale (ce qui est problématique) il n'y aurait pas de contradiction de continuer à y voir une connexion.

de la relation, parce qu'il serait non homogène, alors que l'espace non structuré par cette relation serait homogène. Une relation interne n'est pas non plus productrice. Reprenons l'exemple classique de deux échantillons de la même couleur, plus ou moins foncé. Si A est plus foncé que B, il n'y a pas production de quoi que ce soit de nouveau : il y a simplement une comparaison qui laisse les choses comparées telles qu'elles sont. La relation de comparaison est interne dans la mesure où elle dépend de l'essence des relata, c'est-à-dire dans ce cas de la saturation des relata dans la couleur C, mais la relation interne n'introduit rien par rapport à A, B, C. La distinction de Leibniz, discutée plus haut, entre relation de comparaison et relation de connexion s'applique bien ici, c'était pour Leibniz de penser la distinction établie par Sprigge entre relations internes et holistiques.

Une relation constitutive en physique n'est pas non plus une relation qui produit quelque chose. Dans la physique une relation constitutive est une relation entre deux quantités physiques qui est spécifique à une matière ou à une substance et donne une approximation de la réponse de cette matière à un stimuli externe, du type d'un champ de forces. Prenons l'exemple le plus simple de relation constitutive, celle de déformation. Soit une force exercée sur un matériau élastique[1], ce matériau élastique va subir une déformation. La loi de Hooke (1635-1703) énonce que dans le cas d'un ressort la force F nécessaire pour compresser ce ressort d'une longueur X est proportionnelle à cette distance : $F = kX$ où k est un facteur constant d'élasticité. Cette loi énoncée *ut tensio sic vis* où l'extension est proportionnelle à la force établit donc une relation entre F (*tensio*) et X (*vis*). Ce type de relation qui établit une proportion entre des propriétés mécaniques de la matière ne produit pas quelque chose de nouveau. Une déformation de la matière est introduite, mais cette déformation ne modifie pas radicalement la matière (le ressort étiré à son maximum reste le même ressort).

Une relation holistique (qui est non russellienne) n'est pas considérée explicitement par Sprigge, qui l'a introduite, contre une relation productrice. Il considère que les relations holistiques sont celles qui appartiennent ensemble (*belonging together*) à une simple expérience unitaire (*in a single unitary experience*). En ce sens deux parties de l'espace qui font partie d'une telle expérience peuvent être dites liées par une relation holistique. Cette relation holistique ne semble pas

1. La phénoménologie physique de cette situation peut impliquer une typologie complexe de l'élasticité, mais on laisse de côté ce point, non essentiel pour notre propos.

productrice, mais toutefois la relation holistique entre les deux parties de l'espace de produit un espace commun : l'expérience simple et unitaire est la perception – tout comme nous pouvons percevoir deux parties d'un animal et établir une relation holistique pour produire un organisme.

Enfin nous pouvons également donner comme exemple d'irréductibilité de la connexion aux relations russelliennes, la connexion entre neurones. Il est extrêmement révélateur que les connexions entre neurones puissent être appelées des « connexions potentielles », pour reprendre l'expression de Friedrich Hayek[1]. Les connexions neuronales causent des excitations et transmettent des impulsions et les connexions potentielles doivent être renforcées pour effectuer cette double tâche. Le renforcement peut être considéré comme une production de la connexion.

Il y a à côté des connexions formelles des connexions matérielles, au moins de trois types, que l'on distingue par la nature du lien : le nœud, le collage et l'assemblage (avec au moins comme sous-types : vissage, clouage, chevillage. Le contact est à première vue une condition nécessaire de la connexion matérielle, parce que nous imaginons une connexion matérielle comme l'interaction de deux entités matérielles qui suppose le contact au moins en un point, sinon par un bord ou une frontière, bien que la notion de contact s'avère rapidement problématique, quand on s'efforce d'en penser l'effectivité purement physique (cf. *infra*, p. **000**) Autre exemple de connexion matérielle : la connexion de deux lieux par un chemin, ou de deux appareils par un câble, ou d'un appareil et d'une source d'énergie (prise électrique). Clou, colle, chemin, câble, tuyau. Une chose est indirectement connectée à sa région. Mais en ce qui concerne les chemins deux points sont connectés s'il existe un chemin entre ces points, avec cependant la difficulté de postuler une connexion entre deux points quelconques, dans la mesure où deux points peuvent être reliés par un chemin. Il s'agit d'une connexion non extensive et on peut effectivement se demander s'il n'y a pas toujours connexion non extensive entre des points, c'est-à-dire s'il n'est pas possible de tracer un chemin entre deux points quelconques. On peut se demander aussi si les connexions matérielles ne sont pas nécessairement des accidents, c'est-à-dire si les touts réalisés par les connexions matérielles sont autre chose que des agrégats.

Entre l'universel et son instance nulle relation (sinon régression à l'infini, Troisième Homme), d'après Strawson et Armstrong mais un lien

1. Dans *L'ordre sensoriel. Une enquête sur les fondements de la psychologie théorique*, Paris, CNRS Éditions, 2001, p. 81.

(sinon nihilisme sémantique etc.) qui est qualifié de *nexus* par certains auteurs. Ce lien est exprimé par une connexion grammaticale, mais est-il lui-même une connexion ? Il n'y a pas de contact, donc ce n'est pas une connexion matérielle, mais est-ce une connexion formelle avec un caractère productif ? Bergmann le pense, avec sa doctrine du *nexus* ontologique, mais il le pense à propos d'un particulier nu : le particulier nu devient un particulier parfait (avec toutes ses propriétés ou qualités) en exemplifiant des universaux.

Les distinctions habituelles qui existent entre les relations permettent-elles de préciser les liens entre relations et connexions ? On rappelle les trois dichotomies dans la métaphysique des relations : distinction entre les relations formelles et les relations matérielles, entre les relations externes et les relations internes, entre les relations intrinsèques et les relations extrinsèques.

Les relations formelles sont une partie de la structure ontologique. On caractérise en général une relation formelle comme étant transcatégorielle. Ainsi la participation est une relation formelle qui lie ensemble des processus et des participants. L'instanciation lie des particuliers à des universaux (et donc c'est une relation formelle).

Les relations internes sont liées à l'identité de leurs termes, alors que les relations externes non. Les relations internes sont des relations qui surviennent sur les traits intrinsèques de leurs termes. Exemple : « plus brillant que » pour une couleur. Dans les relations externes il faut distinguer les fondées et les non fondées. Fondées : relation survenant sur des traits extrinsèques des termes. Exemple : « plus propre que » pour un pantalon. Non fondés : des relations qui ne surviennent pas sur les termes ou les traits monadiques. Exemple : « être à droite de ».

À partir de cette rapide révision des types de relations, on peut transposer certaines questions sur les connexions. Étant bien entendu que les connexions ne sont pas des relations, on peut s'interroger sur l'imposition aux connexions de caractéristiques de tel ou tel type de relation. Par exemple : les connexions sont-elles transgénériques, sont-elles fondées ? Portent-elles sur des choses intrinsèques ? Sont-elles extrinsèques ou relationnelles ?

On peut répondre à ces questions en reprenant une fois encore la distinction entre connexions matérielles et connexions formelles. Celles-ci sont transgénériques : par exemple la connexion (ou *non relational tie*) entre universel et particulier. La connexion matérielle est soit une connexion extensive (exemple : entre surfaces) soit une connexion intensive (exemple : entre couleurs). Les connexions matérielles extensives sont fondées. Les connexions matérielles ne sont pas transitives : par exemple si une planche x est clouée sur une planche y et que la planche y est clouée sur la planche z, il n'est pas vrai que la planche x est clouée sur la planche z.

Théorie des relations de Thimoty Sprigge, les relations holistiques

Timothy Sprigge dans *The Vindication of Absolute Idealism* propose une classification des relations plus complexe et plus satisfaisante métaphysiquement que celle de Russell et Whitehead. Il classe les relations en externes, idéales et holistiques. Il substitue à "interne", "idéal". Il s'agit d'un premier sens de "interne" ; le second sens est "holistique". Sprigge distingue donc pour les relations internes, des relations idéales et des relations holistiques. La définition de « relation idéale » est celle d'un « contraste ou d'une affinité existant entre deux particuliers, en vertu de leurs propriétés inhérentes »[1]. Un exemple est « être plus brillant que » (entre deux couleurs), qui est vraie indépendamment des qualités non relationnelles des couleurs. Cette relation entre particuliers existe « en vertu de leur essence » (*in virtue of their essence*). Ce classement de Sprigge permet de donner une réponse différente de la nôtre à la question de la différence entre relation interne et connexion. J'ai proposé à maintes reprises des arguments contre leur identité stricte. D'un autre côté, j'ai rapproché également à plusieurs reprises les relations holistiques et les connexions, car il semble que les connexions soient productives. Si d'après Sprigge les relations holistiques sont un type de relations internes, deux solutions sont possibles. Les partisans de l'identité s'exclameront que les connexions, proches des relations holistiques sont des relations internes, puisque tout simplement elles sont un type de relations internes. Mais les adversaires de l'identité pourront rétorquer à juste titre que les connexions ne sont pas des relations internes, car Sprigge a remplacé les relations internes par les relations idéales et les relations holistiques et il considère les relations holistiques comme des relations internes fortes, qui précisément ne seraient pas en général considérées comme des relations internes.

1. T. Sprigge, *The Vindication of Absolute Idealism*, *op. cit.*, p. 181.

Les relations holistiques, elles, engagent à la formation d'une existence « plus compréhensive » que celle des relata dont elles sont un composant et qu'elles unissent. Dans le cas de la relation holistique d'intersection entre les deux droites engage à la formation d'une unité plus compréhensive : celle de l'angle (cf. *supra*). De même pour Sprigge quand je perçois un organisme, je perçois la contribution de chaque partie à la forme de l'ensemble. La question qu'il se pose est la suivante : est-ce que toutes les relations idéales sont des relations holistiques ? Il conclut que les relations « purement idéales » existent entre des particuliers qui ne sont pas ensemble dans une unité expérientielle (*experiential*) ou fondée sur l'apparentement, mais dont l'actualisation ne les lie pas ensemble. Par contre il y a relation holistique entre des éléments d'une existence compréhensive.

En ce sens les relations holistiques sont les plus proches des connexions. Par exemple si perçois un animal *partes extra partes*, d'abord la tête, puis le corps, puis les pattes et enfin la queue, un animal que je ne peux percevoir d'un seul coup, parce qu'il est trop gros et que je suis trop près, je puis affirmer qu'il y a une connexion entre mes perceptions dans la mesure où elles sont liées entre elles et liées à une forme globale qui s'est dégagée. Dans le domaine de la mémoire on aurait la même relation entre des souvenirs progressifs d'une scène ou d'un événement : il y a une connexion entre les souvenirs, appartenant par exemple à des registres sensoriels différents. La connexion entre les souvenirs, ou plutôt entre les aspects d'un souvenir, seraient fondée sur la connexion des registres sensoriels eux-mêmes. S'ils sont totalement séparés ils ne sont pas *les* souvenirs d'*un* événement et dans ce cas il est absurde de parler de relation interne ou externe.

*

Le labyrinthe des liens est décourageant : il semble bien qu'il n'y ait pas de relations au sens fort de l'existence ontologique et cependant nous réclamons que les choses du monde et le monde lui-même ne vole pas en éclats, comme dans *Melancolia*, ou ne tombe progressivement en morceaux, comme dans *L'Autre Côté* de Alfred Kubin. Nous nous tournons alors vers la relation interne, assise sur l'essence, la dépendance assise sur la fondation. Malheureusement ces deux types de liens ne sont pas capables d'attacher les choses les unes aux autres et les parties des choses. Dire qu'une couleur est plus claire qu'une autre établit une relation interne entre les deux nuances au sens où cette relation découle de ces couleurs et où elle est nécessaire, mais rien n'attache alors par exemple le bleu clair au bleu foncé. C'est la raison pour laquelle dans ce genre de cas on recourt à la distinction des déterminés et des déterminables, distinction qui est plus proche de la connexion que de la relation interne, peut-être parce qu'elle est plus proche de l'exemplification des universaux.

La connexion formelle (pour la distinguer de la connexion matérielle) n'est donc ni une relation interne, ni une relation externe, ni une relation formelle, comme la dépendance. Les propriétés formelles de la connexion formelle sont différentes de celles des relations, mais (et même si dans le dernier chapitre nous aurons à revenir dans le détail de ces propriétés) nous avons voulu prendre les choses sous un angle non pas logique, en respectant une priorité métaphysique sur la logique, mais ontologique. C'est dans cette optique que nous avons longuement comparé la réflexion Bergmannienne sur le nexus avec notre exploration de la connexion. L'idée ne viendrait à personne que le nexus de l'objet et du trope soit une relation interne, ni que le nexus psychophysique au sens de Nagel, et plus largement du panpsychisme soit lui aussi une relation interne. Par contre on peut se demander quelle est la nature exacte de la connexion dans ces deux cas.

CHAPITRE IV

CONNEXION ET UNITÉ

> Nous ne consacrons pas nos recherches à ce qui est évident, mais à ce qui est énigmatique[1].
>
> Considere quant au corps la matiere, la forme, la multitude des menbres et la *connexion*, lordre et adaptacion diceux, comment ilz seruent naturellement lung a lautre et secourent lung lautre[2].

Nous avons montré dans ce qui précède que la spécificité de la connexion consistait dans sa productivité. Connecter x et y c'est produire z :

$$z \neq x \,\&\, z \neq y \,\&\, z \neq x + y$$

z est produit à partir de x et de y (non à partir de la somme méréologique « $x \oplus y$ » mais de la connexion « $x \,\&\, y$ »). Connecter un homme (x) et une femme (y) c'est produire un couple (z) qui est différent de chacun des deux individus (x, z) et de leur somme ($x \oplus y$). Mais connecter c'est aussi unir : le z qui est produit doit être un. Peut-on prendre les choses à l'envers ? Si z a des parties x et y et si z est un, cela implique-t-il que les parties x et y de z soient connectées : $x \,\&\, y$? Est-ce que cette connexion va jusqu'aux éléments atomiques, s'il y en a ? Par exemple si x a une partie atomique u et y une partie atomique v, est-ce que $u \,\&\, v$?

1. H. Lotze, *Métaphysique*, trad. fr. A. Duval, Paris, Firmin Didot, 1883, p. 2.

2. Robert Ciboule, *Le livre de saincte meditacion en congnoissance de soy*, *AHDLMA*, 8, p. 185.

À l'inverse existe-t-il un tout qui contient toutes les parties et dans ce cas ces parties sont-elles connectées pour que ce tout soit un ou bien au contraire cette totalité est-elle une multiplicité maximale ? Si cette totalité est l'univers, U, (ou le monde, M, dans une acception classique), cette question se transforme : est-ce que le monde est un ? Si oui, est-il un parce qu'il est connecté ? C'est-à-dire que les parties de M sont connectées : $\forall x \forall y\ (x < \mathrm{M} \wedge y < \mathrm{M}) \supset x \,\&\, y$? Pour tout x et pour tout y, si x et y sont des parties de M, alors x et y sont connectés. Cette définition de l'unité d'un monde par la connexion des parties est probablement trop forte. Si par exemple un monde possède des anges, et aussi des démons, dira-t-on que les anges et les démons sont connectés ? Vu la définition productive de la connexion qui est la nôtre, qu'est ce qui correspond ontologiquement à « démons & anges » ?

Nous rappellerons en ouverture de ce chapitre deux épisodes de l'histoire de la philosophie dans la quête de l'unité ontologique[1] : la théorie stoïcienne du cosmos et la complexité du concept de connexion chez Leibniz, notamment à propos du *vinculum substantiale*, concept né dans le contexte d'une dispute eucharistique mais qui concerne de manière plus large l'unité du composé, concept dont nous avons plus haut dit quelque chose, à propos du *vinculum* comme type de connexion. Ensuite nous introduirons le concept de monde en montrant la complexité des problèmes liés à ces êtres (1, 2). Puis nous aborderons le point principal sans doute : celui de savoir si la connexion des parties du monde ne conduit pas à ce *monstrum horrendum* que serait le monisme,

1. On pourra s'étonner que je ne me réfère en rien au *Parménide* qui contient dans sa deuxième partie un exercice dialectique sur l'Un. Mais le poids de l'exégèse réclamée par ce texte est tel qu'elle aurait déséquilibré cet ouvrage. Il y aurait en effet un autre livre à écrire sur la connexion à partir de Platon et la tradition platonicienne, mais ici j'ai tenu à me limiter. J'ai écrit une série d'articles sur des problèmes platoniciens et sur la relation Aristote/Platon, où ce dernier ressort vainqueur : « Platonisme et particularisme : ou pourquoi Aristote a tort et Platon a raison », *Cahiers de Philosophie de l'Université de Caen*, vol. 38-39, 2003, p. 159-186 ; « Platon et la métaphysique actuelle », *Études Platoniciennes*, IX, 2012, p. 13-38 ; « Les touts de Platon et leurs parties », *in* A. Castel-Bouchouchi, M. Dixsaut, G. Kévorkian (éd.), *Lectures de Platon*, Paris, Ellipses, 2013, p. 233-244. Sur le *Parménide* : A. Havlicek et F. Karfík (eds.), *Plato's* Parmenides *Proceedings of the fourth Symposium Platonicum Pragense*, Prague, Oikoymenh, 2005 et S. Rickless, *Plato's Forms in Transition*, Cambridge, Cambridge University Press, 2006 ; G. Kévorkian, « Le Troisième Argument : l'interprétation analytique de l'"Argument du Troisième Homme" » *in* A. Castel-Bouchouchi, M. Dixsaut, G. Kévorkian (éd.), *Lectures de Platon*, *op. cit.* ; « *Parménide*, 144a4-e5 : les parties du nombre et les apories de la participation aux Formes », en préparation.

non seulement aux yeux des atomistes, mais aux yeux des dualistes, ou même de Plotin. Nous montrerons que le monisme interprété de façon méréologique est une doctrine soutenable. Nous exposerons alors une alternative au monisme, qui consiste à doter le monde d'une structure mathématique forte et nous discuterons de la solution de Dipert qui consiste à penser le monde comme un graphe.

SYMPATHIE. LES STOÏCIENS ET LE *PNEUMA*

Un très grand nombre de métaphysiciens ont recherché dans les relations de quoi assurer l'unité de la structure du monde; ils ont introduit avec Leibniz un caractère relationnel de la réalité, en utilisant la logique des relations qui a contribué à la faire émerger et en généralisant la relation d'expression dans un cadre monadologique et panpsychiste. Comme le déclare Randall Dipert :

> De nombreuses théories logiques et métaphysiques depuis Platon et Aristote (depuis Héraclite, en fait) ont indiqué des hypothèses sur les relations[1] comme la "connectivité" de toutes choses[2].

R. Dipert doute que la tradition métaphysique des relations ait été à même de représenter et surtout de rendre raison de la connectivité en question, ce en quoi on ne peut que lui donner raison. Il propose de la représenter au moyen de la théorie des graphes, conçue comme une logique du monde[3], et pas seulement comme une logique des concepts, mais il est utile de préciser auparavant les contours du concept classique de connexion et nous donnerons à cet effet deux exemples prélevés dans la longue durée.

1. R. Dipert semble identifier connexion et relation ou du moins faire de la connexion un type de relation. Je me refuse à le faire, pour des raisons évidentes, qui sont déjà apparues. Ou peut-être peut-on dire que la théorie des graphes est relativement insensible à la différence entre connexion et relation.

2. « The Mathematical Structure of the World : The World as a Graph », *Journal of Philosophy*, 94 (7), 1997, p. 329-358.

3. « Logique du monde » signifie ici une représentation formelle, ou logique, des structures profondes du monde. Cette expression peut aussi renvoyer à une étude de « la logique du monde sensible » (Vuillemin) qui s'efforce de dégager l'architecture, la hiérarchie des différents types de *qualia*. Jean Nicod, Bertrand Russell, Jean Nogué, Alfred-North Whitehead font partie en ce sens de ce second courant.

Le premier exemple est celui de la cosmologie stoïcienne. Cette cosmologie est caractérisée par son matérialisme et son holisme. Ce qui *est* est matériel ; le tout existe, irréductible à des corpuscules. En ce sens, la cosmologie stoïcienne exprime une orientation précise de notre enquête, qui est également inspirée par une ontologie anti-atomiste. Les Stoïciens pensent l'espace entre les corps et la matière qui les constitue comme des touts continus. Ils rejettent donc à la fois le vide entre les corps de Démocrite, et le vide circumcosmique d'Aristote : « Dans le monde en revanche il n'y a aucun vide : c'est un corps unifié »[1]. Le vide infini qui est au-delà du monde est un incorporel. C'est le *pneuma* qui produit la cohérence du monde. Le *pneuma* a comme caractéristique principale la tension (*tonos*)[2] : il y a un pouvoir de tension qui confère au cosmos une unité cohésive. S. Sambursky donne à la doctrine du *pneuma* une ampleur ontologique :

> Par leur conception du pneuma comme le générateur des qualités physiques les Stoïciens ont généralisé leur théorie du continuum dans une théorie du champ (*field theory*) ; le pneuma est le champ physique qui est un porteur (*carrier*) de toutes les propriétés des corps matériels – et donc la cohésion acquiert une signification plus spécifique, en devenant l'*hexis*, l'état physique du corps[3].

On peut noter que la cohésion du cosmos par le souffle est quelquefois mise en parallèle, notamment par les critiques du Stoïcisme, avec la cohésion des corps par les dispositions – le souffle et les dispositions sont connectifs :

> Les corps sont maintenus ensemble grâce à celles-ci [les quantités d'air], et l'air qui maintient la cohésion est la cause du fait que chacune des choses qui sont maintenues ensemble par une disposition est qualifiée : dans le fer on appelle l'air « dureté », dans la pierre « solidité » et dans l'argent « blancheur »[4].

L'air (ou le souffle) se qualifie comme disposition :. Probablement le raisonnement est le suivant : la disposition fait l'unité (ou l'identité)

1. Diogène Laërce, *Vies et doctrines des philosophes illustres*, VII, 140, trad. fr. M.-O. Goulet-Cazé, éd. Balaudé *et al.*, Paris, Le Livre de Poche, p. 873.

2. *Cf.* S. Sambursky, *Physics of the Stoics*, Princeton, Princeton University Press, 1959, p. 5.

3. *Ibid.*, p. 7.

4. Chrysippe, cité par Plutarque, *in* « Des contradictions des Stoïciens », dans *Œuvre Philosophique*, édité par R. Dufour, Paris, Les Belles Lettres, 2004, 2 vol., t. I, chap. 43, p. 570.

du corps, le souffle (spécifié comme quantité d'air) unifie le corps, donc il y a identité de la disposition et du souffle. Le souffle est une entité dynamique, unificatrice et dispositionnelle[1]. Notons enfin que dans ce passage nous sommes en présence des quatre catégories stoïciennes : le substrat (la matière non qualifiée, ni fer, ni eau etc.), les choses qualifiées (le fer ...), les choses disposées d'une certaine manière et les choses disposées d'une certaine manière en relation à d'autres

La cohésion est pensée à l'aide de concepts quelquefois empruntés non à la physique, mais à la sémantique, et nommément à la doctrine de la cohésion et de la connexion en logique. Ainsi par exemple le terme *sunartêsis* désigne la cohésion des prémisses et également la cohésion ontologique : d'une part ce terme désigne des cohésions matérielles : connexion de la veine et du tendon ; "joint d'une machine" ; combinaison de mots ou jonction de mots d'autre part ce terme désigne

> la connexion, la cohésion des prémisses l'une avec l'autre et avec la conclusion d'un syllogisme, la connexion des clauses dans une phrase conditionnelle[2].

Sextus Empiricus distingue quatre théories sur la nature du conditionnel :

1) Philon dit qu'un conditionnel correct est un conditionnel qui ne commence pas avec une vérité et finit avec une fausseté, c'est-à-dire qui a un antécédent vrai et un conséquent faux.

2) Diodore dit que c'est un conditionnel qui ne pourrait ni ne peut commencer par le vrai et finir par le faux.

3) La troisième théorie introduit la *sunartêsis*, la connexion[3] : un conditionnel est correct quand le contradictoire de son conséquent est incompatible avec son antécédent. Selon eux les conditionnels cités en 1 et 2, « S'il fait jour je converse », « si les éléments atomiques des choses n'existent pas, alors les éléments des choses existent », sont faux et « S'il fait jour, il fait jour » est vrai.

1. On retrouvera cette caractérisation du souffle cosmique dans le Stoïcisme des Pères de l'Eglise, avec même des rapprochements entre le *pneuma* et le *spiritus sanctus*. Voir G. Verbecke, *L'évolution de la doctrine du pneuma du stoïcisme à Saint Augustin*, Paris / Louvain, 1945.

2. *A Greek-English Lexicon*, compiled by H.G. Liddell and R. Scott, Oxford, Clarendon Press, Oxford, 1940, p. 1699.

3. Wiliam Kneale et Martha Kneale, traduisent *sunartêsis* par "connection" (*The Development of Logic*, Oxford, Clarendon Press, 1962, p. 129).

4) Ceux qui jugent par implication (*emphasis*) disent qu'un vrai conditionnel est celui dont le conséquent est contenu dans son antécédent. Pour eux un conditionnel répétitif comme « S'il fait jour, il fait jour » est faux, car une chose ne peut être contenue en elle-même[1].

Les théories 3 et 4 posent des problèmes et sont considérées en général comme erronées. La différence entre 3 et 4 et que les partisans de la connexion soutiennent 3 et donc les conditionnels répétitifs, tandis que les partisans de l'implication soutiennent 4 et rejettent les conditionnels répétitifs. Je ne rentrerai pas ici dans les détails, mais on peut noter que la différence entre implication et connexion est clairement mise en avant.

C'est le concept d'*hexis* (distingué par Aristote de la *diathesis*) qui est défini comme ce qui lie, ou connecte les corps :

> Le concept structural de *hexis*, défini également comme "l'esprit liant" d'un corps représente l'entité la plus haute dans la hiérarchie des structures inorganiques, telles qu'elles sont conçues par les Stoïciens[2].

Ces structures inorganiques sont de trois types : discrètes, contiguës, unifiées. Les structures unifiées sont dominées par un seul état, alors que les structures discrètes et contiguës sont des additions d'états. Il n'en va pas de même avec les structures unifiées dominées par leur *hexis* :

> … les éléments d'une *hexis* ne sont pas simplement des unités localisées mais des propriétés physiques qui s'interpénètrent et créent une totalité que chacune d'entre elles partage dans l'existence du reste. Dans notre terminologie moderne : toutes les qualités qui définissent l'état physique d'un corps quelconque (…) ont leur origine dans des racines communes et sont donc interdépendantes et pas additives[3].

Le terme que les Stoïciens utilisent pour la coexistence des éléments à un niveau le plus élevé est *sympatheia*, la sympathie. La connexion joue donc sur les concepts de *pneuma*, d'*hexis* et de *sympatheia*. Les concepts d'*hexis* et de pneuma supposent en fait celui de mélange (*krasis*) et en ce sens la connexion stoïcienne suppose une théorie du mélange. En effet le *pneuma* est un mélange de feu et d'air et l'*hexis* elle-même suppose un mélange (et non une addition) d'éléments. Mais le problème du mélange qui doit aboutir à une totalité unifiée, caractéristique de l'*hexis*, est celui

1. Sextus Empiricus, *Esquisses Pyrrhoniennes*, trad. fr. P. Pellegrin, Paris, Le Seuil, 1997, II, p. 110-112. Voir M. Vidal, *Conditionnels et connexions*, Thèse EHESS, 2012, pour situer ces quatre solutions dans le cadre moderne de la logique conditionnelle.

2. S. Sambursky, *Physics of the Stoics*, *op. cit.*, p. 8.

3. *Ibid.*, p. 9.

du mélange continu. Un mélange de grains, ou de corpuscules n'est pas un mélange continu, il aboutit à une composition de « style mosaïque »[1] (Sambursky) qui est contraire à l'unité continue et à la connexion non additive qui la caractérise. Il faut donc distinguer un mélange total (ou fusion) et un mélange partiel (ou juxtaposition).

Le texte qui énonce peut-être le plus clairement la théorie stoïcienne du mélange est le texte d'Alexandre d'Aphrodise, *Du mélange*, texte qui résume la doctrine de Chrysippe. Ce dernier postule que les corps sont unifiés par le souffle (*pneuma*) et que parmi les corps mélangés certains sont juxtaposés, d'autres sont le produit d'une fusion (*sunchusis*) avec destruction simultanée (*cf.* par exemple un médicament avec deux ingrédients dont le mélange détruit les qualités, si l'on imagine par exemple que chacun des ingrédients est mortel, mais qu'ensemble ils se neutralisent). Ce lien entre destruction mutuelle et connexion est très important : on peut voir la connexion entre le sucre (qui fond) et l'eau (qui perd sa nature) comme une destruction mutuelle.

Il existe une autre catégorie :

> D'autres mélanges se font, dit-il [Chrysippe] lorsque certaines substances et leurs qualités se propagent intégralement dans toute l'étendue les unes des autres, avec conservation, dans un mélange de ce genre, des substances et des qualités initiales ; *c'est ce type de mélange qui s'appelle proprement "mixture"* [je souligne][2].

Mélange et mixture se distinguent donc. Pour qu'il y ait mixture il faut donc qu'il y ait propagation intégrale. Cependant cette définition de la mixture pose des problèmes, car la propagation intégrale suppose semble-t-il une certaine égalité des éléments. Une objection classique affirme que si une goutte de vin est mélangée à la mer cette goutte de vin doit se propager dans la totalité de la mer pour que le mélange parfait – ce

1. La comparaison avec la mosaïque est classique pour exprimer une structure morcelée. On la trouve dans l'ontologie analytique (*world mosaic*) pour désigner le morcellement qui découle d'une structure avec des points d'espace-temps comme soubassement du monde. Le mathématicien, physicien et philosophe Penrose a travaillé sur les structures mathématiques des mosaïques, le pavage et les cristaux apériodiqes.

On trouvera une filiation "Symbola" / "tesserae" à partir du texte d'Aristote (*De la Génération et de la Corruption*, trad. J. Tricot, Paris, Vrin, 2005, p. 130-131). Aristote distingue des choses qui ont des tessères (par exemple le chaud et le sec) et celles qui n'en ont pas. Le mot "tessère" (ou "tesselle") designe une pièce utilisée dans la mosaïque pour favoriser la connexion.

2. A.A. Long et D.N. Sedley, *Les Philosophes Hellénistiques. II Les Stoïciens*, Paris, Flammarion, 2001, p. 287.

mélange total est évidemment contraire à l'intuition. Aristote s'opposait à une telle inégalité entre le vin et l'eau dans cet exemple[1] car dans ce cas, d'après lui, le vin perdrait sa qualité vineuse (il serait formé de morceaux trop petits pour être vineux). Cette propagation intégrale se produit dans le cas du mélange de l'air et du feu, éléments actifs dont le mélange produit le pneuma. Ce dernier est donc une mixture, le modèle de celle qui produit une totalité unifiée. On ne peut rentrer ici dans le détail des difficultés de la théorie du mélange (dont la moindre n'est pas que la mixture est finalement intermédiaire entre la fusion et la juxtaposition, parce que ses éléments subsistent[2]). Ce qui se dégage c'est l'importance d'une cohésion proprement pneumatique, spirituelle, qui assure l'aspect total et dynamique du cosmos.

Harmonie. Leibniz et le *vinculum*

On ne dira rien du stoïcisme de Leibniz et rien de la relation historique entre ces corps de doctrine à la fois éloignés et opposés dans leurs catégories ontologiques, rien chez le bibliothécaire de Hanovre ne correspondant au moins à première vue aux incorporels (le vide, le temps, l'infini ...) même si on peut constater des proximités logiques et éthiques importantes. Même si la structure catégorielle est différente, il y a quelque chose de commun à Leibniz et aux (premiers) Stoïciens : l'insistance sur l'unité du cosmos, ou du monde et sur l'aspect dynamique de la réalité – les monades sont des centres d'activité.

Cet aspect total et dynamique de la connexion est l'objet de la dernière ontologie de Leibniz, celle contenue notamment dans la *Correspondance avec Des Bosses* qui se consacre à la connexion du pain et du vin avec le corps et le sang du Christ dans la consécration eucharistique. Mais le concept de connexion a été analysé par Leibniz au début de sa carrière, en 1677, dans le texte nommé *De connexione inter res et verba* (« La

1. *Cf.* Aristote, *De la Génération et de la Corruption*, I, 10, 328a26-28.

2. *Cf.* Stobée dans A.A. Long et D.N. Sedley, *Les Philosophes Hellénistiques. II*, *op. cit.*, p. 289-290 : « Les qualités des constituants d'une mixture persistent ». De même les propriétés des éléments d'une connexion subsistent. C'est en ce sens qu'une connexion n'est pas complètement une émergence. La vapeur émerge de l'eau qui bout et les propriétés de l'eau changent, de liquide à gazeux, mais si le signifié et le signifiant sont connectés dans un signe, le signifié garde ses propriétés (par exemple la matérialité) et le signifiant aussi (par exemple la mentalité).

connexion des choses et des mots »). Dans ce texte la connexion apparaît comme la « base de la vérité » (*basis veritatis*) : « la base de la vérité est dans la connexion et dans la disposition des caractères »[1], « car bien que les caractères soient arbitraires, cependant leur usage et connexion enferment quelque chose qui n'est pas arbitraire, à savoir une certaine proportion entre les caractères et les choses ; et les relations mutuelles des divers caractères qui expriment les mêmes choses ».

Cette connexion des caractères est productive : elle produit[2] une idée et la connexion des idées produit un raisonnement.

La connexion est utilisée souvent, explicitement ou implicitement, pour le type de lien qui existe entre sujet et prédicat :

> Puisqu'il est certain que je le ferai [ce voyage], il faut bien qu'il y ait quelque connexion entre moy, qui suis le sujet, et l'exécution du voyage, qui est le prédicat, *semper enim notio predicati inest subjecto in propositione vera* [toujours dans les propositions vraies la notion du prédicat inhère à la proposition vraie][3].

> Toujours [...] le prédicat ou le conséquent est dans (*inest*) le sujet l'antécédent, et c'est en cela même que consiste la nature de la vérité en général ou la *connexion* [je souligne] entre les termes de l'énonciation, comme l'a observé même Aristote. Et dans les identiques tout au moins la *connexion* en question et la compréhension du prédicat dans le sujet est expresse, dans toutes les autres elle est implicite, et doit être montrée par l'analyse des notions, dans laquelle réside la démonstration *a priori*.

Comme Leibniz le déclare dans le *Discours de Métaphysique* (§ 13) : « la connexion entre le sujet et le prédicat est fondée sur la nature des termes ». La connexion en ce sens est le fondement de la vérité pour Leibniz[4].

Je ne discuterai pas davantage de la connexion entre sujet et prédicat. Dans le *De Connexione* la connexion n'est pas analysée comme un type de relation, par exemple une relation forte ou essentielle. Elle est plutôt analysée structuralement comme ce que la traductrice française de ce

1. « semper tamen basis veritatis est in ipsa connexione atque collocatione characterum » (*Dialogus*, *Akademie Ausgabe*, VI, IV, p. 23).

2. « Nam Etsi characteres sint arbitrariii, eorum tamen usus et connexio habet quidam quod non est arbitrarium, scilicet proportionem quandam inter characteres et res ; et diversorum characterum esadem res exprimentim relationes inter se » (*Ibid.*, p. 24).

3. Leibniz, *Correspondance avec Arnauld*, Paris, Vrin, 1988, lettre du 14 juillet 1686.

4. *Cf.* C.D. Broad : « Predicate Notion Principle and some of its alleged consequences », *Theoria*, 1949, p. 54-70.

texte, Christiane Frémont, nomme « relation de relation » : il existe une relation (ou des relations) entre les choses et les idées et il existe une relation (ou des relations) entre les idées et les mots et donc il existe une relation (ou des relations) entre les choses et les mots, et le connexion serait une relation entre ces relations. Par exemple la relation mots/choses est liée à la relation mots/idées. Une connexion lierait donc la relation mots/choses et la relation mots/idées.

Dans la *Correspondance avec Des Bosses* la problématique de la connexion structure la discussion sur la composition métaphysique des substances complexes, corporelles, à propos de ce que Leibniz appelle les « semi substances » – par exemple une maison est une semi substance, tandis qu'un arbre est une substance[1] –. Enfin elle intervient dans la discussion sur l'ontologie de l'eucharistie ou de la transsubstantiation. De plus Leibniz donne en appendice de la correspondance une table ontologique assez complète, dans laquelle on s'accorde à voir un résumé de sa dernière philosophie. Le *vinculum* est un produit de cette dernière philosophie : il ne s'agit pas d'un concept *ad hoc* pour donner une solution métaphysique au mystère de la transsubstantiation, mais d'un concept qui a sa place dans le système de l'ontologie, place qui est précisément d'assurer la connexion des composés, en même temps que celle des espèces eucharistiques, qui sont un type de composé, du corps et du sang du Christ.

Voici, simplifiée, la table ontologique en question :

– On commence par distinguer « *unum per se* » ou être complet et « unité par agrégation » ou *demi être*, phénomène

1. On sait que Peter van Inwagen dans son livre *Materiel Beings* (Ithaca (NY), Cornell University Press, 1990) a défendu l'idée que seuls les organismes sont substantiels. Mais il ne recourt pas à cette idée de demi substance : pour lui une maison est un agrégat. Dans l'ontologie qui est défendue dans ce livre, il n'y a pas de substance. La ligne de partage ne passe donc pas entre substances et non substances ou êtres matériels. Un organisme est réduit alors à un certain type de mécanisme, selon la manière leibnizienne de voir les choses : les êtres matériels ont des parties en nombre fini et la décomposition s'arrête sur des parties physiques, alors que les organismes se divisent à l'infini, chaque sous partie étant vivante. Le réductionnisme de la vie à un mécanisme complexe, ou à une série de mécanismes complexes permet de poser le problème de la connexion des parties d'un organisme unicellulaire ou pluricellulaire et de cet organisme avec l'environnement de manière plus intéressante que le vitalisme. C'est en fait la cellule qui est la partie pertinente connectée. Les cellules communiquent, se reconnaissent etc. et c'est à travers ces actions chimiques ou mécaniques (mécanotransduction) que l'on peut décrire la connexion dans le domaine du vivant.

– Dans l'*unum per se* on distingue, d'une part la *substance*, qui se divise à son tour en le simple, la *monade* spirituelle, les âmes, et les *composés*, animaux ou organismes, d'autre part l'*accident* ou la modification, qui se divise à son tour dans les monades, perception et appétit et les substances composées.

– L'*unité par agrégation*, que l'on doit distinguer de l'*unité par connexion*, que Leibniz nomme « le demi être » ou le phénomène se divise en « *semi substance* » (comme une maison, le chœur des anges...) et en « *semi accidents* » ou apparences, pris des modifications des substances. La semi substance peut manquer de connexion (comme un troupeau) ou au contraire en posséder une (comme une maison) et elle peut être naturelle (un tas de sable) ou artificielle (une armée). Un semi accident ou apparence est soit mécanique, soit physique, passif ou actif.

Maurice Blondel, dans sa monographie sur le *vinculum* déclare :

> [Leibniz] nous dit qu'il faut distinguer entre ce qui est donné (*dari phaenomena*), ce qui est requis (*requiri, monades*) et ce qui est exigé (*exigi, vincula*) ; ainsi encore il insiste sur ce qui n'est qu'un agrégat empirique (*aggregata solis sensibus data*), les ingrédients qui composent les corps organisés (*ingredientia organicorum*) et les éléments métaphysiques qui comme les monades fondent l'invisible réalité (*monades sunt fundamenta, non ingredientia viventium*)[1].

Dans cette ontologie que Blondel reconstruit de manière étagée on perçoit une ambiguïté qui est sans doute propre à Leibniz : il fait du *vinculum* ce qui est au-dessus de la monade, celle-ci est en effet requise, tandis qu'il est exigé – et exiger est plus que requérir[2] – et un peu plus loin il fait des monades ce qui “fonde” la réalité invisible (*i.e.* immatérielle). En fait le *vinculum* est un « paradoxe ontologique », à la fois une relation (ou une relation de relation), un lien, une connexion plus qu'une relation, et une chose. Il s'identifie à l'essence d'une substance composée, à laquelle appartiennent la forme substantielle et la matière première. En ce sens il est inférieur à la monade spirituelle, à l'esprit ou à l'âme. Le *vinculum* unifie les substances composées, corporelles. Elles sont nécessaires

1. M. Blondel, *Une énigme historique : Le «* Vinculum Substantiale *», d'après Leibniz et l'ébauche d'un réalisme supérieur*, Paris, Beauchesne, 1930, p. 66.

2. André Robinet, dans *Architectonique disjonctive, automates systémiques et idéalité transcendantale* (Paris, Vrin, 1986), distingue *exigere* de *involvere*. Exiger relève de la métaphysique, tandis qu'envelopper ou impliquer relève de ce qui est logique ou cognitif, de ce qui est épistémique. Par exemple il est exigé que les êtres finis soient fondés, et il est requis ou impliqué que tel énoncé soit ou vrai ou faux.

pour ne pas verser dans un phénoménalisme juxtaposant des substances simples, des monades, et des phénomènes. La substance corporelle est quelque chose de réel en plus des monades et elle présuppose, elle exige même une unification réelle ajoutée en plus aux monades par Dieu. Cette unification est l'œuvre du *vinculum* : il fait lien entre les accidents de la substance corporelle. Le *vinculum* est donc introduit comme le fondement de la substantialité et de l'unité de la substance composée dont l'introduction risque de faire éclater l'ontologie monadologique, de transformer le réalisme monadologique en un idéalisme, en faisant de la composition une chose mentale.

Le *vinculum* diffère de l'*unio* en ce que l'*unio* est active – elle unifie activement ou elle unifie par son activité unifiante – et que le *vinculum* est passif : Blondel recourt même au concept de « synthèse des passivités »[1] pour le caractériser (sans qu'évidemment cela n'ait rien à voir avec la synthèse passive husserlienne[2]). Comme le déclare Blondel : « ...le mot *Vinculum* en apparence plus passif [marque] mieux ce dont toute la raison d'exister est d'être une *liaison*, unité essentielle et substantielle à la fois »[3].

Objets, états de choses, mondes

L'ontologie analytique contemporaine post-quinienne, que ce soit celle de Armstrong, ou celle de Lewis, retrouve la question de la connexion, que ce soit à propos de la compresence des tropes, ou de la dépendance, sous toutes ses formes, censée assurer la cohésion ontologique des particuliers concrets. La différence avec ce qui précède concernant la connexion métaphysique chez les Stoïciens ou Leibniz est que la métaphysique analytique au moins en général ne postule pas une totalité ontologique, comme l'univers, héritière en cela du rejet du monisme idéaliste par le premier Russell. Le plus grand métaphysicien analytique, David Lewis,

1. « Le *Vinculum* représenterait la synthèse des passivités de cette réalité complexe et unifiée » (celle de l'*Unio Metaphysica* entre matière première et entéléchie), M. Blondel, *Une énigme historique : Le «* Vinculum Substantiale *»*, *op. cit.*, p. 51-52.

2. *Cf.* Husserl, *De la synthèse passive*, trad. fr. B. Bégout et J. Kessler, Grenoble, Jérôme Milon, 1998.

3. M. Blondel, *Une énigme historique : Le «* Vinculum Substantiale *»*, *op. cit.*, p. 52. Blondel renvoie au *Vocabulaire technique et critique de la philosophie*, éd. André Lalande, « Un, Union, *Vinculum* ».

par exemple ne postule pas explicitement une totalité des mondes possibles qui métaphysiquement serait un tout comme un univers. Étant matérialistes et les mondes possibles étant des régions spatio-temporelles, concrètes, on peut penser que l'univers au sens classique serait ce que nous entendons par notre monde actuel, quand nous sommes actualistes. Quoi qu'il en soit le thème du cosmos, ou de l'univers comme une totalité structurée et hiérarchisée se perd et la fonction de cette totalité se perd – exprimer la puissance divine.

La connexion peut intervenir à trois niveaux : celui des objets, celui des états de choses et celui du monde. Nous utiliserons ces trois concepts dans un sens différent de Wittgenstein : nous ne définirons pas les objets comme des simples, mais au contraire comme des complexes de propriétés ; nous ferons des états de choses et non des faits des vérifacteurs des propositions et nous utiliserons le concept de "monde" comme celui de totalité maximale[1]. Les objets, les états de choses et les mondes posent le problème de l'unité de manière différente.

Les objets sont composés de propriétés et le problème de l'unité se pose pour la relation entre ces propriétés. Il existe plusieurs modèles pour ce type de relation et le modèle des faisceaux est le plus courant. Dans ce modèle les propriétés (le plus souvent particulières, ou tropes) sont considérées simplement comme présentes au même lieu (ontologique), le substrat ou le particulier nu – c'est ce qu'on entend par « comprésence ». Cette relation de comprésence est extrêmement pauvre : on remplace « être ensemble » par « être au même endroit »[2]. On peut faire l'hypothèse qu'un type de connexion permettrait de penser l'être ensemble, ou le se tenir ensemble des propriétés. La difficulté c'est que nous avons deux types de connexions « xy est connecté avec y » et « x et y sont connectés » et que s'agissant dans le cas des propriétés d'une relation portant sur n *relata*, il en ira de même pour la connexion et que celle-ci sera de la forme « x, y,

1. En ce sens, je me distingue radicalement de M. Gabriel (*Pourquoi le monde n'existe pas*, Paris, Lattès, 2015). Pour un compte rendu critique, *cf.* mon article « Markus Gabriel ou le constructionnisme sans monde », en ligne : http://www.francoisloth.com/markus-gabriel-ou-le-constructionnisme-sans-monde-lanalyse-de-frederic-nef/.

2. H.N. Castaneda avait proposé au lieu de comprésence, la relation de "consubstantiation" entre des guises, c'est-à-dire des aspects primitifs des objets, des ensembles concrétisés de propriétés. Le terme "consubstantiation" a une origine théologique (comme transsubstantiation) et désigne l'union des guises dans les substances individuelles qui ont la structure de faisceaux. *Cf.* E. Zalta, « Two (Related) World Views », *Nous*, 29/2, 1995, p. 189-211 (sur les ontologies de H.N. Castaneda et A. Plantinga).

z, ... sont connectés » (et non comme une somme : *x* est connecté avec *y*, *x* est connecté avec *y*, *y* est connecté avec *z*...).

Une autre approche, récente, plus prometteuse, proposée par Anna-Sophia Maurin[1], est de chercher dans les tropes eux-mêmes, dans leur essence les racines de la connexion. A.S. Maurin prend comme point de départ l'aporie du *Many* et du *One*, de Bradley, aporie qui se résume par cette question : comment peut-il y avoir de l'un dans le plusieurs ? Si nous considérons un particulier concret a, qui est rond, rouge, mou, et donc qui a comme constituants rond, rouge et mou, si nous nous demandons ce que cela signifie qu'il y ait de l'un dans le plusieurs, nous pouvons avoir trois réponses différentes (*Appearance and Reality*, p. 11-33) :

1) *a* est identique à chacun des constituants pris séparément

2) *a* est identique à ses constituants pris séparément

3) *a* est identique à ses constituants connectés (*related*)[2]

Selon Bradley, et c'est exact, aucune des trois réponses n'est correcte. La première ne peut produire de l'unité : *a* serait identique à *b*, puis à *c*, puis à d et cette série d'identité produirait encore de la différence puisque *b*, *c*, *d* sont différents (ce sont les constituants de *a*). La seconde non plus, car a ne saurait être identique à tous ses composants pris séparément de lui.

La troisième pose un problème différent : si c'est une relation (une connexion ?) qui assure l'unité, est-ce que a est identique à cette connexion ? Si c'est le cas on est exposé à une régression infinie. L'argument de Bradley pour la régression infinie est le suivant. La vérité de 'F*a*' ou '*a* est F' est fondée sur l'instanciation de F par *a*, F étant un prédicat et a un individu (au sens logique). *a* et F sont liés par la connexion d'instanciation. Elle apparaît à première vue comme une relation entre a*a*et F. Si c'est le cas il semble que *a* instancie, I, F, ou plus brièvement que *a* et F instancie I. Donc il semble que l'on doit reconnaître que *a*, F et I sont ensemble reliés par une relation d'instanciation, et donc qu'une

1. A.-S. Maurin, « Trope Theory and the Bradley Regress », *Synthese*, 175, p. 311-326.

2. Bradley recourt à maintes reprises au concept de connexion. *Cf.* par exemple : « Le problème est de découvrir comment la relation peut tenir relativement à ses qualités ; et ce problème est insoluble. Si vous prenez la connexion comme une chose solide, vous devez montrer, et ne pouvez le faire, comment les autres solides sont joints à elle. Et si vous la considérez comme une sorte de medium ou d'atmosphère insubstantielle, ce n'est plus une connexion » (F.H. Bradley, *Appearance and Reality*, London, George Allen & Unwim, 1893, p. 33). Bradley nie donc l'existence d'une connexion entre les qualités.

régression infinie s'ensuive : pour expliquer une instanciation, il faut faire appel à une autre etc.[1]

Si Bradley a raison, ce qui est plusieurs ne donc peut être un et Anna-Sophia Maurin voit dans les tropes le moyen de sortir de l'aporie de Bradley. Les tropes sont selon elle des particuliers abstraits relationnels et donc ne peuvent pas être mis sur le même pied qu'un particulier concret non relationnel. La question de l'identité est évacuée : a ne peut pas être identique à ses composants connectés, des tropes, car ces tropes pourraient (ou pourront) être différents.

Les états de choses sont composés d'objets et ces objets sont soumis à des relations, à des propriétés relationnelles. Les état de choses sont fondamentalement des vérifacteurs des énoncés assertoriques. Par exemple les vérifacteurs de « Marie chante et danse » sont « Marie chante » et « Marie danse » et l'état de choses complexe, conjonctif, est la réunion de deux états de choses atomiques, Marie chante et Marie danse, dans lesquels on a un objet « Marie » et deux propriétés chanter et danser. L'unité de cet état de choses complexe d'une part est assurée par la conjonction et d'autre part de manière interne par la structure des états de choses atomiques. C'est cette structure dont peut répondre la connexion, ou plutôt plus probablement un autre type de connexion. Armstrong[2] reprend chez Strawson l'idée d'un lien entre universaux et particuliers qui ferait que leur combinaison dans un état de choses échapperait à la régression (si on considérait ce lien comme une relation) et à la rhapsodie ontologique (si l'état de choses était considéré simplement comme une somme méréologique). Il reprend chez les partisans des particuliers nus, une idée voisine, celle des particuliers fins : les premiers n'ont aucunes propriétés, les seconds ont au moins les propriétés nécessaires pour être identifiés, c'est-à-dire distingués.

Le troisième et dernier type de connexion, le plus problématique, concerne le monde, l'unité du monde. Le monde est d'abord l'ensemble ou la somme méréologique des états de choses (ou d'événements si on préfère). Son unité (qui ne doit pas être confondue avec son unicité[3])

1. Présentation simple et pédagogique de Nicholas Matntegani (« Reassessing the "Standard" Realist Responses to the Bradley Regress », *Eidos*, sur le net www.philosophie.ch/eidos/docs/nick). Voir aussi R. Gaskin, « Bradley's Regress, the copula and the unity of proposition », *The Philosophical Quarterly*, vol. 45, n° 179, 1995, p. 161-180 et du même auteur *The Unity of Proposition*, Oxford, Oxford University Press, 2008.

2. D. Armstrong, *Truth and Truth Making*, *op. cit.*, p. 115.

3. Cette unicité peut être menacée de deux manières. On peut poser une infinité de mondes possibles différents du nôtre, chacun actuel pour lui-même (D. Lewis) ; certains

consiste en ce qu'il est un tout, et qu'il ne peut y avoir deux touts. Mais ensuite pour qu'il y ait une unité du monde de l'interaction forte : il faut définir de manière méréologique le monde comme l'univers qui contient tous les individus (au sens logique), comme une fusion maximale :

> D'après l'affirmation que les *sommes arbitraires existent* [je souligne] alors existe la somme de tous les objets quels qu'ils soient, un individu unique dont tous les individus sont des parties. Ceci est dénoté par U et est appelé, pour des raisons évidentes, l'"Univers" [1].

On n'a pas besoin de passer à une étape au-dessus, celle de l'UNIVERS, ou ensemble de mondes, car il n'y a pas entre les mondes de connexions : les mondes, possibles ou actuels, dans un univers sont causalement isolés, ce qui signifie qu'ils n'ont pas de connexion causale. Ils n'ont pas non plus nécessairement de connexion temporelle, car tous les mondes possibles ou actuels ont le même cadre temporel deux choses qui appartiennent au même cadre temporel ne sont pas forcément connectées. En effet si on se tourne vers l'interprétation de la mécanique quantique en termes de mondes parallèles [2], on ne trouve pas de connexion temporelle entre ces mondes. Le parallélisme signifie précisément cet isolement temporel et causal. Il semble possible qu'il existe un super individu qui contienne tous les mondes comme des parties, ou mieux tous les univers comme des parties, mais ces parties seront déconnectées.

physiciens supposent l'existence d'une infinité de mondes ou d'univers alternatifs ou parallèles (*cf.* M. Tegmark, « Parallel Universes », art. cit. ; L. Susskind, *The Cosmic Landscape : String Theory and the Illusion of Intelligent Design*, New York, Little Brown & Co, 2005.

1. P. Simons, *Parts*, Oxford, Oxford University Press, 1987, p. 15.

2. Les mondes parallèles dans l'interprétation de Hugues Everett (*The Everett Interpretation of Quantum Mechanics. Collected Works, 1955-1980 with Commentary*, Princeton, Princeton University Press, 2012) sont tous réels. Cela diffère de l'indexicalité des mondes possibles chez Lewis : chaque monde est actuel pour lui-même. Les mondes parallèles d'Everett sont tous réels, parce que tous les chemins non empruntés dans notre monde le sont réellement dans un autre : si une particule dans une collision va de manière stochastique vers une région A et pas vers une région B, le monde où la particule va vers la région B est un monde réel. *Cf.* également M. Tegmark, *Our Mathematical Universe*, New York, Walter Knopf, 2014 ; D. Wallace, « Worlds in the Everett Interpretation », *Studies in the History and Philosophy of Modern Physics*, 33 (2002), p. 637-661 ; D. Wallace, *The Emergent Multiverse : Quantum Theory According to Everett Interpretation*, Oxford, Oxford University Press, 2012 et D. Deutsch, *L'étoffe de la réalité*, Paris, Cassini, 2003.

DES PROBLÈMES AVEC LE MONDE

Mais alors si le monde est une fusion maximale, si on fait s'équivaloir monde et classe universelle, le monde ne sera qu'une très grosse somme méréologique et son identité sera douteuse. Une solution alternative serait de poser que le monde pris comme tout est antérieur à sa décomposition ce qui est l'essence de la pensée de la connexion : les états de choses seraient alors des parties du monde et les objets des parties des états de choses.

Il existe une autre raison d'admettre ou de ne pas admettre un monde au sens fort (c'est-à-dire non identique à une collection) : la force de la relation de dépendance. Intuitivement plus une classe est large, plus faible est la relation caractéristique. On comprend que pour un monde qui serait une classe maximalement large, la relation caractéristique serait absolument faible. P. Simons peut ainsi déclarer :

> Ainsi les relations de dépendance faible favorisent les concepts monistes ou holistes d'objet indépendant, alors que les relations plus fortes favorisent les concepts pluralistes. Ce n'est pas un accident que *les monistes* [je souligne] insistent sur l'inter-connectivité et l'interdépendance des choses (...) tandis que les *atomistes* [idem] insistent sur leur indépendance et leur non-connectivité. Leibniz souligne la non-connectivité causale des monades, Wittgenstein l'indépendance logique des états de choses. Dans un cas nous terminons avec l'Absolu, la Substance Unique et Véritable, dans l'autre le monde est purement une somme (*Gesamtheit*) d'objets de petite taille et indépendants, reliés de manière contingente et externe les uns aux autres. L'attaque de Hume contre les connexions nécessaires est une partie de son atomisme psychologique (...)[1].

Un peu plus loin il insiste sur le fait que ces deux ontologies (moniste et pluraliste) peuvent rester « côte à côte » (*side by side*), parce qu'il existe différents concepts formels de dépendance et d'indépendance. Cependant on pourrait objecter que les logiques rivales (l'une avec dépendance faible, l'autre avec dépendance forte) représentent des choix véritables : la dépendance est soit forte, soit faible.

Bien sûr on peut adapter au but que nous visons tel ou tel concept, mais on peut difficilement admettre que deux ontologies aussi antagonistes que celle de Bradley et celle du *Tractatus* puissent se tenir « côte à côte ». C'est un cas intéressant de relation entre logique et ontologie : selon P. Simons l'ontologie pourrait apparemment jouer le rôle de juge

1. P. Simons, *Parts*, *op. cit.*, p. 341.

de paix en faisant varier ses formalismes, parce qu'il existe des variétés de concepts formels. On peut toutefois se demander s'il ne faudrait pas chercher des raisons indépendantes et plus strictement métaphysiques de choix de tel ou tel concept.

MONDE, MONISME, CONNEXION

Deux conceptions du monde se combattent : le pluralisme (ou atomisme) et le monisme. Nous avons vu que l'atomisme humien, repris par Lewis et Armstrong, ne laisse pas de place à la connexion des états de choses, tout comme d'ailleurs le *Tractatus*. Nous venons d'exposer les différents niveaux de l'unité (objets, états de choses, mondes). Il nous faut maintenant examiner les types de connexions qui sont à l'œuvre dans des modèles monistes, chez Sprigge (1932-2007), et Schaffer. Le premier de ces deux auteurs a écrit en 1987-1988 « Intrinsic Connectedness »[1], qui ne consiste pas à exposer *ex professo* la connectivité, mais à tracer vigoureusement les limites de la pensée qui prétend s'en passer, au nom d'une sobriété ou d'une exactitude. Sprigge caractérise Hume comme défendant « une thèse de la non connectivité », qui passe pour le sens commun. Il fait remonter à Descartes cette thèse de la non-connectivité[2]. Il nomme « externalistes »[3] les philosophes qui adhèrent aux deux thèses suivantes :

> 1) l'existence d'une chose particulière avec un caractère inhérent ne peut pas nécessiter ou mettre en évidence de manière intrinsèque l'existence d'une autre chose[4] [...] 2) l'existence d'une chose particulière avec un

1. T. Sprigge, « Intrinsic Connectedness », *Proceedings of the Aristotelian Society, New Series*, vol. 88 (1987-1988), p. 129-145

2. La connexion entre le corps et l'âme dans le dualisme de Descartes pose un problème. Leibniz considérait la glande pinéale comme l'équivalent d'une colle métaphysique, entre l'âme et le corps, un *deus ex machina* métaphysique (*Système nouveaux de la nature* (1695), Paris, Flammarion, 1999). En rejetant la forme substantielle Descartes se prive d'un moyen pour penser la connectivité intrinsèque ? Spinoza dans la Préface de la Cinquième partie de l'*Éthique* critique la connexion âme corps chez Descartes.

3. Ce n'est pas sans poser de problème terminologique, car on appelle externaliste un philosophe de l'esprit qui ne se réfère pas seulement à des contenus mentaux internes pour déterminer les croyances, les motivations etc. mais à des contenus extérieurs au système nerveux.

4. C'est l'équivalent du principe d'indépendance (cf. *supra*).

> certain caractère inhérent ne peut jamais nécessiter ou mettre en évidence de manière intrinsèque n'importe quel fait [...][1].

Sprigge prend plusieurs exemples d'externalisme et l'un d'entre eux est « suivre une règle » chez Wittgenstein ou Kripkenstein[2] qu'il fait reposer sur un double scepticisme : vis-à-vis de l'existence des universaux (suivre une règle n'est pas instancier une règle entendue comme un universel) et la possibilité pour l'esprit, s'il y a des universaux, de "séjourner" (*home*) dans l'un d'eux (pour exemplifier la règle comme un universel). Sprigge pense que le premier scepticisme met en cause l'ordre même du monde, puisque sans universaux il serait difficile d'admettre des lois de la nature (il rejoint là Armstrong). Le second scepticisme lui semble plus admissible, car il est en effet difficile pour l'esprit de saisir un universel.

Jonathan Schaffer dans « Monism : the Priority of the Whole »[3] renouvelle très récemment la discussion sur le monisme[4] en en donnant une lecture méréologique. Le moniste tient que le tout est premier par rapport à ses parties (et donc que le cosmos est fondamental), tandis que le pluraliste tient que les parties sont premières par rapport à leur tout et donc a tendance à considérer que les particules sont fondamentales. Le premier va donc de l'Un au Multiple (Héraclite), tandis que le second va du Multiple à l'Un (Parménide d'Elée, si l'on transcrit cette opposition dans un langage platonicien).

Schaffer soutient qu'il existe des raisons à la fois physiques et modales pour préférer philosophiquement le monisme et il note même à juste titre que le monisme a été méprisé (Russell) et ridiculisé (Carnap)[5]

1. T. Sprigge, « Intrinsic Connectedness », art. cit., p. 129.

2. Kripkenstein est un philosophe imaginaire (enfin pas tout à fait) qui est la combinaison de Kripke et de Wittgenstein. Plus exactement, c'est Wittgenstein lu à la lumière de la théorie de la référence de Kripke et Kripke interprété à la lumière de la doctrine wittgensteinienne de la règle (*cf.* S. Kripke, *Wittgenstein on Rules and Private Language*, *op. cit.*). Il existe des centaines d'articles et livres sur Kripkenstein, notamment de J. McDowell, C. McGinn, H. Putnam, S. Soames, J. Bouveresse... (*Cf.* le site de David Chalmers, http://consc.net/mindpapers/, pour une bibliographie).

3. J. Schaffer, « Monism : the Priority of the Whole », *Philosophical Review*, 119 (1), 2010, p. 31-76.

4. *Cf.* G. Guigon, « Spinoza on Composition and Priority » *in* Ph. Goff (ed.), *Spinoza on Monism*, Basingstoke, Palgrave Macmillan, 2011, qui explore le monisme spinoziste à l'intérieur du cadre de la métaphysique analytique.

5. Le meilleur article sur le rejet de la métaphysique, et donc du monisme, par Carnap est à mon sens le suivant : M. Friedman « The *Aufbau* and the Rejection of Metaphysics » *in* M. Friedman, R. Creath (eds), *The Cambridge Companion to Carnap*, Cambridge, Cambridge University Press, 2008, p. 128-152.

mais jamais réellement discuté et donc réfuté[1]. Comme il le déclare en tête d'une notice d'encyclopédie sur le monisme : « *The entire monistic tradition is often dismissed as being somewhere between obscure and ridiculous* »[2]. Actuellement le monisme est encore quelquefois défini comme la doctrine qui n'affirme l'existence que d'une seule chose, ce qui est évidemment absurde : quel moniste raisonnable nierait qu'il y a des atomes ou des molécules ? Ou bien déclarerait qu'il n'y a pas d'arbres, ni de poissons ? Si on pose des exigences très fortes, voire trop fortes, sur les espèces naturelles qui aboutissent à les exclure de l'ontologie, est-ce que ces exigences ne vont pas exclure aussi le monde ? De manière brutale : Si pas de poissons, un monde ?

La question du monisme est renouvelée par le développement de la méréologie. En effet il suffit de mettre en avant une relation tout/partie entre le monde et ses parties, tout en la mettant en relation avec celle de priorité et de postériorité – la première de ces deux relations est logique, la deuxième est métaphysique. L'autre concept qui joue un rôle central (et qui ne jouait pas de rôle chez Russell et Carnap dans leur rejet du monisme) est celui de structure. Schaffer prend comme exemple un chat. La structure de ce chat c'est l'ensemble de ses relations touts/parties. Par exemple le nez est une partie de la tête mais pas des pieds. Les griffes sont des parties des pattes, mais pas du corps, la queue est une partie du chat, mais pas de la tête. C'est en ce sens que l'on peut intuitivement relier parties et structure. Schaffer fait l'hypothèse qu'il y a un monde et qu'il a des parties propres[3]. Le monde (ou le cosmos) est concret, actuel et Schaffer défend son hypothèse dans le cadre de cette définition : il ne considère ni les choses abstraites, ni les choses modales (les possibilités, les nécessités). Il s'agit *a priori* d'une limitation sur laquelle on reviendra. Cette caractérisation rapproche fortement l'hypothèse de Schaffer de la philosophie de Spinoza[4]. Cette hypothèse de Schaffer repose sur deux présupposés : il existe des relations tout/partie ; il existe des mondes.

1. C'est un peu excessif. Voir Russell, *Histoire de mes idées philosophiques*, trad. fr. G. Auclair, Paris, Gallimard, 1961, p. 67-80. On ne peut s'empêcher d'avoir l'impression à la fois que Russell n'a sans doute pas lu ligne à ligne *Appearance and Reality* et que sa philosophie a de nombreux points communs avec celle de Bradley. Dans ce texte de Russell le réalisme est un réalisme naïf qui nous ouvre la porte de la geôle idéaliste.

2. J. Schaffer, « Monism », *Stanford Encyclopedia of Philosophy*.

3. On définit « partie propre » de la manière suivante : si x est une partie propre de y, alors y n'est pas une partie propre de x. À cette condition (non symétrie) la relation partie propre est un ordre strict.

4. *Cf.* G. Guigon, « Spinoza on Composition and Priority », art. cit.

Bref, les nihilistes métaphysiques, qui nient qu'il puisse y avoir de telles relations (ce sont pour eux des fictions) et qu'il puisse y avoir un monde (qui est également une fiction : il n'y aurait que des particules et des organismes éventuellement), n'ont même pas à discuter l'hypothèse moniste-méréologique. La négation des relations touts/parties aboutit à une ontologie du monde où celui-ci est simple, dépourvu de structure. Dans ce cas-là il n'y a plus aucune connexion.

Cette caractérisation méréologique du monisme (et donc de la réalité) pose au moins deux problèmes. Première difficulté : l'hypothèse que le tout se divise en parties qui correspondent aux particuliers (ou que le monde se divise en individus) est discutable, dans la mesure où cela semble à première vue impliquer l'existence de simples (de choses qui ne se divisent pas plus avant, des sortes d'atomes métaphysiques au sens de Leibniz). En effet il faudrait des arguments indépendants pour préférer un arrêt de la descente des hiérarchies méréologiques dans les simples (ce qui correspond à une méréologie avec des atomes) à une divisibilité infinie, toujours selon la ligne des relations touts/parties. On appelle un tout qui n'arrête pas de se diviser un *gunk*[1]. Simples métaphysiques et gunks s'excluent. Une ontologie des gunks (c'est-à-dire une ontologie qui exclut les simples et le tout) est une ontologie sans connexion. C'est la raison pour laquelle l'ontologie de D. Lewis admet des *gunks* et pas des simples[2]. En effet la « carte de la réalité » selon Lewis comporte trois niveaux ; tout en haut de ce schéma il y a des singletons, c'est-à-dire des ensembles à un seul individu comme {Socrate}, immédiatement en dessous des individus atomiques, et encore en dessous un *gunk*, représenté par un gros point[3] :

1. En ce sens on préfère ici les *gunks* aux simples, dans la mesure où la descente du conditionnement est sans fin : si x est une condition de y, x est plus bas que y. S'il y avait un x qui serait un simple, alors x serait la condition de tout ce qui est supérieur. Or il n'y a pas de simple, donc il y a des *gunks* à l'infini : il n'y a pas de fondation ultime dont tout le reste dépendrait.

2. D. Lewis, *Parts of Classes*, *op. cit.*, p. 20.

3. *Ibid.*, p. 20.

Deuxième difficulté, la définition méréologique du monde pose un problème. Si le monde est la fusion de tous les objets concrets, le monde qui n'est plus qu'une énorme somme méréologique, n'a pas de structure, et on voit mal comment lui accorder une priorité métaphysique. Les relations tout/partie seront appelées à la rescousse pour structurer cette somme amorphe, mais ces relations seront-elles capables de la structurer, cette masse informe ? La définition du monisme comme « la thèse que chaque partie propre du cosmos dépend du cosmos »[1] ne fournit pas le moyen d'une structuration. Si x dépend de y implique que x est fondé sur y, cette relation de fondation non plus n'est pas génératrice d'ordre, en dehors de la distinction entre les entités de bases et les autres. Le cosmos d'après Schaffer est la seule entité de base concrète ; il faut donc imaginer des chaînes de dépendance (entre entités non basiques[2]) finissant dans une fondation à l'intérieur du cosmos Schaffer déclare :

> Ainsi le *monisme* autorise que le tout soit premier par rapport à ses parties en descendant jusqu'au bout la hiérarchie de la méréologie (*all the way down the mereological hierarchy*) [...] De même le *pluralisme* – au moins sous sa forme atomistique – autorise que les parties soient premières par rapport à leur tout en remontant jusqu'au bout la hiérarchie méréologique (*all the way up the mereological hierarchy*)[3].

Tout ce qui est affirmé ici c'est que la « hiérarchie méréologique » peut être descendue et montée, descendue vers le cosmos, remontée vers les parties minimales (sans parler forcément d'atomes). Ce n'est pas beaucoup plus que les compositions habituelles que l'on attribue à la réalité prise comme un tout.

On peut certes opérer des coupures dans la réalité du monde, au moyen de relations tout/parties. Mais ces relations sont incapables de connecter des parties entre elles, ni de connecter ces parties avec le tout concret du cosmos. Les relations de dépendance et de fondation, liées aux relations tout/partie, donnent un ordre ontologique en disant « quoi est fondé sur quoi », pour reprendre la fameuse expression, mais cet ordre est

1. D. Lewis, *Parts of Classes*, *op. cit.*, p. 42.

2. Cela est différent du Bouddhisme Madhyamika où les chaînes de dépendance sont infinies, ce qui fait que la réalité est coproduction conditionnée vacuité, – la coproduction conditionnée étant elle-même connexion, le vide est connecteur, *cf.* F. Nef, *La Force du Vide, Essai de métaphysique*, *op. cit.* La coproduction conditionnée est bien exposée dans E. Napper, *Dependant-Arising and Emptiness*, Boston, Wisdom Publications, 2003, notamment p. 315-318.

3. J. Schaffer, « Monism : The Priority of the Whole » *in* Ph. Goff (ed), *Spinoza on Monism*, Basingstoke, Palgrave Macmillan, 2012, p. 44.

vertical, *cf.* un peu plus haut) et il manque des relations horizontales de connexion : pour reprendre l'exemple du chat, donné plus haut, la queue est connectée au corps, même si la queue n'est pas une partie du corps (le tronc plus les membres). Un arbre peut être connecté à un autre arbre (en l'abritant du vent par exemple ou en rendant le sol plus acide), mais cet arbre n'est pas une partie de l'autre.

Le monde comme graphe

Une tentative de construire un concept formel de connexion a été avancée par R. Dipert (*cf.* dessus), à l'intérieur de la théorie des graphes : le monde n'est plus une méréologie avec maximum (univers) et minimum (individus atomiques, simples), ou un *gunk* ouvert vers le bas au mauvais infini[1], mais un graphe, c'est-à-dire une structure fortement connectée. Dipert distingue dans une ontologie la partie inventaire et le système structural. On a réduit trop souvent l'ontologie à un simple inventaire, en la définissant comme le couple de question-réponse : Qu'est-ce qui existe ? Des événements, des propriétés ... (si l'inventaire est un inventaire catégoriel), des chaises, des animaux, des hommes ... (si l'inventaire est une liste, un catalogue des choses existantes : par exemple on aurait pas les lutins et les fées dans cette liste)[2]. Quant au composant structural, il comprendrait à mon sens des structures ontologiques[3], mais Dipert entend par structures en fait des structures représentationnelles, comme la théorie des ensembles[4], la méréologie ou en l'occurrence la théorie des graphes. Il fait remarquer, à raison, que l'ontologie carnapienne restreint l'ontologie

1. *Cf.* pour un parcours de la notion d'infini, P. Rucker, *Infinity and the Mind. The Science and the Philosophy of the Inifinite*, New York, Bantam Books, 1982.

2. Encouragée par Gilles Deleuze et Bruno Latour, l'anthropologie, ou plus exactement le tournant anthropologique en ontologie, a cependant développé récemment le développement d'ontologies maximalement compréhensives qui comprennent des démons, des zombies (au sens ethnographique), des dieux etc. *Cf.* A. Piette, *Contre le relativisme. Lettre aux anthropologues*, Lormont, Le Bord de l'eau, 2014 pour une présentation critique de ces travaux. Voir aussi V. de Castro, *Métaphysiques cannibales*, Paris, P.U.F., 2009.

3. *Cf.* F. Nef, « Métaphysique et science. Structuralisme scientfique et pluralité des structures ontologiques », *REPHA*, 6, 2012.

4. Certains philosophes, comme Quine, ont mis les ensembles dans la liste de ce qui existe, dans une sorte de platonisme, surtout quand certains d'entre eux ont limité cette liste aux ensembles. La philosophie de Quine démontre que l'on peut faire coexister nominalisme et platonisme (en fait platonisme mathématique).

aux entités physiques et donc, on peut l'ajouter, que l'ontologie suppose que la réduction soit achevée, ce qui n'est pas ennuyeux pour Carnap sceptique à l'égard de la possibilité d'une connaissance la métaphysique de type scientifique, que Kant recherchait dans les *Prolégomènes à toute métaphysique future*. Dipert insiste sur le fait que la philosophie au siècle dernier a proposé de manière très majoritaire la logique, la théorie des ensembles et la méréologie comme constituant la structure conceptuelle de l'ontologie (c'est un peu inexact si on pense à John Ellis McTaggart, *The Nature of Existence* ou à Nicolaï Hartmann, *Zur Grundlegung der Ontologie*). J'ai déjà insisté sur les limitations du physicalisme de Carnap et D. Lewis relativement au but que nous poursuivons : à la fois décrire et analyser le concept de connexion et décrire les connexions entre les composants des particuliers, les particuliers et les éléments de l'univers.

Dipert montre les limites de la structure conceptuelle en ontologie sous la forme de structures logiques en donnant quelques contre-exemples et l'intérêt pour notre enquête réside dans le fait que ces contre-exemples sont des factualités fortement connectées. Tout d'abord les structures visuelles ou les textures (matérielles – tissus – ou musicales), ensuite les structures sémantiques ou grammaticales (prédication). L'intérêt des secondes est qu'elles sont conceptuelles et que ce cependant elles sont rétives à l'enrégimentement dans les structures logiques. On peut toutefois remarquer qu'il existe des représentations formelles de la prédication à l'aide de la méréologie et de la théorie des tropes ou des prédicats particuliers[1] mais qui n'ont pas forcément emporté l'adhésion. Dipert propose d'utiliser la théorie des graphes pour sortir des impasses de la théorie logique. Un graphe élémentaire est un "portrait" d'une structure, avec une relation asymétrique à deux places. Un graphe est composé de nœuds et d'arêtes (*edges*), aussi appelés "liens" (entre les nœuds). Dipert définit ainsi la théorie des graphes :

> La théorie générale des graphes est la théorie des structures induites par une relation unique (à deux ou plus de deux places, symétrique ou pas etc.) et elle contient ce que nous pouvons penser comme une « combinatoire relationnelle » : les manières dont les entités (ici les nœuds) peuvent être *connectées* [je souligne] par une relation[2].

1. K. Campbell, *Abstract Particulars (Philosophical Theory)*, Oxford, Blackwell, 1991, D.W. Mertz, « Combinatorial Predication and the Ontology of Unite Attributes », *The Modern Schoolman*, vol. 79, 2002, n° 2/3 Nominalism and Realism, p. 163-197.

2. R. Dipert, « The Mathematical Structure of the World : The World as a Graph », art. cit, p. 343.

Cette définition fait de la théorie des graphes une candidate à la théorie de la connexion, dans la mesure où elle permet de représenter ou de modéliser au moins certains types de connexions. Cependant il existe une différence fondamentale entre les deux (à part les différences formelles : la théorie des graphes telle que l'entend Dipert est la structure mathématique même du monde et le monde lui-même est un graphe très complexe) – ce qui est commun dans un certain sens avec la théorie de la connexion : dans les deux cas tout est connecté, directement ou indirectement – tandis que les connexions articulent le monde selon la *divisio naturae* : elles ne sont pas cette division elles-mêmes. On rencontre le même problème avec les propriétés naturelles de D. Lewis : elles découpent la réalité aux bons endroits, mais elles ne se confondent pas avec l'objet du découpage en lui-même.

Pour Dipert la théorie générale des graphes (TGG) est la structure mathématique et non la structure ontologique du monde. Dans le cadre d'un platonisme radical cette structure mathématique serait identique à la structure ontologique. On peut se demander si la TGG est neutre ou pas relativement à l'ontologie. Cette question peut sembler étrange, mais elle surgit si nous la considérons comme une représentation des structures formelles du monde – après tout il n'y a pas de nœuds et d'arêtes dans le monde – et non comme un réservoir de formes quasi-platoniciennes[1]. De plus dans la TGG on ne sait pas absolument à quoi correspondent les nœuds (entités ?) et les arêtes (relations ?). Cette double assignation est problématique : les nœuds ne peuvent représenter dans le meilleur des cas que des individus nus et les arêtes admettre qu'elles représentent des relations dans essentiellement leur orientation, leur arité, leur dépendance d'autres relations, c'est-à-dire des propriétés formelles, qui en mettant de côté la classification en idéales, holistiques, externes ne donne pas les propriétés ontologiques des relations. Cela dit, la TGG comporte un

1. Ainsi dans le *Timée* la structure du cosmos est elle une géométrie de solides idéaux et l'enseignement non écrit de Platon, tel que l'on a pu le reconstituer en partie à partir de citations dans le corpus des philosophes et commentateurs postérieurs, distingue certes nombres naturels, 1, 2… et nombres idéaux Monade, Dyade, Triade … mais dans une sorte de néo-pythagorisme déduit l'engendrement du cosmos du jeu des nombres idéaux. De même Platon identifie le point et le nombre 1, 2 et la ligne, 3 et la surface, 4 et le volume, nombre dont la somme est 10, la décade pythagoricienne. Dans un tel cadre pythagoricien et platonicien les graphes pourraient se confondre avec les structures ontologiques. Cela dit, il ne faut pas confondre ce platonisme historique et le platonisme mathématique qui se contente d'affirmer un réalisme des structures mathématiques sans aller jusqu'à faire de celles-ci la charpente de la réalité. Voir D. Nikkulin, *The Other Plato*, Albany, SUNY Press, 2012.

élément commun avec l'enquête sur les connexions : mettre en relief la relationalité du réel. En ce sens sa rupture avec les langages formels comme la méréologie est quelque chose qui peut être acquis comme une condition de départ.

Dipert considère qu'un graphe asymétrique est suffisant pour décrire la structure du monde ou plus exactement que le graphe asymétrique est la structure du monde. Comment en vient-il à cette affirmation insolite? Dans la métaphysique structuraliste de Dipert les entités fondamentales sont en effet les relations – d'après lui « la plupart des phénomènes dans le monde et l'esprit sont ultimement relationnels »[1]. Les relations non seulement sont fondamentales, mais « elles font mieux et de manière plus efficace et élégante que les propriétés monadiques »[2]. Pour que le monde soit considéré comme un graphe, il faut répondre à deux questions : d'une part « est-ce que le monde peut être une structure formelle, de façon à ce que nous ne pouvions penser à son propos comme une structure en tant que telle ? »[3], d'autre part « est-il concevable que la structure du monde soit précisément une structure de la théorie des graphes ? »[4].

Revenons à la connexion dans la TGG telle que Dipert y a recours. D'après lui l'ontologie du monde est un graphe assez complexe (la combinatoire donne 2^{40} sous-graphes à partir d'un graphe d'ordre 40 soit si je ne me trompe un nombre pas ridiculement distant du nombre des particules dans l'univers, évalué environ à un nombre de 10^{82}) et les sous-graphes sont des entités (ce qui répond à la question que je me posai plus haut sur l'investissement ontologique des graphes et corrige cette hypothèse que les arêtes seraient des relations et les nœuds des entités). Les connexions sont entre les sous-graphes. Un graphe est une structure connectée et ce sont les composants du graphe qui sont connecté, les composants qui sont les graphes dépendant du graphe dominant.

Cependant, même si l'univers est un graphe asymétrique, on peut se demander si la connectivité de ce graphe est un bon outil pour penser la connexion ontologique – j'exclus qu'on puisse identifier les deux. En effet les définitions de la théorie des graphes sont les suivantes : un graphe est dit connexe si pour toute paire de sommets, il existe un chemin pour aller de l'un à l'autre. Un graphe est dit non connexe s'il y a un sommet

1. R. Dipert, « The Mathematical Structure of the World : The World as a Graph », art. cit,, p. 350.

2. *Ibid.*

3. *Ibid*, p. 351.

4. *Ibid*, p. 351-352.

isolé. Si un graphe n'est pas connexe, on appellera « morceau connexe » tout composant connexe. Un chemin pour aller d'un sommet à un autre est une relation d'équivalence. Dans notre problématique conceptuelle, on dira que la théorie des graphes d'une part réduit la connexion à la connectivité, et d'autre part que cette connectivité est pensée à partir du concept de relation (entre deux sommets). Bref, le cadre d'analyse de Dipert est certainement relationnel, mais la TGG n'assure pas l'existence d'une véritable ontologie de la connexion et ne fait qu'esquisser la forme d'une ontologie connective de l'univers, sans véritable base catégorielle.

La relationnalité intrinsèque

Un moyen de progresser dans la détermination du contenu d'une ontologie de la connexion est d'essayer de formaliser le fait que toutes les choses sont reliées. Elles ne peuvent l'être que de manière interne, pour des raisons évidentes. J. Schaffer qui a repris récemment (2010) cette question disputée de l'idéalisme absolu ou objectif, entreprend de penser la relationnalité à partir de la dépendance. J'ai soutenu que connexion et dépendance ne se confondent pas. Il s'agit maintenant de voir si Schaffer triomphe en faisant de la dépendance la mère des structures métaphysiques. Si c'était le cas ce serait une pierre dans notre jardin. La dépendance, notée Dxy pour « x dépend ontologiquement de y » est une relation irréflexive, transitive et bien fondée. Ces deux dernières propriétés sont aussi celles de la connexion, mais on accorde le plus souvent que la connexion est réflexive (cf. *supra*, p. 170). Si la dépendance est antisymétrique[1] il y a les mêmes propriétés formelles de la relation de dépendance et de la relation de connexion, mais il y a de fortes raisons de penser que la connexion est réflexive (*cf.* cependant notre dernier chapitre). Schaffer définit quelques concepts fondamentaux :

I. Fondamentalité :

$$x \text{ est fondamental} =_{\text{def}} \neg(\exists y)\, Dxy$$

II. Fragmentabilité :

$$x \text{ est un fragment} =_{\text{def}} (\exists y)\, (Dxy \,\&\, x \leq y)$$

III. Unité organique :

$$x \text{ est une u. o.} =_{\text{def}} (\exists y)\, y \leq x \,\&\, (\forall y)\, (y \leq x \rightarrow Dxy)$$

1. Elle me semble antisymétrique (*cf.* E.J. Lowe, « Ontological Dependance », *Standford Encyclopedia of Philosophy*, 2005), mais on laisse ce point de côté ici.

IV. Tas véritable (*mere heap*) :

x est un tas véritable $=_{\text{def}} (\exists y)\ y \leq x\ \&\ (\forall y)\ y \leq x \rightarrow \mathrm{D}xy)$

V. Interdépendance :

x et y sont interdépendants $=_{\text{def}} x \neq y\ \&\ (\exists z)\ (\mathrm{D}xz\ \&\ \mathrm{D}yz\ \&\ x \leq z\ \&\ y \leq z)$

Dans ces concepts fondamentaux qui selon les mots de Schaffer dérivent du concept prioritaire de dépendance rien ne permet selon nous de penser la connexion. Les quatre premiers I, II, III, IV caractérisent les entités qu'elles soient fondamentales, fragmentées, unifiées ou agrégatives. On peut les définir grâce au concept de dépendance (D) et de "partie de" (≤). V affirme que deux choses interdépendantes ne sont pas identiques et qu'elles sont codépendantes d'un tout qui leur est commun. Nous ne pourrions pas définir la connexion à partir de l'interdépendance : la clause de non identité est évidente et la seconde clause est insuffisante. De plus dans la connexion matérielle les choses connectées ne dépendent pas ensemble d'une autre chose.

*

Ce chapitre était consacré en grande partie au monde. Il semble extrêmement difficile de définir une connexion à l'échelle du monde (ou des mondes, si on accepte le réalisme modal). La difficulté centrale est peut-être que nous avons défini dans les chapitres précédents la connexion comme un lien qui attache deux choses, alors que si le monde est un tout, par définition il ne peut être attaché à rien (dans des modèles multimondes ou multi-univers on ne réalise pas des attachements intermondes, et donc la totalité de tous les mondes ou univers pose le même problème). Quand nous cherchons quel est le type de connexion de totalités, en fait nous traitons la connexion comme un prédicat, pas comme un lien – à moins que nous comprenions ce prédicat comme la réduction d'un lien : un monde est connecté ssi toutes ses parties sont connectées.

CHAPITRE V

REPRÉSENTER FORMELLEMENT LA CONNEXION

> C'est ici le lieu de dissiper complètement le doute de Hume[1].

Nous avons introduit à plusieurs reprises des esquisses de formalisations de la connexion, en particulier en proposant notamment de distinguer entre la conjonction, $\wedge$, la conjonction, & et la somme méréologique $\oplus$. Il nous reste à examiner l'utilité et la pertinence de formalisations de la connexion dans plusieurs domaines, la logique non classique, la syntaxe formelle, la méréologie et la topologie, et leur combinaison, la méréotopologie, ontologie formelle de Varzi, B. Smith. On pourra se demander si ces différentes formalisations retiennent quelque chose d'essentiel de la connexion ontologique qui a été au centre de notre attention. Nous verrons dans ce dernier chapitre que les formalisations disponibles posent des problèmes, par exemple la réflexivité de la connexion, qui est en général admise dans les calculs de la connexion, même si métaphysiquement elle pose problème. On verra aussi que l'ontologie de la connexion n'est en rien un calcul fondé sur la théorie des ensembles. Comme l'a montré le chapitre sur la connexion maximale, celle de l'univers, c'est la méréologie qui permet, comme l'a montré P. Simons de comprendre l'opposition entre atomisme et holisme.

P. Simons recommande pour l'analyse de la relation tout/partie et celle de la notion de partie, de se tourner vers la réalité, plutôt que d'élaborer *a priori* une ontologie formelle :

1. Kant, *Prolégomènes à toute métaphysique future qui voudra se présenter comme science*, trad. fr. L. Guillermit, Paris, Vrin, 2012, p. 99.

> [...] il apparaît que la plupart des ontologistes [*ontologists*] ont suivi le paradigme de l'algèbre abstraite, alors qu'ils auraient mieux fait de trouver leur inspiration dans des sciences comme la géologie, la botanique, l'anatomie, la physiologie, l'ingénierie, qui s'occupent du réel [1].

Il en va de même pour l'analyse de phénomènes relevant de l'ontologie formelle, donc *a fortiori* pour ce qui est de la connexion : il est probablement plus éclairant de multiplier les études de détails que de se jeter trop tôt dans une construction à vocation générale, éventuellement logique. Naturellement il serait tout aussi désastreux de se contenter d'accumuler des descriptions sans ligne directrice. C'est à une technique d'équilibre réfléchi qu'il faut recourir dans ce contexte de construction d'une théorie à la fois formelle et empirique. L'insistance sur le côté empirique de la description sectorielle ou régionale pourrait peut-être s'avérer particulièrement important malgré tout dans un projet d'ontologie ou de métaphysique expérimentale, qui se donnerait pour objectif de dégager le concept naïf de connexion. J'ai préféré agir de manière apparemment sinueuse, en esquissant de manière d'abord négative, puis positive, une définition de la connexion, une fois posé l'enjeu et la place du problème du lien non relationnel. Une fois en possession d'une géographie conceptuelle de la connexion, nous pouvons essayer d'enrichir cette approche en détaillant, même grossièrement les différents types de connexions, à partir de quelques exemples fondamentaux. C'est à partir de telles descriptions que je m'efforcerai de dégager des types fondamentaux, des catégories de connexions – idéalement les types sont sémantiques et les catégories syntaxiques. Le mieux serait de faire correspondre types et catégories, comme dans la grammaire de Montague. Ajdukiewicz déclare d'ailleurs :

> L'échelonnement des catégories sémantiques est en étroite relation avec la hiérarchie simple des types logiques, bien qu'il soit beaucoup plus ramifié que celle-ci. Il constitue fondamentalement son pendant grammatico-sémantique [2].

Le choix des exemples découle de la distinction entre connexions formelles et matérielles. Comme exemple de connexion formelle je me limiterai à la connexion syntaxique. Je me fonderai sur trois grands essais

1. P. Simons, « Real Whole, Real Parts : Mereology withouth Algebra », *The Journal of Philosophy*, 103-12, p. 597-613, p. 613.

2. K. Ajdukiewicz, « Syntactic Connection », trad. H. Weber *in* S. McCall (ed.), *Polish Logic*, Oxford, Clarendon Press, 1967, p. 207-213. *Cf.* J.-L. Gardies, *Esquisse d'une grammaire pure*, Paris, Vrin, 1975.

d'étude syntaxique de la connexion : *Die Syntaktische Konnexität* de Kasimir Adjukiewicz (1935), *Analytic Syntax* de Otto Jespersen (1937)[1] et les *Éléments de syntaxe structurale* de Lucien Tesnières (1959).

TYPES LINGUISTIQUES DE CONNEXION SYNTAXIQUE : OTTO JESPERSEN

Il existe cependant un autre niveau de connexion, exploré par les linguistes (Ajdukiewicz est un logicien), la connexion entre des mots par exemple le sujet et le prédicat ou le substantif et l'épithète. Otto Jespersen dans sa *Syntaxe Analytique* (mais aussi dans sa *Philosophie de la Grammaire*) a caractérisé et décrit les principaux types de connexion syntaxique.

Jespersen utilise deux concepts pour la connexion syntaxique : la jonction et le *nexus*[2]. Celui-ci comprend la prédication (mais tout *nexus* donc n'est pas une prédication – c'est un type de prédication qui est un *nexus*). Jespersen trace ce portrait logique de ces deux concepts :

> … une jonction est comme une *image*, un *nexus* est comme un *drame* [je souligne]. La jonction est une agglutination, un *nexus* une fusion. Une jonction décrit, un *nexus* met quelque chose en action ou le maintient en action. La jonction est statique, le *nexus* dynamique. Ou bien nous pouvons dire que dans une jonction nous ajoutons une pièce morte à une autre, comme les briques sont placées l'une sur l'autre et l'une à côté de

1. Dans la littérature linguistique en français, il faut donc citer les *Éléments de Syntaxe structurale* de Lucien Tesnières (publication posthume, Paris, Klincksieck, 1959). Tesnières a publié dès 1938 un essai de syntaxe structurale. On peut remarquer que la syntaxe analytique ou structurale émerge dans les années 1935-1940, après les travaux de Lesnievski et de Husserl sur les catégories, et avant ceux de Bar Hillel et Montague qui visent plus spécifiquement la construction d'une syntaxe logique des langues naturelles, avec le cas de ces deux auteurs le projet d'une pragmatique formelle ou philosophique.

2. Le terme *nexus* a été introduit en philosophie analytique par Whitehead. Je ne sais pas à qui il emprunta ce terme (on a vu *supra* que Wolff et Baumgarten l'ont utilisé) mais je ne sais rien des lectures de Whitehead dans ce domaine de constitution de l'ontologie moderne ; Whitehead est un grand lecteur à la fois de Hume et de la poésie romantique, deux pôles sur l'axe de la connexion). L'origine est latine : un *nexus* est un individu esclave de son créancier. En ce sens *nexus* veut dire "lié" (quoi de plus strict comme lien qu'un lien de créance, quand la garantie est la personne et sa liberté). Dans l'usage anglais actuel nexus désigne une série de connexions ou une connexion : il est intéressant de souligner cette indécision à l'égard du pluriel.

> l'autre pour construire une maison. Avec une jonction nous sommes dans le domaine de la mécanique, tandis qu'un nexus appartient à la biologie. La jonction est morte, le *nexus* vivant; quelque chose qui se passe est un *nexus*[1].

Voici pour Jespersen quelques exemples de jonction :

terribly cold weather,

my friend and adviser,

les fenêtres grandes ouvertes,

John's hat,

a deposed king
(prédication implicite : *a king who has been deposed*)[2].

Voici enfin toujours pour lui quelques exemples de *nexus* :

I slept with the windows open,

morte la bête mort le venin,

we saw him steal the watch,

sie schlagen ihn tot.

Les nexus surviennent sur des phrases, les jonctions sur des expressions nominales : « *Terribly cold weather* » s'analyse ainsi : *cold* modifie *weather* et *terribly* modifie *cold weather*; l'expression finale est nominale. Il y a une simple accumulation. *I slept with the window open* s'analyse en une phrase qui est un syntagme verbal, formé d'une expression sujet-verbe d'une part et d'une modification adverbiale complexe de cette expression (*with the window open*). Cette phrase pourrait se décomposer : *I slept and the windows are open*, mais si la nuance est habituelle on a : *I slept when the windows are open* ou *I slept if the windows are open*.

Jespersen expose sa théorie du *nexus* dans les chapitres 14 et 15 de *Analytic Syntax* (1937). Il utilise un symbolisme formel sur lequel on ne

1. O. Jespersen, *Analytic Syntax*, *op. cit.*, p. 121-122.

2. Des jonctions sont dites par Jespersen « inclassables », par exemple :
(*) Une place assise.
En effet ce n'est pas la place qui est assise. (*) peut être paraphrasé : « une place pour s'asseoir ». En fait (*) peut se lire comme l'attribution d'une affordance à la place en question. Mais cela pose un problème car ce n'est pas la place qui prédispose une position assise, c'est, très vraisemblablement, le couple « meuble pour s'asseoir/place où s'asseoir ». Cela signifierait que l'affordance est à la fois dispositionnelle et relationnelle.

s'étendra pas ici et qui lui permet d'asseoir une classification. Jespersen distingue donc linguistiquement et descriptivement les *nexus* et les jonctions (*junctions*) qui sont en fait des *nexus* de rang connectif inférieur, moins complexe. Par exemple *old men* est une jonction comme *terribly cold weather*[1].

Jespersen a développé l'analyse du *nexus* d'une manière empiriquement plus étendue dans *The Philosophy of Grammar* (1924). Jespersen reprend la distinction entre jonction, telle que *furiously barking dog* et *nexus* tel que *the dog barks furiously*. Dans la jonction il y a d'un côté quelque chose qui est adjoint et quelque chose à quoi l'on l'a adjoint pour le modifier de façon à obtenir quelque chose qui n'est pas fondamentalement différent : *a barking dog* est *a dog* et *a furiously barking dog* est *a barking dog*. En revanche, *the dog barks furiously* exprime l'attribution d'un processus, par la prédication de *barks furiously* à *the dog*. En ce sens on a bien une relation holistique, une connexion : le "*furiously*" est le *furiously* de "*barks*" et le *furiously barks* est appliqué à dog quelque chose qui est produit comme une nouveauté, et pas seulement l'emboîtement des modifications et de la prédication pour que *dog* soit qualifié de *barks*, modifié par *furiously*.

Jespersen conduit son analyse à un niveau descriptif et intuitif et met en lumière les propriétés de la connexion en les contrastant avec celles de la juxtaposition : la connexion est biologique et dynamique alors que la juxtaposition est mécanique et statique (l'exemple du chien qui aboie furieusement sur lequel nous nous sommes appesantis l'a bien montré). Cette opposition biologique vs. mécanique exprime de manière imagée l'opposition entre le holistique et l'atomique. Cette opposition n'est pas pertinente seulement en syntaxe, elle a une portée beaucoup plus générale. La juxtaposition est une simple addition, tandis que la connexion est une totalisation. Bien sûr il existe des connexions dans les mécanismes : les touches du piano sont connectées aux cordes, qui sont connectées aux marteaux. Chez Jespersen l'opposition entre juxtaposition et connexion est probablement d'origine kantienne[2]. Là où Adjukiewicz met le doigt sur la générativité de la connexion – appliquée elle produit quelque chose de nouveau – Jespersen, lui, met en lumière le dynamisme de la connexion. Générativité et dynamisme vont de pair : leurs approches de

1. O. Jespersen, *Analytic Syntax*, *op. cit.*, p., p. 9.

2. *Cf.* l'opposition entre organisme et machine dans la *Critique de la Faculté de Juger*, § 65.

la connexion sont en ce sens complémentaires, même si leurs théories linguistiques sont fort différentes.

UN EXEMPLE DE SYNTAXE STRUCTURALE DE LA CONNEXION LUCIEN TESNIÈRES

Le linguiste Lucien Tesnières dans ses *Éléments de syntaxe structurale*[1] a construit une théorie de la connexion linguistique.

Pour Lucien Tesnières (qui anticipe sur ce point Noam Chomsky et ses structures profondes) :

> La syntaxe structurale a pour objet de révéler la réalité structurale profonde qui se cache derrière l'apparence linéaire du langage sur la chaîne parlée[2].

autrement dit, de catégoriser les mots qui composent la phrase et de déterminer les relations qui existent entre ces mots.

Les relations syntaxiques relevées par Tesnières sont de trois types : la *connexion*, la *translation* et la *jonction* (coordination) :

> Connexion, jonction et translation sont [...] les trois grands chefs sous lesquels viennent se ranger tous les faits de la syntaxe structurale[3].

Ces relations sont représentées graphiquement par un graphe, appelé *stemma* qui correspond à un arbre de dépendance et de connexion. Dans le stemma, la connexion est en principe représentée par un trait vertical, reliant deux *nucléi*[4], l'un supérieur, l'autre inférieur : par exemple "chante" et "Alfred" pour Alfred chante.

La relation syntaxique par excellence est la *connexion*; c'est la subordination de la terminologie traditionnelle.

Le nucléus supérieur est le *régissant*, le nucléus inférieur, le *subordonné*. Le subordonné correspond au complément de la terminologie traditionnelle; par contre, il n'existe pas de terme généralement accepté pour désigner le régissant.

La conception que se fait Tesnières de la phrase n'est pas une conception prédicative, mais actantielle (selon lui la phrase est un « petit

1. L. Tesnières, *Éléments de Syntaxe structurale*, *op. cit.*

2. *Ibid.*, p. 4.

3. *Ibid*, p. 323.

4. Je m'aide pour ce paragraphe d'un aide-mémoire des *Éléments*, rédigé par Berndt Schwishay (Osnnabrück/ Université Catholique de l'Ouest, Angers).

drame »). Il considère le verbe comme le structurant et chaque verbe comme doté d'une valence actantielle. Par exemple le verbe « chante » a une valence actantielle de deux et le verbe « exploser » une valence actantielle de un (à moins d'accepter « je lui ai explosé la tête »). Un stemma est alors un graphe avec un verbe en position centrale, jouant le rôle de nœud, et des crochets pour se laisser saturer par des actants, en fonction sujet, complément etc. La représentation par un graphe d'un type particulier remplace la linéarité de la syntaxe de la langue naturelle, ce qui anticipe les grammaires de dépendance, où ce sont les connexions qui établissent les dépendances entre les mots[1].

SYNTAXE DE LA CONNEXION SÉMANTIQUE : ADJUKIEWICZ

Le problème de la connexion syntaxique est considéré par la tradition polonaise et donc par Adjukiewicz comme un problème avant tout logique :

> Suite à la découverte des antinomies et de leur mode de résolution, les problèmes de syntaxe linguistique sont devenus les plus importants en logique (le terme de logique étant entendu en un sens large, incluant également les recherches métathéoriques). Parmi ces problèmes, celui de la connexion syntaxique est le plus significatif pour la logique. Il s'agit d'établir les conditions sous lesquelles une combinaison de mots simples, chacun possédant un sens, peut constituer une expression elle-même douée d'un sens unitaire, bien que composée des sens des mots qu'elle contient[2].

Adjukiewicz mentionne la théorie des types de Russell et la théorie des catégories sémantiques de Leśniewski. Ce dernier est passé de la théorie des types, qu'il trouvait contre-intuitive, fondée sur une théorie incorrecte des ensembles (d'où la construction de la méréologie) à celle des catégories, qu'il estime plus profonde pour la solution des antinomies logiques, un point qu'on doit laisser de côté ici[3]. Les deux théories sont cependant proches et Adjukiewicz ne les oppose nullement, tout en se

1. *Cf.* P.H. Matthews, *Syntactic Relations, a Critical Survey*, Cambridge, Cambridge University Press, 2007. Voir aussi V. Agel *et al.*, *Dependenz und Valenz, ein Internationales Handbuch*, Berlin, De Gruyter, 2003.

2. K. Ajdukiewicz, « Syntactic Connexion », art. cit., p. 97.

3. S. Leśniewski, *Collected Works*, Dordrecht/Boston, Kluwer, 1992, vol. II, p. 421.

réclamant à travers le concept de catégorie sémantique de la tradition aristotélicienne, au centre de la philosophie polonaise :

> D'un point de vue formel mon concept de catégorie sémantique est relié étroitement aux théories des types bien connues, tout spécialement en ce qui concerne leurs conséquences théoriques. Intuitivement cependant, le concept [de catégorie sémantique] est plus étroitement relié au fil de la tradition qui traverse les catégories d'Aristote, les parties du discours de la grammaire traditionnelle et les catégories de signification de Husserl [1].

La connexion syntaxique fait partie de la grammaire catégorielle. Cette grammaire utilise des catégories de base (nom et phrase chez Adjukiewicz) et des foncteurs ou catégories dérivées, par exemple « gros », ADJ, qui modifie un nom, par exemple « éléphant ». Si « éléphant » est de la catégorie de base N (pour Name) « gros » est de la catégorie N/N : « gros » est appliqué sur N pour donner un N : « gros éléphant ». Soit la phrase « un gros éléphant danse » (je laisse de côté « un ») : « danse » est appliqué sur « un gros éléphant » pour donner une phrase, de catégorie de base S (pour Sentence) et donc « danse » est de la catégorie dérivée S/ N/N.

On a donc l'application des règles :

S/ N/N + N = S
N/N + N = N

Qu'entend-on par connexion syntaxique? On doit d'abord remarquer que le titre de l'original allemand est « *Die syntakische Konnexität* ». La connexité est voisine de la connexion, la seule différence est que la connexion peut être une action et que ce n'est pas une action logique. Dans l'exemple de la phrase « un gros éléphant danse » il y a une connexion entre les catégories, connexion qui aboutit à une phrase, qui est un tout bien connecté. La connexion est hiérarchique : on a une hiérarchie qui va des catégories de base à des catégories dérivées, N/N, N/S par exemple. L'application d'une catégorie a sur une catégorie b donne une catégorie c et le résultat est que a, b et c sont connectés. Si nous sommes en présence d'une suite de mots comme

> Peut-être cheval si sera cependant brille [2].

1. S. Leśniewski, *Collected Works*, *op. cit.*, vol. II, p. 421-422.

2. Exemple de Béatrice Godard-Wendling, « Les trois premières grammaires catégorielles », *Langages*, 2002, p. 53.

il n'y a ici pas de connexion, ce qui est une autre manière de dire que cette suite de mots est agrammaticale. « L'éléphant vole » n'est pas agrammaticale : la grammaire catégorielle d'Ajdukiewicz ne peut faire la différence sémantique (même si elle combine finalement syntaxe et sémantique : c'est une syntaxe sémantique) avec « L'éléphant marche » ; ces deux phrases sont grammaticales, mais la première est fausse et la seconde est vraie (nécessairement un éléphant ne vole pas[1]).

La connexion syntaxique que nous venons de dégager est une connexion catégorielle : ce sont les catégories qui sont connectées et comme les mots appartiennent à des catégories, ils sont connectés. « Gros » et « éléphant » sont connectés parce que N/N et N sont connectés (N/N est appliqué sur N, pour donner N).

Ces deux théories linguistiques formelles, la syntaxe catégorielle d'Adjukiewicz, la syntaxe analytique de Jespersen, représentent la connexion de manière différente. Selon Adjukiewicz la connexion syntaxique est une connexion catégorielle qui consiste à appliquer une catégorie sur une deuxième, toutes les deux sources, pour obtenir une autre catégorie, cible (par exemple la catégorie S – Marie ∈ S – est appliquée sur la catégorie IV – danse ∈ IV, pour obtenir la catégorie t – Marie danse ∈ t –). La connexion est représentée formellement comme une application[2]. Une application est symbolisée ainsi : A/B + B = A. Il existe une autre règle, de composition : A/B + B/C = A/C, où A/B est appliqué sur B/C pour donner A/C.

Connexions et événements : Whitehead

Nous venons de rappeler l'importance du concept de connexion dans la formalisation et la théorie des relations sémantiques dans le langage naturel, à travers les doctrines d'Adjukiewicz, Jespersen, Tesnières. Il

1. En fait c'est inexact : il existe des mondes avec des éléphants qui volent. Le "nécessairement" ici est restreint à notre monde $\forall x\,(\text{Elephant}(x) \wedge x \in a) \supset \neg\text{voler}(x)$ (pour tout x, x étant un éléphant et appartenant à notre monde, x ne vole pas).

2. Le lambda calcul, introduit par Alonzo Church et Alan Turing dans les années 30, est le formalisme qui représente le plus adéquatement cette application. *Cf.* R. Montague, *Formal Philosophy*, New Haven, Yale University Press, 1974 pour une sémantique catégorielle avec types, couchée dans un lambda calcul. Voir également H. Barendregt & E. Barendsen *Introduction to Lambda Calculus*, 2nd ed., https://files.nyu.edu/cb125/public/Lambda/barendregt.94.pdf.

s'agit là d'une direction de la théorie de la connexion, celle qui vise à une compréhension des relations à la base de la syntaxe, comme constitution des phrases. Il existe une autre direction de recherche, tout aussi importante philosophiquement, qui construit la topologie ou la méréologie comme des théories de la connexion. La connexion spatiale de la topologie peut être étendue à la connexion non spatiale et la méréologie, (avec le calcul des individus de Goodman et Quine, le calcul des événements de Whitehead) traite de la connexion comme relation abstraite qui peut immédiatement recevoir une interprétation ontologique.

La topologie étant une branche des mathématiques d'une complète maturité, et la méréologie au contraire pas encore complètement stable, il est tentant de combiner les deux, ce que l'on appelle une méréotopologie, qui est probablement ce qui est le plus proche d'une ontologie générale et abstraite (pour des raisons qui dépasseraient le but de ce livre – je préfère ne pas parler d'ontologie formelle : l'ontologie générale qui émerge de la méréologie est trop profondément différente de l'ontologie formelle husserlienne qui se consacre au "quelque chose" à l'"objet en général"[1]). Personnellement je considère plutôt l'ontologie formelle husserlienne comme une théorie de l'objet, dont le but est évidemment différent de celui que nous poursuivons ici, développer une pensée de la connexion.

On peut donc se tourner vers la méréologie ou plus largement les calculs du tout et de la partie pour progresser dans l'analyse formelle de la connexion. En effet nous avons vu que le rapprochement entre la dépendance et la connexion, qui a abouti à ne pas les identifier, conduit en ce qui concerne cette dernière, à un résultat négatif : la connexion n'est pas seulement l'interdépendance, et donc on aurait avantage à prendre la connexion comme un primitif et non comme quelque chose que l'on réduit à la dépendance.

Parmi les formalismes méréologiques au sens large[2], il existe des calculs qui choisissent la connexion comme un primitif, ou une relation

1. F. Nef, *L'objet quelconque*, *op. cit.*

2. La méréotopologie est une méréologie (donc une science des touts et des parties) qui s'occupe principalement de l'espace, et donc des frontières, des bords etc. La connexion est une notion également causale et temporelle, mais on peut penser la causalité et le temps de manière spatiale : il y a une sorte de précellence de l'espace. On peut penser que la causalité et le temps sont des illusions, mais il ne viendrait pas à l'idée d'un physicien, ou d'ailleurs de qui que ce soit, semble-t-il, de penser que l'espace est une illusion. Voir A.G. Cohn et A.C. Varzi, « Mereotopological Connection », *Journal of Philosophical Logic*, 32, 2003, p. 357-390, A.C. Varzi, « Spatial Reasoning and Ontology : Parts, Wholes, and Locations » *in* M. Aiello *et al.* (eds), *Handbook of Spatial Logics*, Berlin, Springer-Verlag, p. 945-1038.

prioritaire. Il s'agit essentiellement de Whitehead, notamment dans *Procès et Réalité*, de Clarke et dans une certaine mesure des méréotopologies, de B. Smith, A. Varzi et d'autres philosophes.

La théorie de la connexion est présentée parfois comme « une alternative à la topologie fondée sur des ensembles de points (*point set topology*) ». La *point set topology* est la topologie générale, ou la topologie ensembliste (*set theoretic topology*) qui étudie les propriétés des espaces topologiques en termes de distance et de continuité. Cette topologie est exprimée dans le langage de la théorie des ensembles. Cependant des théories de la connexion sont couchées dans le langage de la théorie des ensembles (mais la théorie de la connexion de Clarke, un ancêtre de la méréotopologie, définit déjà la connexion en termes de points : « x est connecté à y ssi x et y ont un point en commun ». Nous exposerons d'abord la théorie de Whitehead, son interprétation par G. Gerla et A. Miranda, puis la théorie de Clarke et enfin celle de Cohn et Varzi.

Whitehead a évolué dans son traitement des relations spatiales. Dans *le Concept de Nature* (1920) et dans son *Enquête sur les Principes de la Connaissance Naturelle* (1919) il construit sur la notion d'extension d'un événement une théorie de leur inclusion. Dans *Procès et Réalité* (1929) il donne de manière semi-formelle et diagrammatique une théorie physique de la « connexion extensive », définie comme une connexion de régions (et non, comme dans la topologie, de points). Il y attribue à de Laguna, un géomètre philosophe italien, l'introduction de la connexion extensive :

> Depuis, [1920] T. de Laguna a montré que la notion effectivement plus générale de « connexion extensive » peut être adoptée comme point de départ pour l'examen de l'étendue et que *la notion plus limitée de tout et de partie peut se définir à partir d'elle* [je souligne] [1].

On est ici le témoin d'un véritable renversement : ce n'est pas la relation tout/partie qui permet de penser la connexion, c'est la connexion qui permet de penser la relation tout/partie.

« Les événements de 1920 » est une expression où les événements sont définis par Whitehead comme ce qui est lié par une relation d'extension : les événements se chevauchent, sont tangents les uns avec les autres, sont disjoints, et les relations d'extension fondent les relations tout/parties : si

Voir aussi B. Smith, « Boundaries : An Essay in Mereotopology » *in* L. Hahn (ed.), *The Philosophy of Roderick Chisholm*, Chicago, Open Court, 1997, p. 534-561.

1. A.N. Whitehead, *Process and Reality*, *op. cit.*, p. 287.

X chevauche (*overlaps*) Y, alors Y est une partie X. En 1929 en traitant de la « connexion extensive » Whitehead reprend en partie la dénomination de 1920 : « abstraction extensive ». La connexion extensive a pour site le continuum extensif que Whitehead définit ainsi :

> Le continuum extensif est un seul complexe relationnel au sein duquel toutes les objectivations potentielles trouvent leur niche. Il sous-tend l'ensemble du monde, présent, passé et futur [...] Ce continuum possède des propriétés très peu nombreuses qui ne comportent pas les relations de géométrie métrique. Un continuum extensif est un complexe d'entités unies par les diverses relations conjointes entre tout et parties, par chevauchements définissant des parties communes, par contact et par d'autres relations dérivées de ces relations primaires. La notion d'un continuum contient à la fois la propriété de la divisibilité indéfinie et la propriété de l'étendu libre d'entraves. [...] *Ce continuum extensif exprime la solidarité de tous les points de vue possibles à travers l'ensemble du procès du monde*[1].[je souligne].

Dans le chapitre « la connexion extensive » de *Procès et Réalité* Whitehead n'utilise pas de formalisme, ce qui rend la lecture à la fois plus facile et moins facile. Il distingue connexion et connexion médiate :

> A et B sont médiatement connectés si A est connecté avec C et B est connecté avec C : A et B sont connectés par la médiation de C.

Par exemple si A aime C et B aime C (l'amour étant une connexion, admettons-le pour le besoin de l'exemple), alors il y a une connexion médiate entre A et B. Il y a beaucoup de connexions médiates dans les tragédies de Racine, où A aime B et B aime C – il y a une connexion médiate entre A et C.

Dans ce qui suit, Whitehead n'utilise pas une axiomatique : toutes les propositions vraies sont au même niveau et il les nomme des "hypothèses" ou des définitions. Il dégage les propriétés de la connexion et de la connexion médiate : elles sont symétriques; la connexion n'est pas transitive (différence avec la dépendance voir plus haut). Il n'est pas nécessaire que toute région soit connectée avec toutes les autres régions, mais deux régions quelconques sont médiatement connectées. Cette connexion médiate assure donc que le continuum extensif est connecté car de proche en proche tout est connecté, si je peux m'autoriser cette manière de m'exprimer. Aucune région n'est connectée ou médiatement connectée avec elle-même (mais il précise qu'il s'agit d'une convention

1. A.N. Whitehead, *Process and Reality*, *op. cit.*, p. 137-138.

terminologique). Ceci revient à la non réflexivité de la connexion. On peut remarquer que la connexion en 1929 porte sur des régions et que donc elle est alors une relation spatiale pour Whitehead alors que auparavant, en 1919, elle portait sur des événements.

À côté de la connexion, Whitehead introduit l'inclusion :

> On dit que la région A "inclut" la région B quand chaque région connectée avec B est aussi connectée avec A. On peut aussi dire que la région B est une partie de la région A[1].

Si l'inclusion est une relation méréologique, cela conduit à poser que l'on pense une relation méréologique à partir de la connexion. Cela est confirmé par le fait qu'il n'y a pas de définition de la connexion (Whitehead commence par la différence entre la connexion médiate et la connexion *simpliciter*). L'inclusion est transitive, non réflexive, antisymétrique. À partir de l'inclusion il définit le chevauchement :

> Deux régions sont dites se chevaucher lorsqu'il existe une troisième région que toutes deux incluent[2].

« Il existe une relation entre connexion et chevauchement, car deux régions qui se chevauchent sont connectées »[3]. Mais pas le contraire, sinon chevauchement et connexion seraient identiques. En mécanique classique ou quantique il peut y avoir des actions à distance fortement connectées, mais évidemment sans chevauchement.

On peut alors formaliser le propos de Whitehead : La connexion est symétrique, mais elle n'est pas transitive, tandis que la relation externe est asymétrique : Si A est supérieur à B, B n'est pas supérieur à A. Elle est aussi transitive : si A a une relation externe à B et B à C, A a une relation externe à C : si A est supérieur à B et B à C, A est supérieur à C). Relation externe et connexion ont donc des propriétés opposées. On ne peut les identifier, quant aux relations internes elles ne sont pas de vraies relations pour le Whitehead de 1929.

Whitehead propose une série d'axiomes (ou de théorèmes ?), avec C : « connecté à » et I pour « inclus dans », < « pour être une partie de » :

> 1) $C(A, B) \equiv C(B, A)$
> symétrie de la connexion

1. *Ibid.*, p. 460.
2. *Ibid.*
3. *Ibid.*, p. 461.

Nous avons vu à plusieurs reprises que cette symétrie de la connexion, qui est ici une propriété formelle de l'axiomatique de C, poserait des problèmes dans la description de la connexion *in fieri* notamment en ce qui concerne la connexion formelle : si je cloue (ou si je colle, j'attache) A à B, je ne cloue pas (ni ne colle, ni n'attache) B à A. Certes A et B sont connectés alors matériellement, mais la connexion matérielle a une orientation, de A vers B.

2) $\sim \exists A \forall B\, C(A, B)$
pas d'élément connecté à tous

Cet axiome est remarquable pour la discussion sur le monisme, qu'il semble bloquer. Il a d'autre part une conséquence théologique : on pourrait être tenté de concevoir Dieu comme un élément connecté à tous les éléments.

3) $\sim (C(A, B)\ \&\ C(B, C) \rightarrow C(A, C)$
non transitivité de la connexion

La non transitivité ne semble pas poser de problème. S'il y a interconnexion de tout ce qui existe (thèse moniste), cela ne doit pas prendre la forme de chaînes de transitivité sur la connexion.

4) $\sim C(A, A)$

non réflexivité de la connexion

Gerla & Miranda, Clarke, Roeper ont tous choisi l'axiome de réflexivité de la connexion, C(A, A), bien que, on le verra, Clarke soit sensible à une ambiguïté de Whitehead sur ce point (voir plus bas).

5) Déf. de I : $I(A, B) \equiv \forall C\, C(C, B) \rightarrow C(C, A)$
si A est inclus dans B, alors quel que soit C si C est connecté à B, il est connecté à A

6) $I(A, B) \equiv B < A$, où <est 'être une partie de'
A est inclus dans B est équivalent à B est une partie de A

7) $I(A, B)\ \&\ I(B, C) \rightarrow I(A, C)$
transitivité de l'inclusion

8) $\sim I(A, A)$
non réflexivité de l'inclusion

9) I (A, B) → ~ I(B, A)
non symétrie de l'inclusion

10) ∀ A ∃ B I (A, B)
pas d'inclusion vide

Gerla et Miranda[1] réduisent la liste des 31 hypothèses de *Procès et Réalité* – j'ai examiné seulement les 12 premières sur 31 – à cette liste d'axiomes (rappelons que C est le symbole de connexion, tel que $a\mathrm{C}b$ signifie a est connecté à b et que < est le symbole de tout partie tel que $a<b$ signifie que a est une partie de b ; $a\leq b$ a est une partie stricte de b) :

C1 $\forall x\forall y\ (x\mathrm{C}y \Rightarrow y\mathrm{C}x)$
Symétrie

C2 $\forall x\exists y\ (x<y)$
pas de maximum pour ≤

C3 $\forall x\forall y\exists z\ (z\mathrm{C}x\ \&\ z\mathrm{C}y)$
Pour tout x et tout y il y a un z qui est connecté à x et y

C4 $\forall x\ (x\mathrm{C}x)$
Réflexivité qui est le contraire de (4) plus haut

C5 $\forall z\ (z\mathrm{C}x \Leftrightarrow z\mathrm{C}y) \Rightarrow x=y$
Si z est connecté à x est équivalent à z est connecté à y, alors $x=y$

C6 $\forall z\exists x\exists y\ ((x\leq z)\ \&\ (y\leq z)\ \&\ (\neg x\mathrm{C}y))$
Pour tout z il y a un x et y tel que x est une partie de z et y est une partie de z et x n'est pas connecté à y

La relation de connexion n'est pas définissable, comme chez Whitehead : il n'est pas possible de définir la relation de connexion dans un espace de connexion. Un tel espace est défini par la condition

$$\mathrm{X\ C\ Y} \Leftrightarrow \mathrm{X} \cap \mathrm{Y} \neq \emptyset$$

c'est-à-dire que X et Y sont connectés si l'intersection entre X et Y n'est pas vide. Dans un tel espace, où cette condition est remplie, C n'est donc pas définissable. Cela revient dire que si X et Y ne sont pas identiques, on

1. G. Gerla et A. Miranda, « Inclusion and Connection in Whitehead's Point Free Geometry », *in* M. Weber (ed.), *Handbook of Whiteheadian Process Thought*, Heusenstamm, Ontos Verlag, 2008, p. 121-133.

ne peut définir la connexion. Puisque si X et Y sont identiques il n'y a pas de connexion, cela revient à assumer que s'il y a une connexion elle n'est pas définissable, et donc que la connexion n'est pas définissable.

CALCUL DES INDIVIDUS ET CONNEXION : CLARKE

Le texte de Bowman L. Clarke publié en 1981[1]est « un calcul des individus basé sur la connexion ». L'origine historique du calcul des individus est la suivante :

> En 1936 Henry S. Leonard et Nelson Goodman présentèrent une communication en commun à la réunion de l'Association de Logique Symbolique (...). Onze ans plus tard ils publièrent une version élaborée de ce papier sous le titre « Le Calcul des Individus et son usage » (« The Calculus of Individuals and its Uses »). Le calcul qu'ils introduisirent dans ce texte est considéré aujourd'hui dans la métaphysique analytique comme une base de l'étude et de l'usage des relations de touts et parties (souvent appelées "méréologie"), quelquefois avec la médiation de la présentation de ce calcul dans *La structure de l'apparence* de Goodman (p. 204).

Nous avons déjà noté qu'il existe dans la littérature une hésitation sur la réflexivité de la connexion, C, réflexivité notée '$\forall x\ Cx, x$'. Clarke note que dans le système d'hypothèses et de définitions de Whitehead il y a une contradiction à propos de cette propriété. Voici cette contradiction :

1. $\forall x$ (x est une partie de x)
C'est-à-dire que la relation 'partie de' est réflexive

2. ($\forall x$) ($\forall y$) (x est une partie de $y \rightarrow x$ est connecté à y)
Si x est une partie de y, x est connecté à y, théorème de la méréologie.

3. ($\forall x$ (x est connecté à x)
Par 1 et 2

Hypothèse 4 de Whitehead : ($\forall x$) ~ (x est connecté à x)

1. B. Clarke, « A calculus of individuals based on "connection" », *Notre Dame Journal of Formal Logic*, 22, 1981, p. 204-218. Il y a trois parties dans le texte de Clarke : une partie méréologique, une partie booléenne, une partie topologique. Je ne m'attacherai qu'à la partie méréologique.

« Aucune région n'est ni connectée, ni médiatement connectée avec elle-même »[1].

Donc contradiction entre 3 et l'hypothèse 4.

D'après Clarke, l'avantage de faire de la connexion la relation prioritaire, comme de Laguna, puis Whitehead, est de pouvoir en déduire les définitions de plusieurs relations méréologiques :

DCxy
(« x est déconnecté de y »),

P xy
(« x est une partie de y »),

Oxy
(« x recouvre y » ou « x et y se chevauchent »),

DR xy
(« x est y sont disjoints » « x *is discrete from* y »).

Toutes ces relations sont directement ou indirectement dérivées de la relation de connexion.

Cependant, dans le calcul des individus de Clarke le premier théorème[2] concernant la connexion est

T1. $(\forall x)\,(Cx, x)$

c'est-à-dire la réflexivité de la connexion (qui, comme on vient de le voir, est rejetée par Whitehead). Comme on peut le voir, la réflexivité de la connexion est commandée par celle de la relation "partie de".

Le premier axiome de Clarke est le suivant :

A1. $(\forall x)\,[Cx, x\ \&\ (\forall y)\,(Cx, \mathrm{y} \equiv Cy, x]$

Cet axiome est la conjonction de la réflexivité et de la symétrie de la connexion. À partir de A1 on dérive donc T1 et aussi T2 :

T1. $(\forall x)\,(Cx, x)$
T2. $(\forall x)\,(\forall \mathrm{y})\,(Cx, y \equiv Cy, x)$

1. A.N. Whitehead, *Process and Reality*, *op. cit.*, p. 460.

2. Pour Bowman Clarke (« A calculus of individuals based on "connection" », art. cit., p. 206), la réflexivité de C est un théorème et pas un axiome :

La symétrie de C est aussi un théorème :

T2. $\forall x\ \forall \mathrm{y}\ \mathrm{C}\,(x, y) \Leftrightarrow \mathrm{C}\,(y, x)$

C’est-à-dire que l’on détache la réflexivité, T1, et la symétrie, T2, de A1. Il est évident que A1 implique T1 et T2.

Si la connexion est réflexive parce que la relation fondatrice de la méréologie, “partie de”, l’est et s’il est peu intuitif de caractériser la connexion comme réflexive, la conséquence est qu’un fondement méréologique de la théorie de la connexion, ou syndésologie (cf. *supra*, avant-propos) est un mauvais choix.

Peter Roeper propose lui les axiomes suivants[1] :

A1 Si C(A, B), alors C(B, A)
Symétrie de la connexion

A2 Si A≠B, alors C(A, A)
Réflexivité de la connexion

A3 ¬C (0, A),

C’est-à-dire : A n’est pas connecté à une région nulle

A4 si C (A, B) et si <(B, C), alors C(A, C)
Transitivité sur un mixte de connexion et de relation méréologique

A5 Si C(A, (B ou C)), alors C(A, B) ou C(A, C)
Distribution de ‘ou’ sur C

On peut interpréter (A3) comme la non connexion avec le vide. La différence principale est entre (4), p. 000 et (A2), c’est-à-dire porte sur la réflexivité de la connexion.

Méréologie et topologie : Smith, Varzi et Casati

Dans la méréotopologie de Barry Smith, Roberto Casati et Achille Varzi, qui, comme son nom l’indique, combine méréologie et topologie, les premiers axiomes sont les suivants – ‘E’ est un opérateur d’inclusion :

C1) C (A, A)
Réflexivité de la connexion

1. P. Koeper, « Beyond Topology », *Journal of Philosophical Logic*, vol. 26, n° 3, 1997, p. 251-309.

C2) C (A, B) → C (B, A)
Symétrie de la connexion

C3) E (A, B) ⇔ [C(C, A) → C(C, B)]
Définition de l'inclusion à partir de la connexion : A est inclus dans B est équivalent à si C est connecté alors C est connecté à B

Antony Cohn et Achille Varzi ont remis sur le métier la connexion dans une méréotopologie fondée sur la théorie des modèles. Ils commencent par mettre en parallèle le fait que de même que la méréologie a été de fait une alternative à la théorie des ensembles (la relation tout/partie étant une alternative à la relation d'appartenance), la théorie de la connexion, découlant d'un primitif de la méréologie, est une alternative à la topologie ensembliste, qui met en avant la notion de point. Cependant ils définissent la connexion à l'intérieur des espaces topologiques de Kuratowski (1896-1980) qui sont définis en termes ensemblistes. A. Cohn et A. Varzi donnent ainsi trois définitions de la connexion :

[1] $C_1 (x, y) \Leftrightarrow x \cap y \neq \emptyset$
x et *y* sont connectés est équivalent à l'intersection de *x* et de *y* n'est pas vide. Cette définition équivaut à identifier la connexion et le contact, ce qui pose des problèmes comme on l'a vu (p. 32, 119).

[2] $C_2 (x, y) \Leftrightarrow x \cap c(y) \neq \emptyset$ ou $c(x) \cap y \neq \emptyset$
x est connecté à *y* est équivalent à l'intersection de *x* et de *y* qui est connecté n'est pas vide ou l'intersection de *x* qui est connecté et de *y* n'est pas vide

[3] $C_3 (x, y) \Leftrightarrow c(x) \cap c(x) \neq \emptyset$
x est connecté à *y* est équivalent à : l'intersection de *x* qui est connecté et de *y* qui est connecté n'est pas vide.

[1] la première définition de la connexion est celle d'une intersection non vide entre les deux éléments conjoints;

[2] la deuxième définition est celle d'une intersection non vide entre un élément conjoint et un élément connecté
[3] la troisième définition est celle d'une intersection non vide entre deux éléments connectés

Ces trois définitions sont censées correspondre à différentes possibilités que l'on trouve réalisées dans la littérature. En fait ces trois définitions sont quasiment des variantes stylistiques : il s'agit de savoir si l'intersection porte sur les variables ou sur les variables connectées (avec le mixte de C_2).

Les auteurs remarquent de manière plus générale que

> La plupart des théories définissent la relation de partie de (*parthood*) ou la fusion [somme méréologique] et typiquement les deux en termes de la connexion dont on fait l'hypothèse qu'elle est un primitif topologique[1].

« La plupart des théories », cela signifie qu'il existe aussi des théories qui admettent deux primitifs, la relation de connexion et la relation tout-partie qui est alors indépendante. Il y a donc deux notions de connexions : l'une dépendante de la relation tout-partie, et l'une indépendante de cette relation. On ne peut donc réduire la connexion des relations méréologiques comme partie de ou la fusion : la connexion est un primitif.

Retour à Whitehead

Achille Varzi et Anthony Galton distinguent les touts arbitraires de la méréologie sans connexion et la méréologie de Whitehead ou méréologie avec connexion, ce que P. Simons nomme « méréologie extensionnelle non-classique »[2]. P. Simons montre que la connectivité implique la jonction (*joining*), alors que le principe BSP (« Binarité, Somme, Produit », *op.cit.*, p. 34) implique la non jonction ou plus exactement est incapable de discriminer la jonction et la non jonction (*op. cit.*, p. 85). Varzi et Galton déclarent en effet :

> L'ontologie de Whitehead n'est pas considérée comme admettant des touts arbitraires, mais seulement des touts faits de parties qui sont "joints" (*joined*) ou connectés les uns aux autres – spécifiquement des sommes finies de telles parties[3].

Ils formulent ainsi la caractérisation de Whitehead de cette relation :

$$\Psi xy =_{df} \exists z\,(\mathbf{O}zx \,\&\, \mathbf{O}zy \,\&\, \forall w\,(\mathbf{P}wz \rightarrow \mathbf{O}wx \vee \mathbf{O}wy))\ (ibid)$$

où Ψ exprime la connexion et **O** comme d'habitude le chevauchement, **P** « partie de ».

1. A.G. Cohn et A.C. Varzi, « Mereotopological Connection », art. cit., p. 151.
2. P. Simons, *Parts*, *op. cit.*, p. 81 *sq*.
3A.G. Cohn et A.C. Varzi, « Mereotopological Connection », art. cit., p. 976.

La relation de connexion de Whitehead dans *Procès et réalité*[1] n'est pas une relation méréologique mais une relation topologique. Cela nous concerne, puisque nous pouvons nous interroger sur le fait de savoir si la connexion concerne l'espace et la logique de l'espace, la topologie, ou bien si la connexion concerne les relations touts-parties non seulement dans l'espace, mais aussi dans le temps ou dans la causalité – sans oublier la constitution matérielle des objets ou des organismes. Varzi et Galton examinent le sens topologique de la connexion, en la comparant avec la relation de contact (qui est aussi une relation topologique). Ils commencent par distinguer, au moyen de deux exemples tirés de l'ontologie du monde ordinaire, les relations topologiques (1) et métriques (2) :

(1) La poignée est attachée à la tasse

(2) La table touche le mur (*op. cit.* 977)

(1) : est, d'après eux, une relation topologique de connexion ; (2) : la relation n'est pas topologique mais métrique. Cependant nous sommes portés vu la proximité entre la table et le mur à affirmer leur connexion. Dans (1) la relation de connexion peut être une relation d'adhésion ou une relation de cohésion, tandis que dans (2) la relation de connexion (?) est une relation de contact. Pour Varzi et Galton dans (2) il faudrait que la distance soit égale à zéro pour que la relation soit topologique et qu'il y ait une connexion (il existe des raisons de penser que cette distance ne peut jamais être égale à zéro – *cf.* l'exemple de la planche du fakir de Peter Simons[2]). On peut aussi examiner le cas où la connexion ne concerne qu'un point de contact (une tangence) (3), une extension (une frontière partielle) (4) un englobement, ou une frontière toute entière (5)

(1) Le Colorado est connecté à l'Arizona

(2) La France est connectée à l'Allemagne

(3) Le Vatican est connecté à l'Italie

D'après eux (3) n'exprime pas en fait une connexion (il faut plus qu'un point z appartenant à x et y pour que x et y soient connectés) et (4) et (5) sont largement conventionnelles.

1. Dans *An Enquiry concerning the Principles of Natural Knowledge* (1919), on a une méréologie d'évènements mais pas de connexion.

2. Cet exemple imagé consiste à illustrer l'impossibilité du contact par un tour de magie : le fakir ne se blesse pas parce qu'il n'a pas de contact avec la planche pleine de clous, ou plutôt parce que c'est impossible.

Varzi et Galton donnent les conditions suivantes pour la connexion topologique :

C1 Cxx Réflexivité

C2 $Cxy \rightarrow Cyx$ Symétrie

C3 $BCxyz =_{df} Cxy \,\&\, Czy$ Connexion indirecte[1], B

Exemple : la France est connectée indirectement à la Pologne par l'Allemagne

La relation de connexion topologique n'est pas transitive, mais elle est réflexive, ce qui pose des problèmes (voir plus haut), même si cette réflexivité a l'avantage de la distinguer clairement de la dépendance. La connexion indirecte telle qu'exposée par T. de Laguna en 1922[2] présente elle aussi un avantage – nous pouvons établir de telles relations de connexion – et un inconvénient : de proche en proche tout ne serait-il pas connecté ?

On peut facilement trouver un contre-exemple à l'extension indéfinie de la connexion et donc à la transitivité de la connexion indirecte. Soit quatre pays et leurs relations de connexion :

France = x, Allemagne = y, Pologne = z, Russie = u

$C\,xy \,\&\, C\,yz \rightarrow BC\,xz$

$C\,yz \,\&\, C\,zu \rightarrow BC\,yu$

Mais on n'a pas 'BC xu'(la France n'est pas connectée à la Russie par une relation indirecte parce que tout simplement BC est un opérateur ternaire et pas quaternaire et que x est connecté à u par l'intermédiaire de deux, ce qui avec le pays source et le pays cible fait 4 pays).

On peut écrire BC xz 'la France (1) est connectée à la Pologne (2) par l'Allemagne (3)' mais on ne peut écrire pour BC xu 'la France (1) est connectée à la Russie (2) par l'Allemagne (3) *et* par la Pologne (4)' parce que tout simplement la France n'est pas connectée à la Pologne.

Un des arguments contre l'usage conceptuel de la connexion surtout dans la métaphysique du monde est que si la connexion est transitive, alors de proche en proche elle peut s'étendre. Prenons l'exemple d'un graphe fermé :

$C(a, b) \,\&\, C(b, c) \rightarrow C(a, c)$

1. BC signifie : *by-connection*.

2. T. de Laguna, « Point, line and surface as sets of solids », *The Journal of Philosophy*, vol. 19, 1922.

$C(a, c) \& C(c, d) \rightarrow (a, d)$

$C\,(a, d) \& C(d, e) \rightarrow C(a, e)$

Ici la transitivité aboutit à établir une connexion entre a et c, d, e et à compléter le graphe. Cette transitivité suppose-t-elle que tout soit connecté avec tout ? La question qu'il faudra examiner est donc : est-ce que tout est connecté avec tout ? Cette question ne peut recevoir une réponse univoque en étendant la causation à la totalité de ce qui est – causation universelle, occasionaliste ou transcendante. Si une cause unique C cause tous les états de choses alors certes ces états de choses sont *a minima* connectés par le fait d'avoir la même cause, mais cette dépendance universelle vis-à-vis d'une Cause unique n'assure par la connexion de tout avec tout.

Une remarque : Si effectivement tout était (ou pouvait être) connecté avec tout (en entendant "tout" collectivement et peut-être distributivement), on risquerait d'admettre des connexions sans changement réel associé (exemple de Kim de la dilatation d'un corps distant supposée connectée à un fait physique ici et maintenant). Or il faut pour une connexion une corrélation **et** un changement réel (*real change*). Sinon on serait en présence d'une connexion à la mode de Cambridge, c'est-à-dire d'une connexion sans efficace[1]. Malgré la distinction entre 'X cause Y' et : 'en faisant X, je fais Y' cette dernière est un *real change*. La question qui se pose est de savoir si la connexion peut être inerte : que X et Y soient connectés sans que X ait la moindre action sur Y, et réciproquement. Dans la connexion matérielle, il semble que ce puisse être le cas (cas du collage : si X et Y sont collés, ils forment un objet Z dont X et Y sont des parties et X n'agit pas sur Y, ni Y sur X, voir plus bas). Mais (exemple de Bradley) si mes états mentaux sont connectés avec vos états mentaux, ou si une particule est connectée avec une autre particule, ce n'est pas le cas : il y a bien action, modification. La connexion peut cependant être indépendante de la causation – il peut y avoir connexion sans causation. L'exemple fameux de Leibniz (la mort du mari en voyage entraînant le veuvage de sa femme qui n'est pas au courant) montre que l'on peut avoir

1. On appelle changement de Cambridge (*Cambridge change*) un changement qui est seulement un changement d'un prédicat, sans réel changement. Par exemple si mon fils Paul qui a 12 ans mesure 1 m 60 et qu'il est donc plus petit que son frère Pierre qui a 20 ans qui mesure 1,70 m, quand il mesurera 1,80 m, il sera plus grand que son frère Pierre, qui mesurera toujours 1,70 m, mais Paul seul aura changé réellement. Le prédicat « plus petit que Paul » pour Pierre est un prédicat de Cambridge. On peut aussi dire qu'il s'agit d'un changement extrinsèque. Peter Geach a inventé cette expression pour se moquer de la théorie cambridgienne du changement (Russell et McTaggart surtout).

deux événements connectés (mort-veuvage) sans que la mort de x ne cause le veuvage de y.

*

L'analyse critique des formalisations de la connexion confirme la différence essentielle entre la dépendance et la connexion d'une part, et entre la relation et la connexion, d'autre part. De plus cette analyse montre l'importance de la relation tout/partie et de l'espace en général pour la connexion. La connexion est un opérateur méréologique et aussi un opérateur topologique – la topologie a pu être définie comme une science de la connexion. On peut se demander si ces opérateurs sont à même de représenter le connecteur ontologique de connexion. Il est légitime d'envisager la possibilité d'une relation formelle de fondation de la connexion méréotopologique sur la connexion ontologique. Mais cela devrait être poursuivi ailleurs, pour approfondir la nature des liens entre ontologie et logique. On a enfin montré le désaccord sur la réflexivité de la connexion. Formellement réflexivité et non-réflexivité sont défendues dans les axiomatiques, bien qu'il existe des raisons métaphysiques pour être très prudents à l'égard de la réflexivité de la connexion.

CONCLUSION

> Prenons une Rivière ou une Goutte d'Eau,
> une Pomme ou un grain de sable, un Epi de Blé ou un Brin d'Herbe
> Dieu connaît d'infinies Excellences mieux que nous.
> Il voit comment cela est relié aux Anges et aux Hommes[1].

Nous espérons que s'est progressivement dégagée et consolidée l'argumentation en faveur d'une préférence théorique à l'égard de la connexion, préférence au détriment des relations humiennes et russelliennes pour ce qui touche à la construction d'une métaphysique. La métaphysique humienne est dans une certaine mesure une suite de la théorie humienne des relations, et l'atomisme logique, qui est un héritage de la métaphysique humienne, est dans une mesure plus grande encore une suite de la théorie russellienne des relations, présentée comme une alternative à la théorie idéaliste, compromise par le monisme. Ce long épisode atomiste qui va au moins de Hume à David Lewis a scotomisé la connexion, qui avait été au centre de la métaphysique chez les Stoïciens et Leibniz et de l'ontologie chez Baumgarten et Wolff. Nous avons tenté de diminuer les effets de cette scotomisation en argumentant contre la métaphysique humienne et l'atomisme ontologique.

L'argumentation qui a sous-tendu notre enquête est la suivante.

(1) La métaphysique humienne implique d'une part l'absence de connexions nécessaires dans la réalité – elles n'existent que dans l'esprit – et d'autre part la survenance de tout ce qui existe sur des points d'espace-temps qui ne sont pas connectés (pointillisme). (2) L'absence de connexion nécessaire réelle implique qu'il n'y ait pas de connexion

1. Th. Traherne, *Les Centuries*, Paris, Arfuyen, p. 113.

nécessaire réelle dans la causalité et dans le temps. (3) L'absence de connexion entre les points d'espace-temps implique que l'ontologie ne contient que des points non connectés (4) Or, des points non connectés sont insuffisants d'une part pour une physique des champs et des vecteurs, et d'autre part pour une ontologie du composé mécanique ou organique. (5) Il faut donc des liens entre les points d'espace-temps. (6) Ces liens ne peuvent des relations externes, ni des relations internes ; les premières ne lient pas assez ; les secondes lient trop. (7) Il faut donc des connexions nécessaires réelles.

Certains de ces points mériteraient un examen plus approfondi. Nous n'avons pu dans cet ouvrage qu'introduire à un connexionnisme métaphysique qui est une forme de structuralisme. Il est remarquable que la littérature philosophique contemporaine soit complètement silencieuse sur ce concept. Or, la connexion joue un rôle important au moins dans l'ontologie du monde naturel, du psychisme, de la syntaxe formelle, des relations sociales. Ce décalage a motivé notre recherche qui s'est révélée productive, même si elle n'en est qu'à ses débuts.

Il conviendrait de la poursuivre sur au moins trois points. Tout d'abord, construire une axiomatique de la connexion ontologique, ensuite explorer les conséquences éventuellement idéalistes de la théorie de la connexion et enfin mettre au point une théorie connexionniste de la causalité. On pourrait s'interroger sur la pertinence et la correction de proposer à la lecture une recherche aussi incomplète, puisque ces points sont à peine esquissés. La raison en est que je souhaite signaler au public philosophique l'importance de ce filon, afin que des ouvriers plus compétents que moi se mettent à leur tour à creuser et que ce livre apparaisse pour ce qu'il est, un rapport provisoire sur une recherche possible.

Cependant nous avons obtenu quelques résultats. D'abord des résultats négatifs : la connexion n'est pas la dépendance ni la relation interne, la connexion ontologique n'est pas réflexive, tout ce qui n'existe n'est pas relié à tout le reste (découle de la non transitivité)... Ensuite des résultats positifs : la connexion est un lien faible (mais les liens faibles de Granovetter ne sont pas *a priori* des connexions), car elle possède une seule propriété forte, l'antisymétrie (si a est connecté à b, b n'est pas connecté à a), une ontologie avec connexion n'est pas forcément holiste, il y a un élément relationnel et un élément productif dans la connexion :

BIBLIOGRAPHIE

ADAMS R.-M., *Leibniz. Determinist, Theist, Idealist*, New York, Oxford University Press, 1994.

ADJUKIEWICZ K., « Die Syntaktische Konnexität », *Studia Philosophica*, 1, 1935, p. 1-27 ; trad.ang. *in* S. McCall (ed.), *Polish Logic 1920-1939*, Oxford, Oxford University Press, p. 207-231 ; trad. fr. « La connexion syntaxique », *Philosophia Scientiae*, 11-2.

AGEL V. *et alii*, *Dependenz und Valenz, ein Internationales Handbuch*, Berlin, De Gruyter, 2003.

ALEXANDER S., 1920 *The Gifford Lectures at Glascow* 1916-1918) : *Space, Time and Deity*, Macmillan, Londres, 2 vols. (rééd. Kessinger Publishing's Rare Reprints ou Hard Press Publishing, 2012, ou sur le net, archiv.org)

ARISTOTE, *Problèmes*, texte établi et traduit par P. Louis., Paris, Les Belles Lettres, 3 tomes, 1991-1994.

–, *De la Génération et de la Corruption*, édité par M. Rashed, Paris, Les Belles Lettres, 2005.

–, *De la Génération et de la Corruption*, trad. J. Tricot, Paris, Vrin, 2005.

–, *Métaphysique*, trad. fr. M.-P. Duminil et A. Jaulin, Paris, GF-Flammarion, 2008.

–, *La Métaphysique*, trad. fr. J. Tricot, Paris, Vrin, 1970, 2 vols.

–, *Œuvres complètes*, Paris, Flammarion, 2014.

ARMSTRONG D., *Truth and Truth Making*, Cambridge, Cambridge University Press, 1997.

–, *A World of States of Affairs*, Cambridge, Cambridge University Press, 1989.

–, *Les Universaux, Une introduction partisane*, trad. fr. S. Dunand *et al.*, Paris, Ithaque, 2010.

BACON F., *Novum Organum*, trad. fr. M. Malherbe, Paris, P.U.F., 1986.

BARENDREGT H. & BARENDSEN E., 2000 : *Introduction to Lambda Calculus*, 2nd ed., https://files.nyu.edu/cb125/public/Lambda/barendregt.94.pdf.

BAUMGARTEN A. G., *Metaphysica*, Halle, Impensis Carol. Herman. Hemmerde, 1739.

BEEBEE H., *Hume on Causation*, Oxford, Oxford University Press, 2006.

–, « Does Anything Hold the Universe Together? », *Synthese*, 149 (2006), p. 509-533.

— & DODD J., *Truthmakers. The Contemporary Debate*, Oxford, Oxford University Press, 2005.

BERGMANN G., *Realism. A Critique of Brentano and Meinong*, Madison, The University of Wisconsin Press, 1967.

–, « Frege's Hidden Nominalism », *The Philosophical Review*, vol. 67, n° 4, 1958, p. 437-459.

–, *New Foundations in Ontology*, ed. by W. Heald, Madison, The University of Wisconsin Press, 1992.

BERGSON, H. *La Pensée et le mouvant*, in *Œuvres*, éditées sous la dir. de A. Robinet, Paris, P.U.F., 1959.

BIRD A., *Nature's Metaphysics : Laws and Properties*, Oxford, Oxford university Press, 2007.

BLONDEL M., *Une énigme historique : Le «* Vinculum Substantiale *», d'après Leibniz et l'ébauche d'un réalisme supérieur*, Paris, Beauchesne, 1930.

BRADLEY F.H., *Appearance and Reality. A Metaphysical Essay*, London, Swan Sonnenschein, 1893 ; rééd. La Vergne (TE), Kessinger, 2010.

BRENTANO F., *Psychologie d'un point de vue empirique*, trad. fr. M. de Gandillac, révision J.-F. Courtine, Paris, Vrin, 2008.

–, *Kategorienlehre* (1933), éd. A. Kastil, Hamburg, Felix Meiner, 1985.

–, *Die Abkehr vom Nichtrealen* (1952), éd. F. Mayer-Hillebrand, Hamburg, Felix Meiner Verlag, 1977.

BROAD C.D., « Leibniz's Predicate-in-Notion Principle and some of its alleged consequences », *Theoria*, 15, 1949, p. 54-70.

BROUGHTON J., « Hume's Ideas about Necessary Connections », *Hume Studies*, vol. XIII, n° 2, 1987, p. 217-244.

CAMPBELL K., *Abstract Particulars (Philosophical Theory)*, Oxford, Blackwell Publishers, 1990.

CASTRO V. de, *Métaphysiques Cannibales*, Paris, P.U.F., 2009.

CHALMERS D., « Panpsychism and Panprotopsychism », en ligne : consc.net/papers/panpsychism.pdf.

–, « The Combination Problem for Panpsychism », en ligne : consc.net/papers/combination.pdf.

CHANG H., *Is Water H_2O? Evidence, realism and Pluralism*, Berlin, Springer, 2012.

CLARKE B., « A calculus of individuals based on "connection" », *Notre Dame Journal of Formal Logic*, 22, 1981, p. 204-218.

CLEMENTZ, F., « Internal, Formal and Thin Relations », *in* A. Reboul (ed.), *Philosophical Papers Dedicated to Kevin Mulligan*, 2011, sur internet : http://www.philosophie.ch/kevin/festschrift/.

COHEN-TANNOUDJI, G. et SPIRO M., *La matière-espace-temps, la logique des particules élémentaires*, Paris, Gallimard, 1990.

COHN, A. & VARZI A., « Mereotopological Connection », *Journal of Philosophical Logic*, 32, 2003, p. 357-390.

COLLINS J *et alii* (eds), *Causation and Counterfactuals*, Cambridge (Mass), MIT Press, 2004.

CONNES A. et CHANGEUX J.-P., *Matière à Pensée*, Paris, O. Jacob, 1989.

CORREIA F, *Existential Dependence and Cognate Notions*, Munich, Philosophia Verlag, 2008.

— & B. SCHNIEDER, *Metaphysical Grounding : Understanding the Structure of Reality*, Cambridge, Cambridge University Press, 2012.

CHRYSIPPE, *Œuvre Philosophique*, édité par R. Dufour, Paris, Les Belles Lettres, 2004, 2 vols.

DE LAGUNA T., « Point, line and surface as sets of solids », *The Journal of Philosophy*, vol. 19, 1922, p. 449-461.

DEUTSCH D., *L'étoffe de la réalité*, Paris, Cassini, 2003.

DICKER G., *Hume's Epistemology and Metaphysics : an Introduction*, Londres, Routledge, 1998.

DIOGENE LAËRCE, *Vies et doctrines des philosophes illustres*, trad. fr. M.-O. Goulet-Cazé, éd. Balaudé *et al.*, Paris, Le Livre de Poche, 1999.

DIPERT R., 1997 : « The Mathematical Structure of the World : The World as a Graph », *The Journal of Philosophy*, Vol. 94, n° 7, 1997, p. 329-358.

DRAPEAU-CONTIM F., *Qu'est-ce que l'identité ?*, Paris, Vrin, 2010.

–, « l'essence en contexte », *Klesis*, 24, *La philosophie de David Lewis*, Yann Schmitt (éd.), en ligne : http://www.revue-klesis.org/pdf/Klesis-Lewis-6-Drapeau-Vieira-Contim.pdf

—, et MOTTA S., « On Modal Knowledge », *Philosophia Scientae*, 16-2, 2, 2012, p. 3-37.

DUHEM P., *Le mixte et la combinaison chimique*, Paris, Fayard, Corpus des Œuvres de Philosophie en Langue Française, 1985.

EDDINGTON A., *The Nature of the Physical World. Gifford Lectures 1926-1927*, Londres, Dent, 1935 ; réed. Ann Arbor, University of Michigan Press, 1981.

ELLIS B., *Scientific Essentialism*, Cambridge, Cambridge University Press, 2007.

ESFELD M., « Humean Metaphysics versus a Metaphysics of Power » *in* G. Ernst & A. Hüttemann (eds.), *Time, chance and reduction. Philosophical aspects of statistical mechanics*, Cambridge, Cambridge University Press, 2010, p. 119-135.

EVERETT H., *The Everett Interpretation of Quantum Mechanics. Collected Works 1955-1980 with Commentary*, Princeton, Princeton University Press, 2012.

FERRARIS M., *T'es où? Ontologie du téléphone portable*, trad. fr. P.-E. Dauzat, Paris, Albin Michel, 2006.

FINE K., « Ontological Dependence », *Proceedings of the Aristotelian Society*, 95, 1994, p. 269-290.

–, « Essence and Modality », *Journal of Philosophical Logic*, 24, 1995, p. 241-273.

FOREST P., « Razor arguments », *in* R. Le Poidevin & P. Simons (eds), *Routledge Companion of Metaphysics*, Oxford, Routledge, 2011, p. 246-255.

FRIEDMAN M., « The *Aufbau* and the Rejection of Metaphysics », *in* M. Friedman & R. Creath, *The Cambridge Companion to Carnap*, Cambridge, Cambridge University Press, 2007, p. 128-152.

GARDIES J.-L., *Esquisse d'une grammaire pure*, Paris, Vrin, 1975.

GASKIN R., « Bradley's Regress, the copula and the unity of proposition », *The Philosophical Quaterly*, vol. 45, n°179, 1995, p. 161-180.

–, *The Unity of Proposition*, Oxford, Oxford University Press, 2008.

GERLA, G. et MIRANDA A., « Inclusion and Connection in Whitehead's Point Free Geometry », *in* M. Weber (ed.), *Handbook of Whiteheadian Process Thought*, Heusenstamm, Ontos Verlag, 2008, p. 121-133.

GESSLER N., *Introduction à l'œuvre de Leśniewski, fascicule III La méréologie*, Travaux de Logique, CDRS, Université de Neuchâtel, Neuchâtel, 2005.

GODARD-WENDLING B., « Les trois premières grammaires catégorielles », *Langages*, 36, 2002, p. 51-66.

GRANGER G.-G., *Essai d'une philosophie du style*, Paris, Armand Colin, 1976.

GRANOVETTER M., « The strength of weak ties », *American Journal of Sociology*, vol. 78, n° 6, 1983, p. 1360-1380.

GROSSMAN R., « Frege's Ontology », *The Philosophical Review*, vol. 70, n°1, 1961, p. 23-40

GUIGON G., « Spinoza on Composition and Priority » *in* Ph. Goff (ed.), *Spinoza on Monism*, Basingstoke, Palgrave Macmillan, 2011.

GUTBERLET C., *Allgemeine Metaphysik*, Muenster, Teissing Verlag, 1906; rééd.

GYATO L., *The Harmony of Emptiness and Dependent-Arising*, Dharamsala, Library of Tibetan Works and Archives, 1992.

HANFLING O., « Hume's Idea of Necessary Connexion », *Philosophy*, 54 (210), 1979, p. 501-514.

HARPER T., *The Metaphysics of the School*, New York, P. Smith, 1940.

HARTMAN N., *Zur Grundlegung der Ontologie* (1935), Berlin, De Gruyter, 1965.

HARTZ G., « Leibniz's Animals : where Teleology meets Mechanism », *in* J. E.H. Smith, O. Iachtomy (eds.), *Machines of Nature and Corporeal Substances in Leibniz*, Berlin, Springer, 2011.

A. HAVLICEK et F. KARFIK (éds.), *Plato's* Parmenides, *Proceedings of the fourth Symposium Platonicum Pragense*, Prague, Oikoymenh, 2005.

HAYEK F., *L'Ordre sensoriel. Une enquête sur les fondements de la psychologie théorique*, Paris, CNRS Éditions, 2001.

HEIDEGGER M., « Rimbaud vivant », dans M. Heidegger, *Aus der Erfahrung des Denkens (1910-1976)*, *Gesamtausgabe*, Bd 13, Frankfurt am Main, Klosterman, 2002 p. 225-227.

HERTZ H., « Ueber die Berührung fester elastischer Körper » *Journal für die reine und angewandte Mathematik*, 92, 1881, p. 156-171 (disponible sur www.lajss.org/historical Articles/Hertz.pdf).

HOCHBERG H., *The Positivist and the Ontologist. Bergmann, Carnap and Logical Realism*, Amsterdam, Rodopi, 2001.

HOELTJE, M., SCHNIEDER B and STEINBERG A. (eds.), *Varieties of Dependence : Ontological Dependence, Grounding, Supervenience, Response-Dependence (Basic Philosophical Concepts)* München, Philosophia Verlag, 2013.

HOPKINS J., *Meditations on Emptiness*, Boston, Wisdom, 1996.

HORWICH P., « On some Alleged Paradoxes of Time Travel », *Journal of Philosophy*, 72, 1975, p. 423-445.

HUME D., *Treatise of Human Nature*, ed. Nidditch, Oxford, Oxford University Press, 1975; *Traité de la Nature Humaine*, trad. fr. M. Leroy, Paris, Aubier, 1968, 2 vols.

–, *Inquiries concerning Human Understanding and concerning the Principles of Morals* (1777), ed. by L. A. Selby-Bigge, Clarendon Press, Oxford, 2006; *Enquête sur l'entendement humain*, trad fr. M. Malherbe, Vrin, 2008.

–, *The History of England*, 6 vols. (1754-1791), en ligne : http://oll.libertyfund.org/titles/1868; *Histoire d'Angleterre*, trad. fr. M. Campenon, Paris, Furne et Cie, 1839-1840.ſ

–, *L'entendement*, *Traité de la Nature Humaine*, Livre I, trad. fr. Ph. Baranger et Ph. Saltel, Paris, GF-Flammarion, 1995.

HUSSERL E., *Logische Untersuchungen* (1913), Tübingen, Max Niemayer, 1968, 3 vols.; *Recherches logiques*, trad. fr. H. Elie, A. L. Kelkel et R. Schérer, Paris, P.U.F., 1961-1963, 4 vols.

HYLTON P., *Russell, Idealism and the Emergence of Analytic Philosophy*, Oxford, Clarendon Press, 1990.

INWAGEN VAN P., *Material Beings*, Ithaca (N.Y.), Cornell University Press, 1990.

JANICAUD D., *Heidegger en France*, Paris, Albin Michel, vol. 1, Récit; vol. 2, Entretiens, 2001.

JESPERSEN O., *Analytic Syntax*, Chicago, Chicago University Press, 1984; *Syntaxe analytique*, trad. fr. A.-M. Léonard, Paris, Éditions de Minuit, 1971.

–, *The Philosophy of Grammar*, Chicago, Chicago University Press, 1992; *Philosophie de la grammaire*, trad. fr. A.-M. Léonard, préf. A. Culioli, Paris; Éditions de Minuit, 1970.

KANT E., *Critique de la raison pure*, dans *Œuvres*, Paris, Gallimard, « Bibliothèque de la Pleïade », vol. 1, 1980.

–, *Critique de la faculté de juger*, dans *Œuvres*, Paris, Gallimard, « Bibliothèque de la Pleïade », vol. 2, 1985.

KLEMKE E. (ed.), *Essays on Frege*, Champain, University of Illinois Press, 1949.

KÉVORKIAN G., « Le Troisième Argument : l'interprétation analytique de l'"Argument du Troisième Homme" » dans A. Castel-Bouchouchi, M. Dixsaut, G. Kévorkian (éd.), *Lectures de Platon*, Paris, Ellipses, 2013.

–, « *Parmenide*, 144a4-e5 : les parties du nombre et les apories de la participation aux Formes », en préparation.

KNEALE W. & KNEALE M., *The Developpment of Logic*, Oxford, Clarendon Press, 1992.

KOSLICKI K., *The Structure of Objects*, Oxford, Oxford University Press, 2008.

–, « Varieties of Ontological Dependence », *in* F. Correia and B. Schnieder (eds), *Metaphysical Grounding : Understanding the Structure of Reality*, Cambridge, Cambridge University Press, 2012, p. 186-213.

–, « Ontological Dependence : An Opinionated Survey », *in* M. Hoeltje, B. Schnieder and A. Steinberg (eds.), *Varieties of Dependence : Ontological Dependence, Grounding, Supervenience, Response-Dependence (Basic Philosophical Concepts)*, München, Philosophia Verlag, 2013, p. 31-64.

KRIEGEL, Uriah, « Composition as a Secondary Quality », *Pacific Philosophical Quarterly*, 89, 2008, p. 359-383.

–, « Kantian Monism », *Philosophical Papers*, 41, 2012, p. 23-56.

–, « Two Defenses of Common-Sense Ontology », *Dialectica*, 2011, p. 177-204.

KRIPKE S., *Naming and Necessity*, Cambridge (MA), Harvard University Press, 1970 ; *La Logique des noms propres*, trad. fr. P. Jacob et F. Recanati, Paris, Éditions de Minuit, 1980.

–, *Wittgenstein on Rules and Private Language*, Cambridge (MA), Harvard University Press, 1982 ; *Règles et langage privé. Introduction au paradoxe de Wittgenstein*, trad. fr. Th. Marchaisse, Paris, Le Seuil, 1995.

LANGLET B. et MONNOYER J.-M., *Gustav Bergmann. Phenomenological Realism and Dialectical Ontology*, Heusenstamm, Ontos Verlag, 2009.

LEIBNIZ G.W., *Werke, Die Akademie-Ausgabe*, disponible en ligne : http://www.leibnizedition.de.

–, *Philosophische Schriften*, éd. Gerhardt, t. 6, 1875 ; rééd. Hildesheim, Olms, 1961.

–, *The Leibniz-Des Bosses Correspondance*, The Yale Leibniz, trad. B. C. Look et D. Rutherford, New Haven, Yale University Press, 2007 [texte latin *Philosophische Werke*, éd. Gehardt, t. 2] ; trad. fr. partielle C. Frémont dans *L'être et la relation*, Paris, Vrin, 1987.

–, *De connexione inter res et verba* (1667) (« La connexion des choses et des mots »), *Œuvres philosophiques latines et françaises*, éd. E. Raspe ; rééd. Hildesheim, Olms, 2006. Egalement dans : *Opera Philosophica*, éd. J.E. Erdmann, Berlin, Sumtibus G. Eicleri, 1840, t. 1, p. 76-78.

–, *Correspondance avec Arnaud*, dans Leibniz, *Discours de métaphysique et Correspondance avec Arnauld*, éd. G. Leroy, Paris, Vrin, 1988.

– *Nouveaux essais sur l'entendement humain*, éd. J. Brunschwig, Paris, GF-Flammarion, 1990.

–, *Discours de Métaphysique*, *Monadologie*, éd. M. Fichant, Paris, Gallimard, 2004.

LEŚNIEWSKI S., *Collected Works*, ed. by S.J. Surma et J. Srzednicki, Dordrecht/ Varsovie, Kluwer/PWN, 1992, 2 vol.

LEWIN K., *Principles of Topological Psychology*, New York, MacGraw Hill, 1936.

LEWIS D., « Causation as Influence », *in* J. Collins, N. Hall & L. Paul (eds.), *Causation and Counterfactuals*, Cambrige (Mass), MIT Press, 2004, p. 75-106.

–, *Counterfactuals*, Oxford, Basil Blackwell Ltd, 1973.

–, *Parts of Classes*, Oxford, Blackwell Publishing, 1991.

– *Papers on Metaphysics and Epistemology*, Cambridge, Cambridge University Press, 1999.

–, *Philosophical Papers*, Oxford, Oxford University Press, vol. 1, 1983 ; vol. 2, 1987.

–, *On The Plurality of Worlds*, Oxford, Blackwell Publishing, 1986.

–, « The Paradoxes of Time Travel », *American Philosophical Quaterly*, 13, 1976, p. 145-152.

LIDDELL H.G. & SCOTT R., *A Greek-English Lexicon Compiled*, Oxford, Clarendon Press, 1940.

LONG A.A. & SEDLEY D.N., *Les Philosophes Hellénistiques. II Les Stoïciens*, trad. fr. J. Brunschwig et P. Pellegrin, Paris, GF-Flammarion, 2001.

LORENTZ B., *Struktur und Sein*, Tübingen, Mohr Siebeck, 2006.

LOTZE H., *Métaphysique*, trad. fr. A. Duval, Paris, Librairie Firmin-Didot, 1883.

LOWE E.J., « There are probably no relations », Conférence d'Aix en Provence sur les relations, organisée par F. Clementz et J.M. Monnoyer en 2010 ; version récente sur le site ERC « Power structuralism in ancient ontologies » enregistrée, disponible sur internet, http://www.power-structuralism.ox.ac.uk/podcasts/audio/mrconf2012/jonathan_lowe_there_are_probably_no_relations.

–, « Ontological Dependance », *Standford Encyclopedia of Philosophy*, 2005.

–, *Four Categories Ontology*, Oxford, Oxford University Press, 2006.

–, *A Survey of Metaphysics*, Oxford, Oxford University Press, 2009.

MCTAGGART J., *Nature and Existence*, Cambridge, Cambridge University Press, vol. I, 1921 ; vol. II, 1927.

MARKOSIAN N., « Brutal Composition », *Philosophical Studies*, 92, 1998, p. 211-249.

MATTHEWS P.H., *Syntactic Relations, a Critical Survey*, Cambridge, Cambridge University Press, 2007.

MERCIER D.-J., *Métaphysique générale, ou ontologie*, Louvain, Institut supérieur de Philosophie, 4e éd., 1905.

MERTZ D.W., « Combinatorial Predication and the Ontology of Unite Attributes », *The Modern Schoolman*, vol. 79, n° 2/3 Nominalism and Realism, 2002, p. 163-197.

MEYER U., *The Structure of Time*, Oxford, Oxford University Press, 2013.

MOLNAR G., *Powers : A Study in Metaphysics*, S. Mumford (ed.), Oxford, Oxford University Press.

MONTAGUE R., *Formal Philosophy*, New Haven, Yale University Press, 1974.

MOREAU J., *L'Âme du monde de Platon aux Stoïciens*, Paris, Les Belles Lettres, 1939.

MUGNAI M., « Leibniz's Theory of Relations », *Studia Leibnitiana Supplementa* XXVIII, 1992.

MULLIGAN K., SIMONS P. et SMITH B., « Truth Makers », *Philosophy and Phenomenological Research*, 44, 1984, p. 287-321.

MUMFORD S., *Dispositions*, Oxford, Clarendon Press, 1998.

NAESS A. 1938/2014, *Truth as conceived by non professionals*, 2e éd. Advanced Reasoning Forum.

NAGEL T., « The psychophysical nexus » in *Concealment and Exposure and Other Essays*, New York, Oxford University Press, 2002.

–, *Mind and Cosmos. Why Materialism Conception of Nature is almost Certainly False*, Oxford, Oxford University Press, 2012.

NAPPER E., *Dependent-Arising and Emptiness*, Boston, Wisdom Publications, 2003.

NEF F., « L'analyse des particules », *Studia Leibnitiana*, N° 24 Sonderheft, 1995.

–, *L'Objet quelconque*, Paris, Vrin, 1997.

–, « Abstraction, objet éternel et occurrence actuelle », F. Betts *et al.* (eds), *Alfred North Whitehead's Science and the Moderne World*, Francfort, Ontos Verlag, 2003.

–, *Qu'est-ce que la métaphysique ?*, Paris, Gallimard, 2005.

–, *Les Propriétés des choses*, Paris, Vrin, 2006.

–, *Traité d'ontologie à l'intention des non philosophes et aussi de ceux qui le sont*, Paris, Gallimard, 2009.

–, « Bergmann et la connexion », *in* B. Langlet, J.-M. Monnoyer (eds.), *Gustav Bergmann. Phenomenological Realism and Dialectical Ontology*, Heusenstamm, Ontols Verlarg, 2009, p. 157-172.

–, « Survenance humienne, physique et métaphysique : Disposition, structure et connexion », *Klesis – Revue philosophique* – 2012 : 24 – *La philosophie de David Lewis*, http://www.revue-klesis.org/pdf/Klesis-Lewis-5-Nef.pdf

–, *La Force du Vide, Essai de métaphysique*, Paris, Le Seuil, 2011.

–, « Les touts de Platon et leurs parties », dans M. Dixsaut, A. Castel-Bouchouchi et G. Kevorkian (éd.), *Lectures de Platon*, Paris, Ellipses, 2012, p. 233-244.

–, « Platonisme et particularisme : ou pourquoi Aristote a tort et Platon a raison », *Cahiers de Philosophie de l'Université de Caen*, vol. 38-39, 2003, p. 159-186.

–, « Platon et la métaphysique actuelle », *Études Platoniciennes*, IX, 2012, Paris, Les Belles Lettres, p. 13-38.

–, « Métaphysique et science. Structuralisme scientifique et pluralité des structures ontologiques », *Repha*, n° 6, 2012.

–, « La simplicité divine comme propriété positive » à paraître *Théorèmes*

–, « L'atomisme logique. Russell et la métaphysique », *in* G. Kervorkian (éd.), *La métaphysique*, Vrin, à paraître.

–, « Abstraction, objet éternel et occurrence actuelle » *in* F. Beet, M. Dupuis et M. Wéber (éd.), *La science et le monde moderne d'A.N. Whitehead*, Heusenstamm, Ontos Verlag, 2006, p. 363-382.

— & CAHEN M., « Atomisme et physicalisme à l'épreuve du temps : le principe d'indépendance d'Armstrong et la topologie temporelle », *Revue de Métaphysique et de Morale*, n° 72, 2011-4, p. 513-533.

NIKKULIN D., *The Other Plato*, Albany, SUNY Press, 2012.

OCKHAM, G. d', *Ordinatio I, Scriptum in Librum Primum Sententiarum, Prologus et Distinctio Prima*, éd. S. Brown et G. Gal, *Theological Works*, St Bonaventure (N.Y.), Franciscan Institute Publication, 1986.

–, *Somme Logique, Première Partie*, trad. fr. J. Biard, Mauvezin, Trans-Europ-Repress, 1988.

PEIRCE, C.S., *Collected Papers*, vol. VI, Cambridge (Mass), Harvard University Press.

PIETTE A., *Contre le relationisme. Lettre aux anthropologues*, Lormont, Le Bord de l'Eau, 2013.

–, *Fondements à une anthropologie des hommes*, Paris, Hermann, 2012.

PLATON, *Parménide*, dans *Œuvres Complètes*, éd. L. Brisson, Paris, Flammarion, 2008, p. 1105-1170.

–, *Théètète* in *Œuvres Complètes*, p. 1891-1976.

–, *Timée* in *Œuvres Complètes*, p. 1977-2050.

PRIEST G., *Beyond the Limits of Thought*, Oxford, Oxford University Press, 2002.

–, *Towards Non-Being. The Semantics and Metaphysics of Intentionality*, Oxford, Oxford University Press, 2005.

PUECH M., *La Causalité chez Kant. Essai sur la formation du système critique*, Paris, Vrin, 1990.

PLUTARQUE, *Les Contredits des Stoïques*, trad. fr. J. Amyot, in *Œuvres mêlées de Plutarque*, tome 3, (Tome 20 des *Œuvres de Plutarque*) Jean-Baptiste Cussac, Paris, 1786; *Sur les contradiction stoïciennes* dans *Œuvres morales*, tome XV, 1.re partie, traité 70, Paris, Les Belles Lettres, 2004.

PUNTEL L., *Struktur und Sein*, Tübingen, Mohr Siebeck, 2006.

READ R., RICHMAN K., *Hume the New Debate*, Oxford, Routledge, 2000, 2007.

RESCHER N., *On Leibniz*, Berlin, Springer, 1981.

REYNOLDS M., « Axiomatisation and decidability in cyclical time », *Journal of Philosophical Logic*, 23-2, 1994, p. 197-224.

RICKABY J., *General Metaphysics*, London, Longmann, Green and Co, 1890.

–, *Scholasticism*, New York, Dodge Publishing, 1908.

RICKLESS S., *Plato's Forms in Transition*, Cambridge, Cambridge University Press, 2006.

RIMBAUD A., *Illuminations*, dans *Œuvres Poétiques*, Paris, Imprimerie Nationale, 1986.

RODRIGUEZ PEREYRA G., *Ressemblance Nominalism : A Solution to the Problem of Universals*, New York, Oxford University Press, 2002.

–, « Propositional Ontology and Logical Atomism », sur le net

ROBINET A., *Architectonique disjonctive, automates systémiques et idéalité transcendantale dans l'œuvre de G.W. Leibniz*, Paris, Vrin, 1986.

ROEPER P., « Region-Based Topology », *Journal of Philosophical Logic*, 26-3, 1997, p. 251-309.

ROSE D. et SCHAFFER J., 2013 : « Folk Mereology is Teleological » ms.

RUSSELL B. 1919/2007 : *Introduction to Mathematical Philosophy*, New York, Cosimo Classics.

–, *The Philosophy of Logical Atomism*, *Collected papers of Bertrand Russell*, éd. par J.G. Slater, vol. 8 : *The Philosophy of Logical Atomism and Other Essays*, London, Allen & Unwinn, 2007; trad. fr. J.-M. Roy, *Leçons sur l'atomisme logique* in *Écrits de logique philosophique*, Paris, P.U.F., 1989.

–, *The Principles of Mathematics*, Cambridge, Cambridge University Press, 1903.

–, « On Order in Time » (1936), *Logic and Knowledge. Essays 1901-1950*, ed. by R. Marsh, London, Georges Allen & Unwin, 1956.

–, *My Philosophical Development*, Georges Allen & Unwin, 1959; *Histoire de mes idées philosophiques*, trad. G. Auclair, Paris, Gallimard, 1988.

— et WHITEHEAD A.N., *Principia Mathematica*, vol. 1, Cambridge, Cambridge University Press, 1910.

SAMBURSKY S., *Physics of the Stoics* (1959), Princeton, Princeton University Press, 1987.

SCHAFFER J., « Metaphysics of Causation », *Stanford Encyclopedia of Philosophy*, 2007.

–, « Monism : the Priority of the Whole », *Philosophical Review*, 119 (1), 2010, p. 31-76.

SCHLIESSER E., 2010 : « Hume's attack on Newton Philosophy », *Philosophy of Science Archive, Preprint*, Pittsburgh University, http://philsci-archive.pitt.edu/5382/

SCHNEIDER L., « The Logic of Ontological Square », *Studia Logica*, 91(1), 2009, p. 25-51.

SEXTUS EMPIRICUS, *Outlines of Pyrrhonism*, Harvard (Mass.), Loeb Classical Library, 1933.

–, *Esquisses Pyrrhoniennes*, trad. fr. P. Pellegrin, Paris, Seuil 1997.

SIMONS P., *Parts*, Oxford, Oxford University Press, 1987.

–, « Metaphysical systematics : a Lesson from Whitehead », *Erkentnis*, vol. 48, n° 2/3, 1998, p. 377-393.

–, « Real Wholes, Real Parts : Mereology without Algebra », *The Journal of Philosophy*, n° spécial *Parts and Wholes*, éds. W. Mann et A. Varzi, vol. 103, n° 12, 2006, p. 597-613

–, « Whitehead : Process and Cosmology » *in* R. Le Poidevin *et al.* (eds), *The Routledge Companion to Metaphysics*, New York, Routledge, 2009.

–, « Whitehead and the Mereology » *in* G. Durand et M. Weber (éd.), *Les principes de la philosophie naturelle de Whitehead*, Heusenstamm, Ontos Verlag, 2007, p. 215-234.

SKRBINA D., « Panpsychism », *Internet Encyclopedia of Philosophy*, en ligne : http://www.iep.utm.edu/panpsych/.

–, *Panpsychism in the West*, Cambridge (Mass), MIT Press, 2005.

SMITH B., « Boundaries : An Essay in Mereotopology », *in* L. Hahn (ed.), *The Philosophy of Roderick Chisholm*, Chicago & La Salle (Ill.), Open Court, 1997, p. 534-561.

–, « The cornucopia of formal-ontological relations », *Dialectica*, 587 (3), 2004, p. 279-296

SMITH J.E.H., IACHTOMY O. (eds.), *Machines of Nature and Corporeal Substances in Leibniz*, Dordrecht, Springer, 2011.

SOMMERS F., *The Logic of Natural Language*, Oxford, Oxford University Press, 1982.

SPRIGGE T., 1987-1988 : « Intrinsic Connectedness », *Proceedings of the Aristotelian Society*, vol 88, p. 129-145

–, *The Vindication of Absolute Idealism*, Edinburgh, Edinburgh University Press, 1983.

–, *James and Bradley. American Truth and British Reality*, Chicago & La Salle (Ill.), Open Court, 1993.

–, *The God of Metaphysics*, Oxford, Oxford University Press, 2008.

STCHERTBATSKI T., *The Conception of Buddhist Nirvana*, New Delhi, Motilal Banarsidass, 2nd Revised edition, 2011.

STENIUS E., *Wittgenstein's* Tractatus. *A critical Exposition of its main Lines of Thought*, Ithaca, Cornell Unversity Press, 1964.

STRAWSON G., *The Secret Connexion*, Oxford, Oxford University Press, 1989.

SUAREZ F., *Disputatio Metaphysica 47, De Relatione Reali*; *On Real Relations*, trad. angl. J. Doyle, avec le texte latin, Milwaukee (WI), Marquette University Press, 2006.

–, *De Essentia Entis finiti ut tale est et de illius esse eorumque distnctione*; *On the Essence of Finite Beings*, trad. angl. N. Wells, Milwaukee (WI), Marquette University Press, 1983; [trad. fr. F. Cajou sur le net].

–, *Disputationes Metaphysicae sur le net :* Digitalisierungsprojekt – koordiniert von Prof. Salvador Castellote und Michael Renemann [projet de digitalisation des professeurs Castellote et Renemann]

–, *Disputationes Metaphysicae* (1597), Hildesheim, Olms, 1965, 2 vol.

SUSSKIND L., *The Cosmic Landscape : String Theory and the Illusion of Intelligent Design*, New York, Little, Brown & Co, 2005.

TAHKO, T., LOWE, E.J., « Ontological Dependance », *Standford Encyclopedia of Philosophe*, 2015.

TEGMARK, M. 2003 : « Parallel Universes », *Scientific American*, Mai 2003.

–, *Our Mathematical Universe. My Quest for the Ultimate Nature of Reality*, New York, Alfred Knopf, 2014.

TIERCELIN C., *Le ciment des choses*, Paris, Ithaque, 2011.

TESNIERE L., *Éléments de Syntaxe structurale*, Paris, Klincksieck, 1959.

TORRENGO G., *I viaggi nel tempo. Una Guida Filosofica*, Roma-Bari, Laterza, 2011.

TURNER J., « Ontological Nihilism », *Oxford Studies in Metaphysics*, vol. 6., 2011, p. 3-54.

VARZI A., « Spatial Reasoning and Ontology : Parts, Wholes, and Locations », *in* M. Aiello *et al.* (eds), *Handbook of Spatial Logics*, Berlin, Springer, 2007, p. 945-1038.

VERBECKE G., *L'évolution de la doctrine du pneuma du stoïcisme à Saint Augustin*, Paris Louvain, 1945.

VIDAL M., *Conditionnels et connexsion*, Thèse de l'EHESS, 2012.

WHITEHEAD, A.N., *An Inquity Concerning the Principles of Natural Knowledge*, Cambridge, Cambridge University Press, 1919; *Les principes de la connaissance naturelle*, trad. fr. H. Vaillant relue par S. Schwer, Louvain-la-Neuve, Éditions Chromatika, 2007.

–, *The Concept of Nature*, Cambridge, Cambridge University Press, 1920 (réed. New York, Dover, 2004) ; *Le Concept de Nature*, trad. fr. J. Douchement, Paris, Vrin, 1998.
–, *Process and Reality*, New York, Macmillan, 1929 (éd. corrigée par R. Gritten, New York, The Free Press, 1979) ; *Procès et Réalité*, trad. fr. D. Janicaud *et al.*, Paris, Gallimard, 1995.
–, *Modes of Thought*, New York, Macmillan, 1938 ; *Modes de pensée*, trad. fr. H. Vaillant, intr. G. Durand, Paris, Vrin, 2004.
WHITROW G.J., *The Natural Philosophy of Time*, Oxford, Oxford University Press, 1980.
WITTGENSTEIN L., *Tractatus Logico-Philosophicus* (1922), trad. fr. G.-G. Granger, Paris, Gallimard, 1993.
–, *Tractatus Logico Philosophicus* Stuttgart, Suhrkamp, 1964.
WOLFF C., *Cosmologia Generalis*, Franfort et Leipzig, Officina Libraria Rengeriana, 1731.
–, *Philosophia Prima sive Ontologia*, Franfort et Leipzig, Officina Libraria Rengeriana, 1730.
–, *Deutsche Metaphysik*, Halle, 1752.
ZALTA E., « Two (Related) World Views », *Nous*, 29/2, 1995, p. 189-211.
–, *Principia Metaphysica*, en ligne : https://www.researchgate.net/publication/277287568_Principia_Metaphysica.
ZHAI, Yuxia, *Le phénomène des « relations » dans la société chinoise d'aujourd'hui*, Thèse EHESS, 1997, 2 vols.

INDEX DES NOMS

REMERCIEMENTS

Je remercie Dominique Berlioz, Muriel Cahen, Yves Chevrier, Pascal Engel, Gilles Kevorkian, Guy Le Gaufey, Pierre Livet, Mathieu Vidal qui ont lu de manière très détaillée le ou les ms de cet ouvrage. Il ne serait pas ce qu'il est sans leurs lectures profondes et minutieuses. Gilles Kévorkian m'a notamment soutenu dans des moments de doute. Je remercie aussi ceux qui dans des occasions diverses m'ont apporté telle ou telle suggestion en général critique, je pense ici à Stéphane Arguillères, Alban Bouvier, François Clementz, Fabrice Correia, Jérôme Dokic, Martin Fortier, Ghislain Guigon, Kevin Mulligan, David Nicolas, Laurie Paul, Luc Schneider, Claudine Tiercelin. Je remercie Francis Wolff pour sa fidélité : son invitation aux Lundis de la Philosophie a été pour moi un moment important.

Les participants à mon séminaire de l'EHESS 2012-2013 notamment Sophie Berlioz, Muriel Cahen, Thibaut Giraud, Raphaël Millères, Bogdan Rusu, Michele Salimbeni m'ont beaucoup aidé par leurs remarques critiques, leur inventivité et leur affection.

Je remercie Mathieu Vidal pour les discussions sur les liens entre condition et connexion et l'intérêt qu'elles ont fait naître chez moi pour la logique connexive, que je n'ai su hélas exploiter, car il m'eut fallu étendre la connexion à l'implication logique, ce qui aurait signifié un tournant formel. Ce tournant dans l'étude de la connexion, on le fait remonter en général à Sextus Empiricus : « Et ceux qui introduisent la notion de connexion disent qu'un conditionnel est correct quand le contradictoire de son conséquent est incompatible avec son antécédent » (Sextus Empiricus, in Kneale and Kneale, *The Developpment of Logic* 1962, p. 129). Je remercie Eléonore Dupret pour sa générosité dans son compte rendu analytique et critique de ce livre qui m'a aidé à mieux en faire apparaître les enjeux réels.

Je remercie mon fils Anatole Nef pour notre correspondance sur la fusion et le contact suggestive et lapidaire – sous forme de SMS, expédiés de Chine ! Merci à Paulette Schmitt qui a abrité, dans sa maison de Foulerot, entre forêt et océan, une phase de révision du manuscrit.

Merci enfin à Sophie Bilardello, Nathalie Evin et Vincent Gaudefroy qui font de l'Institut Jean-Nicod un endroit où il est agréable de travailler. Merci à mes collèges de l'Institut Jean-Nicod, pour toutes ces années de stimulation intellectuelle.

TABLE DES MATIÈRES

Achevé d'imprimer par Corlet Numérique - 14110 Condé-sur-Noireau
N° d'Imprimeur : 138840 - Dépôt légal : mai 2017 - *Imprimé en France*